天津市哲学社会科学规划研究项目成果

光明社科文库
GUANGMING DAILY PRESS:
A SOCIAL SCIENCE SERIES

·政治与哲学书系·

批判与建构

马克思法治思想研究

赵慧玲｜著

光明日报出版社

图书在版编目（CIP）数据

批判与建构：马克思法治思想研究 / 赵慧玲著 . --
北京：光明日报出版社，2023.12
ISBN 978 - 7 - 5194 - 7662 - 5

Ⅰ. ①批… Ⅱ. ①赵… Ⅲ. ①马恩著作—法治—研究
Ⅳ. ①A811. 64

中国国家版本馆 CIP 数据核字（2023）第 250219 号

批判与建构：马克思法治思想研究
PIPAN YU JIANGOU：MAKESI FAZHI SIXIANG YANJIU

著　　者：赵慧玲

责任编辑：李　晶　房　蓉　　　　　责任校对：郭玫君　乔宇佳
封面设计：中联华文　　　　　　　　责任印制：曹　净

出版发行：光明日报出版社
地　　址：北京市西城区永安路 106 号，100050
电　　话：010-63169890（咨询），010-63131930（邮购）
传　　真：010-63131930
网　　址：http：// book. gmw. cn
E - mail：gmrbcbs@ gmw. cn
法律顾问：北京市兰台律师事务所龚柳方律师

印　　刷：三河市华东印刷有限公司
装　　订：三河市华东印刷有限公司
本书如有破损、缺页、装订错误，请与本社联系调换，电话：010-63131930

开　　本：170mm×240mm
字　　数：253 千字　　　　　　　　印　　张：15. 5
版　　次：2024 年 4 月第 1 版　　　印　　次：2024 年 4 月第 1 次印刷
书　　号：ISBN 978 - 7 - 5194 - 7662 - 5
定　　价：95. 00 元

前　言

党的二十大报告提出："全面依法治国是国家治理的一场深刻革命，关系党
兴国，关系人民幸福安康，关系党和国家长治久安。必须更好发挥法治固
稳预期、利长远的保障作用，在法治轨道上全面建设社会主义现代化国
）这是党中央在全面建设社会主义现代化国家的新征程上推进依法治国的
略部署，是习近平法治思想的重要组成部分。而新时代践行中国特色社
法治道路，离不开科学的理论体系指导。

观世界法治历史实践和理论模型，中国特色社会主义法治道路在探索建
面临多重道路的抉择和多元文化的冲击。具体而言，其一，古代中国法
和法治道路。依法治理的思想在上古时期就已崭露头角，氏族社会内部
"流宥五刑"的说法，而先秦法家的"缘法而治"以及两汉时期儒法合
儒家理念则将这一思想推向了理论的高峰。在当代社会，古代中国的法
一度被看作法治实践的参照模型，甚至有学者认为古代法家所提出的
治"就是当今意义上的"法治"[2]。不可否认，古代中国法理思想存在
的成分，但是总的来说，以"刑"为中心的古代法理，将法律看作
干，安全良善"的工具，其根本目的是维护统治者的权力和地位。社会
建以儒家的等级差别为基础，对百姓行为规范的法律规定也只是一种
具有权利保障作用，与当代社会主义国家构建的以公平正义为价值目
护公民权利义务为根本目的的法治精神完全相悖。并且这一时期的法

---

① 平著作选读：第 1 卷 [M]. 北京：人民出版社，2023：33.
② 治与人治问题讨论集》编写组. 法治与人治问题讨论集 [M]. 北京：社会科学文
版社，2003：7.

律表现为统治者的个人意志，其核心是一种"人治"模式，而非把法律看作超越所有人的至上因素。因此，我们可以适度借鉴古代中国法理思想中关于"德法"融合的合理成分，但不能以该思想为核心构建我国的法治理念。

其二，西方自由主义法治理念和资本主义法治道路。自由主义法治理念是在自由主义诞生和发展的基础之上，经由西方自然法学派率先主张、分析主义法学派改造和发展而形成的，是西方国家在个人主义支配下倡导的主流法治意识形态，"不但包含着法律要具有清晰性、稳定性、不溯及既往等所谓的内在价值，而且还内含着权力分立、权力与权利分离、民主宪政的政治安排等这样的政治意识形态承诺"①。近代以来由于西方启蒙思想家的影响和西方国家法治的实践示范，自由主义法治观逐渐成为全球各个国家法治化和现代化发展的标本和模型。就"取其精华、去其糟粕"的意义而言，西方自由主义法治理念中的自由准则及其一系列关于法治的形式要素对我国法治的发展具有一定借鉴意义，但是其浓厚的西方意识形态色彩以及以个人主义、权力本位为基础的法治思想，如马克思所批判的资本主义法治一样，具有虚伪性和狭隘性，不能全盘照搬和移植。

其三，马克思法治思想和社会主义法治道路。无论是古代中国的法理思想还是西方自由主义法治理念，都带有时代的烙印，无法真正适应我国法治的实践背景。面对国内公有制经济的确立和发展以及社会民主政治的建设，中国共产党越来越迫切需求一种符合中国国情的法治理论。马克思法治思想的理论价值正是通过我国的国家治理和法治实践充分展现的，为中国法治道路的选择奠定了历史基础和现实基础。同古代中国的法理观念和西方自由主义法治观念不同，马克思法治思想具有科学的方法论基础，即在历史唯物主义基本原理的指导下，秉持着生产力与生产关系、经济基础与上层建筑的辩证关系，在对资本主义法治的现实批判基础上实现了对未来社会的基本设想，尤其关于共产主义第一阶段的法治建构，为我国提供了法治体系、法治话语、法治价值的实践理念和具体要求。此外，马克思的法治思想与古代中国的法理思想和西方法治理论有所不同，始终坚持与时俱进、实事求是的理念和方法论，坚持以人、社会

---

① 顾培东. 当代中国法治话语体系的构建［J］. 法学研究，2012，34（03）：3-23.

存在和实践为出发点，切实推进一般原理和具体实际的结合。正如马克思、恩格斯在《共产党宣言》1872 年版序言中所述：马克思所述原理的实际应用，"随时随地都要以当时的历史条件为转移"①。由此，相较于古代中国的法理思想和西方法治理论，马克思的法治思想是更为科学的、有助于结合当前我国基本国情的、更易于应用和接受的理论。

可以说，马克思法治思想的诞生并非凭空捏造，而是深深植根于西方法治理论，在批判继承古典自然法、德国古典主义法哲学和空想社会主义法治思想的基础上，通过现实法治的批判和理想法治的建构，形成了较为系统、科学的历史唯物主义法治思想。

就目前研究现状而言，当前国内外学者对马克思法治思想的研究仍然存在一定的不足：一是马克思法治研究的核心内容呈现失衡局面，即对马克思法治思想的研究，更侧重于法律思想、法制理论等，缺乏真正意义上的"法治"探索，尤其对"治理"的问题，如怎样实现法的国家治理、怎样推进社会主义法治的运行、怎样实现法治的公平正义，等等；二是马克思法治思想的研究视域有待扩展，由于受专业领域、学术背景、文献语言等的限制，当前学界对马克思法治思想的研究大多集中于马克思的理论本身，缺乏学界相关理论的思维碰撞和争论回应，从而容易造成对马克思法治思想的片面认识；三是对马克思法治思想的批判与建构呈现出空洞、杂乱等缺陷，或侧重于某一方面，如人权、经济、生态等，或侧重于整体层面的笼统概述，缺乏系统性、具有针对性的批判和建构体系。基于上述不足，本书沿着"历史—理论—辩论"三层逻辑，将马克思零散于各著作、信件、文件等中的法治认识与见解联结起来，形成系统的、完善的马克思法治思想。

首先，马克思法治思想的"历史逻辑"在理论批判与实践检验中呈现跨越性的发展特点。本书沿着"对黑格尔法哲学的追随、反思和批判—历史唯物主义法治思想的形成—实践中的检验与完善"的思维理路，将马克思法治思想的历史轨迹大致分为产生期、成熟期和完善期。以经典文本为研究基础，马克思

---

① 中共中央马克思恩格斯列宁斯大林著作编译局．马克思恩格斯全集：第28卷［M］．北京：人民出版社，2018：531．

对法治的认识在三个时期呈现出不同的特征。马克思法治思想的产生期主要表现为对黑格尔法哲学的态度转变。在《莱茵报》工作前期马克思对黑格尔以理性和自由为基本特征的法哲学理论十分推崇，但是在《莱茵报》工作后期，这一认识遭到了物质利益带来的理论与现实之间矛盾的冲击，成为马克思怀疑、批判黑格尔以及走向历史唯物主义的转折点。1844年马克思转向政治经济学的研究，成为其法治思想成熟的重要节点。这一时期历史唯物主义法治思想公开问世并得到了系统阐释，马克思明确了法治的本体论基础、价值向度和发展规律等，深刻揭示了资本主义法治的实质，实现了法治思想的理论化和系统化。自1848年欧洲相继爆发革命起，马克思法治思想在资产阶级革命和巴黎公社的伟大尝试中得到了实践的检验和发展，尤其巴黎公社的法治实践为马克思理想法治的建构提供了深厚的实践基础。

其次，马克思法治思想的"理论逻辑"运用了批判与建构的思维方式。从批判维度来看，资本主义法治在理论上表现为唯心主义方法论基础、法治价值的"永恒性"以及法律虚无主义倾向；在经济上存在拜物教观念、异化劳动和雇佣劳动与法治价值追求的内在张力，揭示了资本主义私有制对法治形态的决定性影响；在政治上具有阶级偏私性、民主政治伪善性以及政治解放的不彻底性。马克思以唯物史观深刻揭示了资本主义法治在其现实性上的虚伪性和狭隘性，指出资本主义法治并不能真正实现公平和人权。从建构维度来看，马克思在现实批判的基础上实现了对理想法治的设想和建构，也就是对共产主义第一阶段法治的构建。马克思以主体保障、法律支持、运行机制和价值导向四个层面，形成了以"人民主权"为核心要义，以"真正的法律"为行为依据，以"五位一体"为实践指导，以真正的自由和平等为伦理追求的法治思想体系。在批判与建构的思维基础上，马克思法治思想形成了系统化、理论化的思想体系。

最后，马克思法治思想的"辩论逻辑"对马克思法治的整体性、核心要义、发展走向、价值归宿等相关争论议题予以正面回应，进而明确马克思法治思想的内容构成和基本观点。当前，国内外学界针对马克思的法治思想，在整体性上存在"非存在论""过时论"等谬误；在法治的核心要义——社会主义权利理念问题上，国外分析法哲学在不同的理论模式下形成了差异化的见解；针对马克思的"法律消亡论"，国外马克思主义形成了肯定和批判两种视域，甚至对未来共产主义高级阶段的秩序维系形态存在颇多争议；对马克思的正义理论也存在"空场"与"在场"的论争。对此，我们本着唯物史观和文本解读的方式"回到马克思"，切实以马克思的专著、信件、草拟的纲领以及手稿为依据，对当前国内外学界的激烈争论进行正面回应，以争论和回应的形式进一步掌握和明确马克思法治思想的内容构成和基本观点。

在批判和建构思维中形成的马克思法治思想，对当代世界社会主义国家，尤其是我国来说具有深刻的指导意义，为中国特色社会主义法治的形成和发展提供了道路选择、核心要义、制度模式和方法导向，实现了中国特色社会主义法治理论范式的完整性、创新性与科学性。具体来看，首先，为我国走上中国特色社会主义法治道路提供理论自觉。马克思法治思想在理论批判的基础上系统构建了共产主义第一阶段法治的主体保障、法律支持、运行机制和价值导向等较为完备的思想体系，为中国特色社会主义法治建设提供了科学的理论基础。中国共产党将马克思的法治思想同中国在经济、政治、文化等层面的具体国情相结合，在十八届四中全会中首次提出并将"坚定不移走中国特色社会主义法治道路"纳入全面依法治国战略布局体系，成为贯穿《中共中央关于全面推进依法治国的决定》的一条红线，是开展全面依法治国工作的基础和前提。其次，为权力制约与人权保障的良性互动提供理念基础。马克思法治思想在权力与权利的关系问题上揭示了权力终将向权利回归的历史必然，但这种"回归"，并不是简单地实现权力与权利的对等，也不是走向阶级社会之前的"特权"状态，而是真正地实现权力与权利在主体和性质上的统一。基于此，中国特色社会主义法治想要化解社会主义市场经济带来的越权倾向，势必要实现权力与权利的良性互动，而达成这一目标，关键还在人本身、制度本身，尤其是法治建设的完善上。对此，十八届四中全会指出，全面推进依法治国要建立健全中国特色社会主义法治体系，"加快形成完备的法律规范体系、高效的法治实施体系、严密的法治监督体系、有力的法治保障体系，加快形成完善的党内法规体系"①。唯有如此，才能切实实现权力制约和人权保障的良性互动。再次，为法治主体三维结构的协调统一提供实践指引。国家，在马克思那里，既是阶级统治的暴力机器，又是由代表组成的权力实施机关，在一定意义上表现为行使国家权力的公职人员的意志。马克思在法治理论的主体构建中明确指出：无产阶级执政党与法治具有意志统一性、无产阶级国家与法治具有内在一致性、无产阶级民主与国家具有相向发展性，以此来保障共产主义第一阶段法治主体的协调统一。这种主体结构演变到今日，日益发展成为民主法治的"三维结构"，为中国法治的创立发展提供了良好的制度模式，也为"党的领导、人民当家作主和依法治国三者有机统一"的形成和发展提供了科学的理论基石。最后，为依法治国的现实推进提供方法导向。"法治"一词并非马克思的原创，自古希腊时期西方就已存在成熟的法治思想和理念。然而，中国特色社会主义法治在长期的探索实践中能够力排众议，于中西方纷繁复杂的法治理论硕果中坚定地选择马克思法治思想作为核心指导，其最根本原因在于马克思始终坚持历史唯物主义方法论。这一方法论以生产方式的一般原理为主要内容，坚持从人、社会存在和实践等层面出发解决现实问题，客观解决了因不同国度、不同时期、不同国情而引发的多重难题。我国正是借助马克思关于法治的一般构想，在法治实践中始终遵循战略思维、实践思维、辩证思维和人民至上思维，才能在理论与实践的结合中有效推动中国法治的运行和发展。

　　本书创新之处在于：对马克思法治思想的研究既关注"法"又侧重"治"，重点探索法的国家治理、共产主义第一阶段法治的运行、法治的价值导向等"治"的问题，在方法上实现了批判与建构、理论与实践的协调统一。对马克思法治思想的系统建构，为新时代全面推进依法治国提供理论指导、实践支撑和方法指引。但有一点不可否认，因面临多学科范畴之间的对接，相关研究仍存在着困难与不足。一方面，对马克思、恩格斯文本著作的法治思想的研究和解读，涉及大量哲学、政治经济学知识，诸如对《黑格尔法哲学批判》《资本论》

----

① 习近平 . 中共中央关于全面推进依法治国若干重大问题的决定［N］. 人民日报，2014-
　10-29（01）.

等经典著作的研读可能会因为个人能力的不足，从而对马克思在政治、经济等层面的资本主义法治批判的认识产生一定的片面性，对笔者来说文本的解读是一大挑战。另一方面，法治本身就是一个庞杂的系统，在对马克思法治思想分类整理和研究的过程中，可能无法全面、系统地把握，习惯性的思维方式可能会限制个人对该问题的深入探索，因而此课题需在后续的研究中进一步深化。

目 录
CONTENTS

导　论

一、马克思法治思想研究的现实考量

2014 年，党的十八届四中全会提出"全面推进依法治国"的基本方略，并坚持以建设中国特色社会主义法治体系、建设中国特色社会主义法治国家为总目标，将依法治国提高到新的历史高度。新时代法治在"四个全面"战略布局和"五位一体"整体布局中发挥着举足轻重的作用，在新中国成立 70 多年和改革开放 40 多年的实践探索中取得了巨大的成就。但是，不可否认，当前法治理论仍然存在很多不足和争论，时代呼唤科学的理论体系，即马克思法治思想的指导。

（一）马克思法治思想研究的理论困境亟待解决

当前马克思法治思想研究的理论困境，要求我们致力于马克思法治思想的研究和探讨。一般认为，"马克思主义法治思想"是在运用唯物辩证法和历史唯物主义的基础上，对法的本质、作用、法与社会等深层次问题进行论述的科学理论体系。从其学科关系理论体系来看，"马克思法治思想"是马克思主义理论与法学之间的一种交叉关系。但一个时期以来我国马克思主义理论学界和法学界却产生了互不干涉的"学术壁垒"。

马克思主义理论与法学两种学科体系之间在长期的研究中似乎已经确定了各自的学术范围和研究边界，彼此之间互不干涉、互不交流。就目前的研究态势来看，马克思主义理论研究鲜少触及法学界的理论和现实问题，而法学界侧重于对部门法、实体法的研究，对马克思主义法律、法治（包括法制）等思想的理论动态和研究缺少必要的关注。以苏力教授的调查分析①为证，在对1998—2002 年中国法学界公开发表的论文进行引用的定量分析中，他引用最多的 60 本著作中没有一本马克思主义经典著作，而他引用最多的 20 本学术性译著中也没有一本马克思主义经典作家的法学著作。由此可以看出，我国法学研究已经与马克思主义渐行渐远，正如习近平总书记所言："实际工作中，在有的领域中马克思主义被边缘化、空泛化、标签化，在一些学科中'失语'、教材中'失踪'、论坛上'失声'。"②基于学科之间的研究"隔阂"和马克思主义的边缘化和弱化问题，我国关于马克思法治思想的研究论著屈指可数，甚至关于该法治理论的学术期刊都不多。面对马克思法治思想研究的学科困境，本书旨在打破学科之间的"壁垒"，深入研究马克思关于法治的学术成果，为新时代全面依法治国提供方法论指导。

（二）马克思法治思想的争论议题亟待回应

学界关于马克思法治思想的争论有很多，为探求相关议题的真实答案，应重回马克思主义经典著作。当前国内外关于马克思法治思想的议题和争论主要表现在：

一是是否存在马克思法治思想。"维辛斯基法学"作为早期苏维埃社会主义法学的重要理论贡献，也曾在新中国成立之初的法学界掀起一阵讨论的热潮。然而，20 世纪 60 年代以后，苏联法学界在实践的基础上批判和否定了维辛斯基法学理论，认为该流派是典型的"斗争法学"，歪曲了马克思主义经典作家关于法的论述，将马克思、恩格斯关于"国家"的论述原封不动搬到了法和法律上，诸如"法是统治阶级利益和意志的表现"等。要知道，国家和法虽然存在一定联系，但国家不等于法，"维辛斯基法学"完全歪曲和误解了对法的认识。基于这一点，我国法学界有部分学者认为马克思主义没有法学，似乎马克思主义原本就不讲法和法治。还有的学者虽然承认马克思、恩格斯有法律观、法制观点，但以经典文本中没有"法治"字眼为由，否认马克思法治思想的存在。与之相反，也有诸多学者认为马克思主义法学、法治思想是客观存在的，马克思为我们科学认识法及法治问题提供了基本的立场、观点和方法，"人们第一次找到了

---

① 苏力．也许正在发生：转型中国的法学［M］．北京：法律出版社，2004：64-66.
② 习近平．习近平谈治国理政：第 2 卷［M］．北京：外文出版社，2017：329.

科学解决法的产生、本质、特征、作用、发展规律等基本问题的理论武器"①。而对于马克思的法治思想，有学者表示，虽然马克思没有具体性地谈论法治建设问题，但是在其著作中"对法、法治、人与法的关系有着大量的探索和论述，形成了极具丰富的法律思想和法治观念"②。

二是马克思法治思想是否过时。马克思主义从 19 世纪中期诞生，至今已有一个多世纪。有学者表示与马克思所处的西方社会时代特征相比，21 世纪中国的生产力和经济基础发生了质的改变，从而带动社会政治、文化也产生了翻天覆地的变化，因而马克思、恩格斯所提出的原理和思想已经过时。尤其是 20 世纪末东欧剧变的历史悲剧，更加重了人们对马克思主义的怀疑。以日裔美国学者弗朗西斯·福山为首的西方学者甚至提出了历史终结于资本主义的论断，否认存在共产主义社会和马克思主义科学理论。对此，大部分学者都给予了有力的回击。马克思主义经受住了实践的考验，无论是西方资本主义经济危机，还是前进中国的无产阶级革命胜利和社会主义探索，都是马克思主义没有过时的最好证明。正如习近平总书记所说："马克思的思想理论源于那个时代又超越了那个时代，既是那个时代精神的精华又是整个人类精神的精华。"③ 它是具有科学性的真理。尤其作为中国特色社会主义法治思想的理论基石的马克思法治思想，关于无产阶级实现法治的路径以及共产主义第一阶段法治状态的设想，对新时代全面推进依法治国、建设社会主义法治国家具有现实指导意义④。就连当年提出"历史终结论"的福山也不得不修正自己的理论，不再一味主张资本主义自由放任的治理体系，同时还肯定了中国模式。

三是围绕马克思法治思想的核心内容，学界也有很大的争议。例如，关于马克思法治思想的核心要义，即社会主义权利的认识和理解，当代西方马克思主义学者艾伦·布坎南和汤姆·坎贝尔分别从利己主义理论和利益理论进行解读，得出了不同的结论和观点，引起当代社会的巨大反响；国外学者对马克思的"法律消亡论"也存在肯定和否定两种对立的观点和看法，至今仍然没有定论；针对马克思法治思想的正义价值研究，学界亦存在"空场"与"在场"之

① 杨贻泽. 马克思主义法学的客观存在不容否定［J］. 法学，1989（10）：6-9.
② 许海东. 马克思恩格斯法治观要旨及其时代价值［J］. 理论导刊，2016（02）：85-89.
③ 习近平. 在纪念马克思诞辰 200 周年大会上的讲话［M］. 北京：人民出版社，2018：7.
④ 许海东. 马克思恩格斯法治观要旨及其时代价值［J］. 理论导刊，2016（02）：85-89.

说，观点不一。

直面国内外学者关于马克思法治思想的争论，本书当然支持马克思法治思想的存在尚未过时的观点，但这里不是凭空而论。本书将从马克思的经典文本，诸如《黑格尔法哲学批判》《德意志意识形态》《共产党宣言》《资本论》以及晚期的《哥达纲领批判》《法兰西内战》等著作中探寻马克思对于资本主义法治的批判和共产主义第一阶段法治的构想。此外，本书将力求"回到马克思"，以文本解读为基础有力回击上述关于马克思法治思想的相关争论。

（三）新时代法治中国建设的理论需求亟待满足

党的二十大报告明确指出："全面依法治国是国家治理的一场深刻革命，关系党执政兴国，关系人民幸福安康，关系党和国家长治久安。"[1] 可以说，推进法治中国的建设是推动社会主义现代化国家发展的重要任务之一。想要顺利完成这一任务，中国共产党越来越迫切需求一种适合中国国情和符合社会主义发展的法治理论，用以指导当代中国法治的发展。马克思法治思想的理论价值正是通过我国的国家治理和法治实践充分展现出来的，为马克思主义法治道路的选择，即中国特色社会主义法治道路的形成和发展奠定了历史底蕴和现实基础。同古代中国的法理观念和西方自由主义法治观念不同，马克思主义法治思想是在历史唯物主义基本原理的指导下，秉持着生产力与生产关系、经济基础与上层建筑的辩证关系，在资本主义法治现实批判的基础上实现了对未来社会的基本设想，尤其关于共产主义第一阶段的法治建构，为我国提供了法治体系、法治话语、法治价值的实践理念和具体要求。此外，马克思法治思想与古代和西方法治理论有所不同，始终坚持与时俱进、实事求是的理念和方法论，坚持以人、社会存在和实践为出发点，切实推进一般原理和具体实际的结合。正如马克思、恩格斯在《共产党宣言》1872年版序言中所述：马克思所述原理的实际应用，"随时随地都要以当时的历史条件为转移"[2]。由此，相较于古代中国的法理思想和西方法治理论，马克思的法治思想是更为科学的、有助于结合当前

---

[1] 习近平．高举中国特色社会主义伟大旗帜　为全面建设社会主义现代化国家而团结奋斗——在中国共产党第二十次全国代表大会上的报告［M］．北京：人民出版社，2022：40.

[2] 中共中央马克思恩格斯列宁斯大林著作编译局．马克思恩格斯全集：第28卷［M］．北京：人民出版社，2018：531.

我国基本国情的、更易于应用和接受的理论。

二、马克思法治思想研究的价值意蕴

（一）马克思法治思想研究的理论价值

其一，确立历史唯物主义法治思想。马克思早期受到黑格尔理性主义的影响，在法治认知上形成了新理性批判主义法治思想。他从理性层面出发，将理性和经验看作国家法制的渊源和基础，提出"法典是人民自由的圣经""集权"是人民主权的必然选择等著名论断。然而，面对现实的"苦恼的疑问"，马克思认识到新理性批判主义的局限性，将注意力转移到政治经济学领域。在"经济基础决定上层建筑"的理论指导下，马克思直截了当地指出，资产阶级法"不过是奉为法律的资产阶级意志"，从物质生产条件和历史维度明确了法治是社会发展到一定阶段的产物，形成了历史唯物主义法治思想。历史唯物主义法治思想的形成，是马克思关于法治认识的一大突破，彻底打破了以往西方哲学家的唯心主义和形而上学思维传统。

其二，丰富和发展马克思主义理论体系。基于列宁的《马克思主义的三个来源和三个组成部分》一文，有学者提出了马克思主义理论体系只包含哲学、政治经济学和科学社会主义的看法，认为马克思所论述的关于法、法律、法治等内容只能称之为观点，并不能看作马克思主义基本原理和理论体系的组成部分。对此我们不敢苟同。一方面，马克思唯物史观中的"上层建筑"概念本就包含着法律思想和法律制度；另一方面，马克思在批判资本主义法律思想和制度的同时也探索着共产主义第一阶段法的状态、法的功能、法的运行等法治问题。因而，马克思法治思想不仅存在，还发展成了马克思主义科学理论体系，尤其是马克思主义哲学和马克思主义政治经济学的重要组成部分。当然，有一点不可否认，马克思并没有专门的著作系统论述法治问题，这就要求我们将马克思分散于各著作、通信和遗稿中的法治思想综合分析，形成系统的、全面的法治思想体系。可以说，对马克思法治思想的研究，不仅拓宽了马克思主义理论的研究视域，还为马克思主义法治提供了文本支撑，推动马克思主义理论体系的完善和发展。

其三，为中国特色社会主义法治理论提供科学的理论来源。马克思在批判资本主义法治的基础之上，系统阐释了共产主义第一阶段法治的历史必然性、具体形态和价值追求。而中国特色社会主义法治理论，作为社会主义（共产主义第一阶段）法治的一部分，是马克思法治思想同中国具体实际相结合的产物。因而，把握马克思法治思想，对于建构和发展中国特色社会主义法治理论体系具有深刻的理论意义。

其四，推动思想政治教育从"法制教育"向"法治教育"的发展。改革开放以来，由于中国缺乏系统的法律体系，在十一届三中全会上邓小平同志提出"建设社会主义法制"的著名论断，而我国的思想政治教育也侧重于法制教育。然而，随着 2010 年中国特色社会主义法律体系的初步形成，我国从建设"法律体系"向构建"法治体系"推进，逐步突出了法的"治理"和"统治"功能。在政治体系的推动下，我国思想政治教育面临"法制教育"向"法治教育"的发展，这就需要进一步回答"法治教育"是什么、"教育什么"等问题。当前，本书对马克思法治思想的系统认识和研究，尤其对马克思法治思想相关概念的梳理和分析，有助于深刻把握和理解思想政治教育中的"法治教育"，丰富思想政治教育的教学内容。

（二）马克思法治思想研究的现实价值

其一，加深对当代资本主义法治实质的理论认识。资本主义国家在当今世界仍然占据主导地位。在当前这样一个互联网多维覆盖和全球化开放互通的世界格局中，中国作为世界上最大的发展中国家和社会主义国家，避免不了要同资本主义国家进行交流和沟通。马克思对资本主义法治的资产阶级局限性、自由平等的虚伪性、超阶级和超人类的非现实性等的批判和分析，帮助我们更深刻地把握当代西方资本主义法治，尤其是自由主义法治的实质。在此基础上，一方面，我国可以树立科学对待西方法治理论和实践的态度，汲取其合理的、非意识形态的先进法治思想，摒弃其法治的意识形态性和狭隘性；另一方面，通过西方资本主义和社会主义法治的实践对比，建立中国法治的制度自信和文化自信，增强中国法治现代化的世界话语权。

其二，指导中国特色社会主义法治建设。马克思不仅阐释了无产阶级革命推翻旧法、建立新法的历史必然性，还对共产主义第一阶段法治中的宪法、刑法、出版法等法律制度和立法、司法、执法、守法等法治环节提出了初步的构想。这一思想为我国走中国特色社会主义法治道路奠定了理论基础，有力回答了"什么是社会主义法治、为什么要推行社会主义法治、怎样推进社会主义法治、如何保障法治的平稳运行"等问题，以科学的内在逻辑构成了新时代全面推进依法治国的实践方略。

其三，有效抵制西方社会思潮对大众的影响，保障社会主义法治不受干扰。当前，自由主义、西方马克思主义以及历史虚无主义等思潮在新媒体技术的帮助、全球化浪潮的裹挟中，宣扬西方资本主义法治是法治现代化的唯一途径和普遍标准，隐秘地侵蚀和攻击着我国主流意识形态，混淆大众对我国法治发展走向的判断。具体而言，西方社会思潮推崇西方法治是"公平""自由""平等""正义"的先进理论；否认马克思法治的科学性；歪曲马克思的法治理论，或将马克思的法治思想界定为"经济决定论""阶级工具论"等；否认马克思法治是"正义"的；认为中国共产党的领导是对法治主导地位的否认；等等。这些"非主流"意识形态在当今时代，尤其在新媒体时代，随着网络平台的普及而深入大众的日常生活中，长此以往势必会消解人们对中国特色社会主义法治道路的信心，从而对国家的大政方针产生抵触情绪。要消除这种不利影响，就要求我们深入探究马克思资本主义法治批判理论的核心要义，从而廓清资本主义法治的实质、明确西方社会思潮的资本主义意识形态性。

三、马克思法治思想的研究进程

（一）马克思法治思想的国内研究现状

自十五大报告提出"依法治国"以来，"法治"一词逐渐进入理论界的视线。然而，中国未来法治应该何去何从的问题曾一度成为当时学界深度思考的重大课题。想要破解难题，唯有从马克思主义中寻找解决现实问题的办法。因此，国内学者逐步致力于"马克思法治思想"的探索和思考，希望找到解决中国法治困境的理论。但就目前的研究而言，国内学术界对此方面的研究尚处在不成熟探索阶段，有关"马克思法治思想"的专著屈指可数，该理论只是散见于马克思主义理论相关著作或者学术论文当中。具体研究观点综述如下。

第一，关于马克思法治思想的基本概念。对马克思法治思想基本概念的界定，理论界因为关注视角的不同，主要有以下几个方面的见解：一是社会主义法治实践说。该观点从思想内容出发，认为马克思法治思想是从无产阶级革命的社会实践中，深刻阐释了共产主义过渡时期打破旧法、建立社会主义法制并服务革命大局进行社会主义法治建设的必要性等思想。① 此外，张国安在论述列宁法治思想②的理论渊源时，也是从社会主义法治的基本原则总结和分析马克思、恩格斯的法治思想。二是批判斗争说。从马克思对法的考察对象来看，有学者指出，马克思、恩格斯法治观的形成建立在对剥削阶级法律思想尤其是资产阶级法律观点的批判基础之上。③ 就学界的部分观点来看，对剥削阶级法治的批判是马克思法治思想的核心内容。三是科学理论说。从法治方法论的角度来看，有学者表示历史唯物主义和辩证唯物主义为马克思法治思想的形成和发展提供了正确认识问题的思想工具，使法治观成为真正科学的理论。④ 该观点突出了马克思法治的辩证法和唯物史观方法论的基础性指导地位。此外，还有学者强调马克思、恩格斯的法治思想不仅具有革命的、先进的、科学的历史唯物主义法学观，而且还具有巴黎公社无产阶级国家政权建设和法治建设的实践经验，是理论与实践双效作用下形成的系统框架。⑤ 这一观点突出了马克思、恩格斯法治思想的历史唯物主义方法论特点，揭示了马克思法治思想的独特性和科学性。四是自由法治说。从法治价值层面，有学者指出马克思法治是在继承和批判传统法治的基础上，形成的对法的实质价值的探索和认识，因此也说马克思法治思想是一种自由法治观。⑥ 可见，学界以内容、考察对象、方法论或价值等不同视角界定"马克思法治思想"，其侧重点各有不同。虽然各学者对马克思法治的认识不存在对错之分，但总体而言仍缺乏对马克思法治思想完整的、系统的界定和理解，这也是本书有待解决的首要问题。

　　第二，关于马克思法治思想的核心内容。马克思对法治的研究虽然没有专门的著述，但其思想却散见于马克思的早期、中期和晚期等多部经典著作文本当中，涉及对当代资本主义社会政治、经济、生态、人权等多维度的批判，是

---

① 王会军，李婧．社会主义法治理念的理论溯源——对马克思主义经典作家法治思想的认识与思考［J］．思想理论教育，2013（21）：39-43．
② 张国安．列宁法治思想研究［M］．北京：知识产权出版社，2011：13．
③ 陈根强．江泽民法治思想研究［D］．上海：华东师范大学，2008．
④ 于向阳．法治论［M］．济南：山东人民出版社，2003：47．
⑤ 杜耀富．马克思、恩格斯与社会主义法治［J］．西南民族学院学报（哲学社会科学版），2001，22（01）：72-75，203．
⑥ 季钢．论马克思的自由法治观［J］．西南民族大学学报（人文社会科学版），2004（01）：146-149．

一个庞杂的理论系统，这就为理论界研究马克思法治思想提供了多维度视角。

其一，文本视角。所谓文本，即以经典著作为切入点，挖掘和分析马克思的法治思想及其现实意义。例如，有学者①从马克思对"亨利·萨姆纳·梅恩《古代法制史》讲演录"的摘要中运用唯物主义的方法论，探索女性问题与法制、政治和社会的内在关联；公丕祥②则从马克思晚年《人类学笔记》中挖掘了马克思的法律思想，深入阐释了法权关系的历史变迁、东方社会法律文化的社会机制以及西方法律文明对东方的冲击现状，科学论证了古代东方社会法律文化的经济和社会基础；还有学者通过重温马克思的《关于林木盗窃法的辩论》，探求物质利益驱使下法律争议的虚假本体，揭露了资本主义国家及其法的私利本质，以及法治自身的不法症候③；此外，著名法学教授吕世伦从《资本论》角度入手，剖析了马克思的历史唯物主义法律观，明确了法的经济基础决定性，揭示了资本主义法的虚伪性，并强调社会主义国家和法是实现"自由的联合体"的必要方式和路径。④ 以文本为视角，可以结合相关思想的学术背景全面、系统地认识和分析其法律和法治思想，更能够贴近马克思主义理论的核心，对于把握其理论性和现实性起到非常重要的作用。但马克思的法治思想贯穿其经典著作的早、中、晚期，当前学界对此层面的研究关注度仍然不够，有待进一步提高。

其二，时间视角。该视角强调以时间为刻度，探究马克思法治思想在不同时期的核心内容和特点，尤其以早期和晚期的法治思想研究最为突出。早期马克思法治思想受到黑格尔法哲学的影响，具有新理性批判主义的特点，如在李光灿《马克思恩格斯法律思想史》⑤、于向阳《法治论》⑥ 等著作中，以及《法

---

① 史巍．女性问题与法制、政治与社会的内在关联——马克思"亨利·萨姆纳·梅恩《古代法制史》讲演录"摘要研究 ［J］．兰州学刊，2013（07）：109-113.

② 公丕祥．马克思晚年《人类学笔记》中的法律思想初探 ［J］．法学研究，1992（01）：1-6.

③ 炎冰，熊一．利益魔咒下法律正义的虚假本体——重读马克思的《关于林木盗窃法的辩论》［J］．河海大学学报（哲学社会科学版），2015，17（04）：7-13，89.

④ 吕世伦．《资本论》中的历史唯物主义法律观——纪念马克思诞辰200周年 ［J］．法律科学（西北政法大学学报），2018，36（06）：3-10.

⑤ 李光灿，吕世伦．马克思恩格斯法律思想史 ［M］．北京：法律出版社，1991.

⑥ 于向阳，等．法治论 ［M］．济南：山东人民出版社，2003.

治悖论的哲学反思——以马克思早期悖论观为视角》①《自由、理性、利益与法
律——马克思早期立法思想探析》② 等论文都论证了这一点。而马克思晚期以
"亚细亚生产方式"为切入点，着重探索东方传统法律和法治文化的具体内容、
固有逻辑、政治形式以及价值取向等。对于这一内容的研究公丕祥是主要代表，
曾先后发表《传统东方社会法律文化的固有逻辑——马克思晚年的理论探索》③
《传统东方法律文化的价值取向——马克思的理论分析》④《传统东方法律文化
的政治形态——马克思、恩格斯关于东方法文化理论的述评》⑤ 等文章，系统
论述传统东方法律文化的本质及其属性。以时间为视角，研究马克思的法治思
想，可以结合时代特点，把握不同时期马克思思想和理论的转变过程和突出特
点，更好理解马克思法治思想的内涵，但是学界对马克思成熟时期关于法治与
经济、政治的关系研究仍然有待加强。

其三，多维关系视角。法治不是孤立存在的，与国家的政治、经济、生态
等层面存在着千丝万缕的联系。首先，有学者从政治维度探究马克思法治思想，
讨论法治与国家、法治与权利尤其是人权等的关系，如《从社会物质关系透视
"权利、法律和犯罪"》⑥《当前我国人权法律保障的完善》⑦ 等。其次，从经
济向度研究马克思的法治思想。经济基础决定上层建筑，这是马克思历史唯物
主义的核心内容。在这一基本原理的作用下，经济决定法律成为马克思主义法
学的基本命题。该命题的产生、形式、内容、精神、实施和演变都经历了一个

---

① 于沛霖，顾瑞．法治悖论的哲学反思——以马克思早期悖论观为视角 [J]．辽宁大学
学报（哲学社会科学版），2014，42（02）：97-103.
② 丁以升．自由、理性、利益与法律——马克思早期立法思想探析 [J]．法学，1998
（06）：18-21.
③ 公丕祥．传统东方社会法律文化的固有逻辑——马克思晚年的理论探索 [J]．法律科
学（西北政法学院学报），1994（01）：3-9.
④ 公丕祥．传统东方法律文化的价值取向——马克思的理论分析 [J]．法律科学（西北
政法学院学报），2002（01）：3-14.
⑤ 公丕祥．传统东方法律文化的政治形态——马克思、恩格斯关于东方法文化理论的述评
[J]．南京大学法律评论，2002（01）：22-36.
⑥ 李淑梅．从社会物质关系透视"权利、法律和犯罪"——马克思对施蒂纳的批判
[J]．学习与探索，2013（09）：7-14.
⑦ 舒智勇，黄晓渝．当前我国人权法律保障的完善——基于对马克思历史唯物主义人权观
的审读 [J]．人民论坛，2014（05）：129-131.

历史变化的过程，对考察社会的法律变迁具有重要的意义。① 此外，经济与法律的关系还表现为财产关系②、市民社会③的法治意蕴及法律对经济现象的反作用④等。最后，从生态向度研究马克思法治思想。在马克思的理论体系中，自然资源、生态环境以及人与自然的关系等命题，在与法律的关系思考中，自然而然形成了生态经济思想⑤、生态环境法治观⑥以及森林立法观⑦等，为当前美丽中国的建设奠定了科学的理论基础。

其四，批判建构视角。王耀海在其著作《马克思主义法学的逻辑脉向》⑧中从正反两个方面论证了资本主义法治的虚伪性和社会主义法治的历史必然性。张国安在其著作《列宁法治思想研究》⑨中介绍马克思、恩格斯法治观时，亦是如此。一方面，学界对资本主义法治批判的研究侧重点存在差异，侧重于某一个或几个方面，如对法律拜物教的批判⑩、人权批判⑪、政治经济批判⑫、生态批判⑬、法律制度批判⑭等揭露资产阶级法治的实质，同时也明确了资产阶级

---

① 王耀海.经济决定法律的一般逻辑——马克思主义法学探索之一［J］.学习与探索，2013（05）：69-76.

② 蔡宝刚.法律与经济：马克思论财产关系及其经济意义［J］.南京社会科学，2003（07）：62-68.

③ 于新.马克思的市民社会理论及其法治意蕴［J］.理论月刊，2010（03）：12-14.

④ 蔡宝刚.经济现象的法律逻辑——马克思法律反作用思想研究［M］.哈尔滨：黑龙江人民出版社，2004：357-363.

⑤ 吕途，杨贺男.马克思、恩格斯生态经济思想及其对生态环境法治观的启示［J］.企业经济，2011，30（09）：190-192.

⑥ 唐世中.浅论马克思恩格斯生态环境法治思想［J］.西南民族学院学报（哲学社会科学版），2002（02）：186-189.

⑦ 孔欢.马克思的森林立法观探微［J］.林业经济，2018，40（08）：3-8，19.

⑧ 王耀海.马克思主义法学的逻辑脉向［M］.北京：中国社会科学出版社，2016.

⑨ 张国安.列宁法治思想研究［M］.北京：知识产权出版社，2010.

⑩ 陈林林，兰婷婷.法治与法律拜物教——马克思主义对自由主义法治观的批判［J］.浙江社会科学，2015（01）：37-42，157.

⑪ 苗贵山，李小红.马克思人权批判的三重论域［J］.中国高等教育，2016（21）：22-24.

⑫ 周尚君，陈志勇.马克思"政治经济学批判"的法哲学分析［J］.学术探索，2010（05）：7-12.

⑬ 解保军.马克思恩格斯对资本主义的生态批判及其意义［J］.马克思主义研究，2006（08）：62-67.

⑭ 龙钰，冯颜利.马克思恩格斯对资本主义法制的批判［J］.理论月刊，2014（06）：33-37.

所倡导的自由、平等、公平、正义的虚伪性。另一方面，对社会主义（共产主义第一阶段）法治建构的研究，国内学界也有不同的看法。有学者从无产阶级革命的视角阐释无产阶级政党领导法治、实施法治以及树立法律权威的理论观点①；还有学者从基本原则入手，强调摧毁资产阶级国家机器和旧法、建立无产阶级专政和新法制，并提出社会主义法治的实现途径，强调无产阶级民主是社会主义法治的前提②。批判与建构的叙述方法贯穿于马克思经典著作的始终，从这一视角看马克思法治思想，能够更为系统、全面地囊括不同文本、不同时期、不同维度的法律、法制及其法治理论，是本书较为推崇和采纳的一种研究视角。

无论从文本、时间、关系还是批判建构视角来说，学界或多或少已经形成了阶段性的研究。然而从内容来看，很多成果侧重于法律和法学而非法治，并且以时间视角的相关学术研究，过多地侧重马克思早期和晚期的法治思想，却缺乏中期，如《德意志意识形态》《共产党宣言》等著作关于法治与政治、经济的关系的研究。但也不可否认，多维度研究的视角对我们研究马克思法治思想提供了全新思路和研究路径。本书将以批判建构为主线，贯穿马克思法治思想发展的历史轨迹和多维关系，切实实现对马克思法治思想的全面解读。

第三，关于马克思法治思想的当代形态，即中国特色社会主义法治理论的研究。改革开放以来，经过40多年的法治探索，中国特色社会主义法治体系已初见成效。经过多年的探索，学界在马克思法治思想的指导下，形成了一系列的学术成果，如陈永胜的《中国特色社会主义法治建设研究》、孙国华的《中国特色社会主义民主法治研究》、杨亚佳的《社会主义法治理念研究》等，为中国特色社会主义法治体系的进一步完善和发展奠定了理论基础。在一系列的成果中，主要围绕以下基本问题展开讨论。

一是内容上的继承与创新。在继承层面，有学者表示，马克思主义法治思想是中国特色社会主义法治理论的基石，尤其是马克思提出的阶级分析法、一切从实际出发、"法典是人民自由的圣经"等论题，为我国坚持以人民为中心的

① 王会军，李婧.社会主义法治理念的理论溯源——对马克思主义经典作家法治思想的认识与思考［J］.思想理论教育，2013（21）：39-43.
② 张国安.列宁法治思想研究［M］.北京：知识产权出版社，2010：13-16.

法治建设提供了方法指导和理论来源。① 还有学者强调，马克思主义经典作家关于法的本质及其发展规律思想、法的职能与价值思想、社会主义法治的设想等②为我国社会主义法治理念奠定了坚实的理论基础。在创新层面，有学者将全面依法治国的创新性发展概括为"九论"③，即治国方略论、人民主体论、宪法权威论、良法善治论、依法治权论、保障人权论、公平正义论、法治系统论、党法关系论。还有学者提出法治思维是党治国理政的新思维。④ 著名法学专家张文显教授⑤也表示习近平法治思想全面涵盖了法治理论体系，包括了全部理论要素，提出了新概念、新范畴、新命题、新论断，彰显了守正创新的理论思维特征。

二是方法论上的坚持与发展。马克思的法治思想是在辩证唯物主义和历史唯物主义的方法论基础上形成和发展的，这一方法论在当代中国的法治建设中得到了继承和发展。在联系和发展层面，我国法治建设进入了新阶段，法治在党和国家战略布局中地位空前，发展了中国特色社会主义法治理论和法治道路。⑥ 发展意味着螺旋式的前进和上升，习近平全面依法治国论述是对马克思主义中国化的法治思想的发展与完善。在辩证法层面，有学者对全面依法治国过程中的党法关系、政治制度与法的关系、法与法治的关系、改革与法治的关系、领导干部与法治的关系、人民群众与法治的关系等⑦进行辩证的分析和阐释。还有学者从某一领域入手，探索其中的辩证唯物主义方法论。如有学者从司法入手，探索辩证司法观及其应用性问题，⑧ 还有学者以刑事法治为切入点，探索社

---

① 杜艳艳. 当代马克思主义法治思想的理论与实践创新［J］. 学习与实践，2017（01）：29-36.
② 王会军，李婧. 社会主义法治理念的理论溯源——对马克思主义经典作家法治思想的认识与思考［J］. 思想理论教育，2013（21）：39-43.
③ 李林. 习近平全面以法治国思想的理论逻辑与创新发展［J］. 法学研究，2016（02）：3-22.
④ 张周志，王宏波. 法治中国的哲学思考［M］. 北京：中央编译出版社，2015：73.
⑤ 张文显. 习近平法治思想研究（上）——习近平法治思想的鲜明特征［J］. 法制与社会发展，2016（02）：5-21.
⑥ 陈永胜. 中国特色社会主义法治发展新阶段［J］. 科学社会主义，2017（05）：71-75.
⑦ 齐高龙，林士俊. 全面推进依法治国过程中若干辩证关系的研究——学习习近平关于法治思想重要论述的体会［J］. 中共石家庄市委党校学报，2018，20（05）：31-35.
⑧ 江必新. 十八大与法治国家建设丛书：辩证司法观及其应用［M］. 北京：中国法制出版社，2014：60-65.

会稳定与反恐的辩证关系①等。从价值论层面，有学者通过对形式法治观的作用和意义进行反思，并从价值层面阐释法治对民主和法律的作用和意义。② 在历史唯物主义方法论层面，有学者强调坚持以人民为中心的法治指导理念，在法学领域应该树立以人民为主体、以人的全面发展和社会的全面进步为基点、以权利为本位的法学思想，并指出以人民为中心的发展思想可以转化为五个新理念：凸显依法治国的新理念、实现法治国家向法治中国的提升、法律体系向法治体系的发展、法治建设从国内向国际的延伸以及法律之治向良法善治的推进。③ 还有学者从"人民主体"概念理解的缺失入手，明确人民作为社会生活的实际承担者和现代文明的最高价值主体的意义。④

（二）马克思法治思想研究的国外现状

马克思法治思想的研究，最早见于苏联时期的马克思主义研究成果，随后向西方国家延展，在当代法学领域构建了新的理论框架和研究范式，但尚未发现以"马克思法治"为主题命名的专门论著，该思想分散于"西方马克思主义法学"流派的思想理论中，但由于国外研究马克思主义法学人物众多，观点各异，引发了关于马克思法治相关论题的争论和探讨。本书根据其发展脉络和争论议题，从纵向和横向两个维度把握国外学者对马克思法治思想的研究现状。

1. 关于马克思法治思想研究的国外发展脉络

国外对马克思主义法治的研究主要集中在苏联和西方，尤其以西方马克思主义法学为核心的学术研究形成了时间和地域性研究特点，为当前马克思法治思想的研究奠定了科学的理论基础。

首先是苏联对马克思法治研究的继承和发展。这一时期对马克思法治思想的探索主要集中于列宁的法治思想，列宁虽然没有专门的法治著作研究，但是对马克思法治思想的继承和发展散见于其著作、演讲和法治实践当中。在其《国家与革命》《论国家》《怎么办》《无政府主义和社会主义》《从民粹主义到马克思主义》等多个文献中，列宁继承和发展了马克思的国家学说和法治思想，

---

① 刘仁文. 刑事法治视野下的社会稳定与反恐［M］. 北京：社会科学文献出版社，2013：226-232.
② 俞学明. 法治的哲学之维：第1辑［M］. 北京：当代中国出版社，2012：118-137.
③ 张文显. 以人民为中心：法治体系的指导理念［N］. 北京日报：2018-04-23（16）.
④ 文兵. 法治的哲学之维：第3辑［M］. 北京：当代中国出版社，2016：2-11.

14

不仅痛斥资本主义法治的虚伪性，揭露了资产阶级民主、法律、政权、宪法乃至议会制的本质，还在其基础上阐释了社会主义法治的基本性质，建构了社会主义法治的基本体系，形成了包含法理、宪政、刑法、经济法、反腐败法和人权等在内的列宁法治思想。但 20 世纪 50 年代以后苏联法学界内部出现严重的错误倾向，诸如法律虚无主义、法律执行中的实用主义倾向以及过分夸大法律的强制作用等相继产生，导致苏联学者对马克思法治的研究和建构出现偏差，法治实践遭遇了前所未有的困境。

其次，是西方马克思主义者对马克思法治思想的研究。20 世纪以前，马克思主义遭到西方资本主义的诋毁和拒斥，很少有学者研究其相关理论。但是随着资本主义社会存在的现实问题和矛盾日益加剧，西方纷繁复杂的学术思想难以合理、全面地阐释。从而，一部分学者试图在马克思那里找到解决现实问题的答案，于是开始致力于马克思主义的学术思潮研究，在 20 世纪 20 年代形成了"西方马克思主义者"，西方马克思主义法学也应运而生。按照其时代特点，西方马克思主义法学研究大致可以分为以下三个阶段。

第一阶段：20 世纪 20 年代至 20 世纪 50 年代，"行动中的马克思主义者"。

这一阶段的代表人物主要有奥地利的卡尔·伦纳、匈牙利的格奥尔格·卢卡奇以及意大利的安东尼奥·葛兰西等。其中伦纳在其《私有制的制度及其社会功能》① 一书中着眼于实证法条款中的规则分析，通过对未改变的所有权概念与变动的社会条件之间的关系研究，揭示了财产或契约等法律概念的社会功能。卢卡奇分析了物化、物化意识与资本主义法律形态的内在关联，首创了西方马克思主义的独特传统，为当时东欧新马克思主义的发展和实践提供了科学的理论指导。而葛兰西曾在狱中撰写的《狱中札记》② 和《狱中书简》③ 对法的现象的实践性进行了系统的研究，其法哲学思想同实践哲学理论、霸权理论等对当时的现实和理论问题具有重要的指导意义。这一时期的西方马克思主义法学者既是政治家同时也是思想家，对马克思主义法治思想的研究侧重于实证

---

① RENNER K. The Institutions of Private Law and Their Social Functions ［M］. O. KAHNFREUND ed. SCHWARZSCHILD A, trans. London：Routledge&K. Paul, 1949.

② ［意］安东尼奥·葛兰西. 狱中札记 ［M］. 曹雷雨，姜丽，等译. 郑州：河南大学出版社，2014.

③ ［意］安东尼奥·葛兰西. 狱中书简 ［M］. 田国良，译. 北京：求实出版社，1990.

主义，强调法治理论与实践的结合。因此，有学者将这一阶段的研究者称为"行动中的马克思主义者"①。

第二阶段：20 世纪 50 年代至 20 世纪 70 年代，"书斋里的马克思主义者"。

这一时期马克思主义法学研究集中在法国等地，马克思主义研究的结构主义、解构主义等学派异军突起，对马克思主义法学提出了自己独到的见解。例如，结构主义的奠基人路易斯·阿尔都塞认为法律不仅是国家机器，也是意识形态体系的一部分，并强调某些生产关系以法和政治的以及意识形态的上层建筑为基础，对法哲学发表了自己的真知灼见。这一思想也引发了其弟子，即希腊政治理论家尼科斯·普兰查斯对法律的研究兴趣。在阿尔都塞法律思想的基础上，法国左派学者贝尔纳·艾德曼在其《影像之所有：马克思主义法律理论的要素》② 一书中表达了对法律特质的看法，认为法律特定的本质是对主体加以表述、描绘、呈现之形式，以相机捕捉事物影像的特点，揭示财产含有的建构性特质。此外，法国的解构主义领军人物雅克·德里达在其《法律的力量——权威的神秘基础》③ 等著作中，从解构的视角探讨了法律和语言、正义和暴力的关系，并揭示了法律与正义构成的悖论式的解构关系。与第一阶段西方马克思主义法学学者相比，他们更多是学校或科研机构的学者，因此侧重于西方马克思主义法学的学院式研究。

第三阶段：20 世纪 70 年代以后，马克思法学的研究中心向英美转移。

由于政治经济发展的转移，西方马克思主义法学随着西方马克思主义研究的转移从西欧大陆转向英美国家，在这里涌现出一批新的马克思主义流派和理论。在马克思、恩格斯的"第二故乡"英国，马克思主义法学研究异常活跃，其中马克思主义历史学派重要代表人物爱德华·帕尔默·汤普森出版的《辉格

---

① 邱昭继，王进等. 马克思主义与西方法理学 ［M］. 北京：中国人民大学出版社，2018：20.

② EDELMAN B. Ownership of the Image：Elements for a Marxist Theory of Law ［M］. Translated by Elizabeth Kingdom：Routledge&Kegan Paul，1979.

③ ［法］雅克·德里达. 《友爱的政治学》及其他 ［M］. 夏可君，编，胡继华，译. 长春：吉林人民出版社，2011：387–461.

党与猎人——布莱克法案的起源》① 以及《共有的习惯》② 等著作，从文化、历史和民族的视角出发，得出"法治是绝对的人类之善"③ 的结论，深刻揭示了法治的社会效能。在美国，这一时期的马克思主义法学以马克思主义者对法治的批判为基础，批评自由主义政治哲学的法治理想。其中，女权主义法学是其鲜明特征，深刻批判了资产阶级的大男子主义特征，主张消除对女性不公平的法律并建构公平的法律。以凯瑟琳·麦金农为例，她的《迈向女性主义的国家理论》"设定女性主义是一个关于社会性别的理论，正如马克思主义是一个关于阶级的理论"④，在以女性地位为重心的性别批判基础上重构了女性主义。此外，在加拿大和澳大利亚等地也相继涌现出一批非常活跃的马克思主义法学家。诸如加拿大裔以分析马克思主义学派著称的哲学教授克里斯蒂·希普诺维奇，澳大利亚著名马克思主义学者尤金·卡门卡、阿瑟等对马克思主义法学展开研究，形成独特的见解，从不同角度理解和认识马克思主义法律的本质与核心。这一时期西方马克思主义法学研究涉及的法律问题广泛而系统、具体而全面，并出现了专门的法学家和著作，为我们把握马克思法治思想的实质与核心奠定了科学的理论基础。

2. 西方马克思主义法学针对法治的议题和论争

20 世纪伊始，面对资本主义的现实困境和自由主义理论家的质疑，西方法学界开始关注分析马克思主义法的问题。尤其是 20 世纪 60 年代末资本主义遭遇世界性经济危机，西方国家出现了"马克思主义的文艺复兴"现象。有学者试图运用马克思主义推翻资本主义统治，而有学者热衷于研究马克思主义的根本目的是拯救资本主义或者挑战马克思主义的权威。正是对马克思主义态度的差异性，西方形成了不同的马克思主义法学流派。对此，社会学家保罗·赫斯特将其大致划分为两个流派，即工具主义和结构主义。

----

① THOMPSON E P. Whigs and Hunters：The Origin of the Black Act ［M］. London：Penguin Books，1975.
② ［英］爱德华·汤普森. 共有的习惯 ［M］. 沈汉，王加丰，译. 上海：上海人民出版社，2002.
③ THOMPSON E P. Whigs and Hunters：The Origin of the Black Act ［M］. London：Penguin Books，1975：266.
④ ［美］凯瑟琳·A. 麦金农. 迈向女性主义的国家理论 ［M］. 曲广娣，译. 北京：中国政法大学出版社，2007：2.

所谓工具主义，重点强调法的阶级统治作用；结构主义则将法看作一种社会结构，以此实现财产关系的规范。在西方马克思主义发展史上，工具主义和结构主义的论战备受关注，其争论的焦点在于法治的物质基础、法的价值以及马克思主义法的研究内容等方面。

其一，关于法治的物质基础问题，工具主义主张"经济决定论"，结构主义则主张"多元决定论"。

马克思提出了"经济基础—上层建筑"的二分模式，并将经济基础决定上层建筑判定为历史唯物主义的试金石。在马克思看来，法律制度和国家作为上层建筑的主要表现形式，是由经济基础决定的，并在一定条件下反作用于经济。针对这一观点，工具主义者对唯物史观产生一种歪曲解读，过分夸大经济因素在社会发展中的决定性作用，抹杀了人和上层建筑的作用，试图从经验层面证明经济的权力可以转变为影响社会立法的政治权力，逐渐成为经济决定论者。例如，美国著名学者弗雷德·布洛克明确宣称马克思主义是经济决定论，评价卡尔·波兰尼"一生都认同于社会主义，但却与各种经济决定论（包括主流的马克思主义）截然不同"①。在工具主义者看来，资本主义国家正是表现了资本的政治利益，才会称之为资本主义国家，经济权力可以通过竞选筹资以及国家立法、司法部门的腐化转化为政治权力。相反，结构主义者为了"发展"马克思主义，提出了"多元决定论"，其中典型的代表人物是阿尔都塞。阿尔都塞驳斥"经济决定论"是一种机械决定论，认为经济基础的决定性因素是一种"多元决定"。在《保卫马克思》一文中，他通过对马克思相关论述的文本分析指出："一个简单范畴都意味着社会是一个有结构的整体。"② 而马克思所说的经济结构必然是一个复杂的结构，即竖向的经济基础和上层建筑，水平方向的生产力与生产关系、政治上层建筑与道德、法律等。这些复杂结构在整体和各要素之间相互作用，才得以推动社会结构的整体发展。

其二，在法的价值问题上，工具主义强调法和国家是阶级统治的工具，而结构主义侧重于法和国家是"力量平衡的凝聚"。

马克思深刻揭露了资本主义法的本质，并揭示了法和国家是阶级统治的工

---

① ［匈］卡尔·波兰尼. 巨变：当代政治与经济的起源［M］. 黄树民，译. 北京：社会科学文献出版社，2013：24.
② ［法］路易·阿尔都塞. 保卫马克思［M］. 顾良，译. 北京：商务印书馆，1984：167.

具。而工具主义者在此基础上提出了更为极端的看法，认为法律不是机械地反映生产方式，而是统治阶级为了服务他们自身的利益而有意构建的。正如休·柯林斯所言，统治阶级在阶级统治的过程中通过法律体系实现自己的经济利益，并以牺牲被统治者的利益为代价。① 与之相对的结构主义的另一位代表人物尼斯科·普兰查斯则从国家的相对自主性分析指出："国家不是自为存在的工具实体，不是物，而是力量平衡的凝聚。"② 在他看来，国家在政治层面具有双重职能，一方面代表人民的共同利益，另一方面也维护着统治阶级的特殊利益，它是一种关系的物质化浓缩，尤其在资本主义国家发挥着平衡阶级力量的作用。

其三，针对马克思主义法的研究内容和重点，工具主义侧重法的内容及与其他政治现象的联系，结构主义侧重法和国家的形式及相对独立性。

工具主义者侧重于对法的内容研究，并注重法与其他政治现象之间的联系。以英国著名政治学家拉夫尔·米利班德为例，在其《资本主义社会中的国家》《马克思主义与政治学》等著作中，米利班德侧重于对资本主义国家制度和法的分析和探讨，用他的话来说就是对"社会分配权力"的认识，集中于权力分配的国家立法问题中。并且米利班德将法置身于政治轨道中分析和理解，系统阐释国家的行政、管理、司法以及镇压等的关系，还有劳资对抗的关系等。相反，结构主义更侧重于法和国家的形式。P. 贝尔尼表示："在任何社会形态中，法的形式本身都具有能够体现统治的生产方式并使其恒久不变的内在属性。"③ 在资本主义社会中，法的形式体现了资产阶级的总体利益，确立的是孤立的经济主体间的抽象平等的政治形式。阿尔都塞的《意识形态和意识形态的国家机器》一文也将研究重点放在法和国家的形式上。针对国家和法的相对独立性，奥康纳在其《国家财政危机》中指出"国家必须独立于或者远离具体的资本利益"④，以赢得公众的信任。在结构主义者看来，国家及其立法内容并不总是直接体现资本的利益。

面对工具主义和结构主义的论战，许多西方学者提出了尖锐的批评，并试

---

① ［英］休·柯林斯. 马克思主义与法律［M］. 邱昭继，译. 北京：法律出版社，2012：27-28.

② ［希腊］尼斯科·普兰查斯. 当代资本主义中的阶级［M］. 伦敦英文版，1975：98.

③ P. 贝尔尼. 经验主义和马克思主义对法与犯罪的批评［M］. 社会问题（卷26），1979：380.

④ ［美］詹姆斯·奥康纳. 国家的财政危机［M］. 纽约版，1973：70.

图"超越"上述两种倾向，对马克思主义法的思想研究提出一种全新的看法。诸如法国社会学者铁马谢夫提出了"法律＝道德（同意）＋权力（强制）"的命题，而美国批判法学的代表安吉尔则表达了"相互作用的法"与同意论结盟的观点。此外，汤普森独树一帜地提出了法治是"绝对的人类之善"的理论，但都存在着一定的局限性。

从总体而言，西方马克思主义法学对马克思法学思想的解构、分析和判断为后人的继续研究奠定了科学的理论基础，有助于我们深刻把握资本主义法治的本质和基本特点。但是，无论是马克思主义法学的工具主义、结构主义还是对其"超越"的理论观点，都或多或少地歪曲了马克思的法治思想，有甚者顶着"发展"马克思主义的名义走向了马克思法治的对立面，他们的最终目的都是为资本主义法律制度辩护，赞扬和美化资本主义。因此，在21世纪"全面推进依法治国"的今天，从经典中把握马克思法治思想的本质内涵，厘清马克思法治问题的相关争论和议题，对中国特色社会主义法治理论体系的建构具有重要的指导意义。

（三）马克思法治思想研究述评及展望

尽管国内外现有研究已经取得了一定的进展，为本书的研究提供了科学的理论基础，但关于马克思法治思想的研究仍然有进一步探索的空间。目前，对于该问题的研究尚存在美中不足之处，这就需要我们拓宽研究视域，发掘新鲜资料，在研究内容、结构及方法上继续努力。

其一，对"马克思"的法治理论研究缺乏关注度。就目前研究现状而言，对法治思想的研究，大部分学者侧重将马克思和恩格斯合二为一进行探究。当然，从整体性和逻辑关联来看，马克思和恩格斯法治思想是一个有机的整体，这一点我们从不否认。但马克思法治思想和恩格斯法治思想两者之间仍然存在一定区别：马克思注重理论批判，如《黑格尔法哲学批判》；而恩格斯侧重于现实批判，如《英国工人阶级状况》等。而且在晚期尤其是马克思逝世后，恩格斯在其相关著作中的法治思想虽然继承了马克思的遗志，但在此基础上也是有所发展和创新的，很多学者在研究过程中却忽视了这种差异性。此外，以"马克思法治"命名的专著到目前为止尚未发现，其思想只是散见于各专著和学术论文当中。因此，为了更为突出地研究和呈现马克思法治思想的批判思维，尤其早期的理论批判，本书将重点放在马克思身上。当然马克思、恩格斯的法治思想会在其合著中交叠，但基于马克思、恩格斯法治思想的整体性和逻辑性，本书将不再做过多的文献学区分。

其二，马克思"法治"研究的核心内容呈现失衡局面。国内外对马克思的研究更侧重于法律思想、法制思想的认知和探索，即使有研究法治问题的，也存在与法律、法制内容重合的现象，产生概念之间的混淆。虽然法治一定意义上包含法律和法制，但还是存在一定区别的，尤其是关于"治"的问题。如何实现法的国家治理、如何实现社会主义（共产主义第一阶段）法治的运行、如何实现法治的真正平等和自由，这都是与法律和法制问题不同并且亟待解决的现实问题，也是我们在研究马克思法治思想过程中重点关注的问题。因此，研究马克思的法治思想具有非常重要的理论和现实意义。

其三，马克思法治思想的研究视域有待拓展。由于学界受到专业领域、背景以及语言的限制，国内学者对马克思法治的研究大多是在中国视域下展开的。这种研究视域较为狭窄，缺乏思想观念和制度差异的碰撞。国际背景下的西方法治理论者，尤其是西方马克思主义者，对马克思法治问题的认识有批判、继承、发展、超越等。从国外研究现状来看，西方马克思主义法学学者针对马克思法治思想的物质基础、价值取向等问题产生激烈的争论和碰撞。在研究马克思法治思想的同时，了解和认识西方对马克思法治思想的态度和评价，有助于我们在问题意识中系统把握其法治思想的本质和特点。因此，在未来的研究中，有待于拓宽研究视域，实现国内国外的双向研究，从而架构和完善马克思法治思想的理论体系。

其四，对马克思法治思想的研究缺乏争论意识。无论是国外还是国内都存在对马克思法治思想的争议，如是否存在马克思法治思想、马克思法治思想是否过时、马克思法治思想是"经济决定论"还是"多元决定论"、马克思法治思想是不是科学的理论体系、马克思法治能否指导中国实践等。但目前的研究中，对争议的学术回应较少，导致这些争议在今天仍然成为研究马克思法治思想的迷雾。本书将以问题为导向，从《马克思恩格斯全集》50卷的文本材料中寻求热点争议的答案。

其五，批判建构的空洞和杂乱性特点。从目前的研究成果来看，学界对马克思关于资本主义法治的批判和共产主义第一阶段法治建构的研究已经初见成效。但是，仍然存在一定问题。首先，研究内容或针对某一个方面，如人权、经济、生态等，或从整体层面笼统阐述，缺乏系统、具有针对性的批判和建构体系；其次，针对内容，马克思在文本中列举了很多正反面案例进行分析，但学界更多停留在理论层面的高度概括，缺乏理论与现实的结合性分析；最后，对共产主义法律消亡问题及其消亡后的"规则"问题缺少研究和理论上的回应。由此关于马克思法治思想的内容体系值得我们进一步整合与分析。

四、核心概念界定和辨析

在对马克思法治思想进行分析和讨论之前，须基于这样一个理论前提，即对马克思法治相关概念进行明确的分析和厘定，对法治有一个总的概括和界定。我们将从法治与法、法律、法制、人治、德治等概念的辩证关系，马克思法治与马克思主义法治之间的辩证关系，马克思法治和恩格斯法治之间的辨析等层面系统掌握马克思法治思想的范围、边界及其突出特征。

（一）"法治"与"人治"

"法治"由"法"和"治"两部分构成，亚里士多德曾指出，法治是"已成立的法律获得普遍服从，而大家服从的法律本身是制定得良好的法律"①。该论断揭示了"法治"的双重意义和特点，即法的统治地位和法的良好品质，糅合了理论规范和实践操作，在新时代的今天也可以理解为"良法善治"。针对"法治二要件"，新自然法学派代表如朗·富勒对"良法"进行了具体阐释，提出了法的内在道德遵循的八个要素：一般性或普遍性、公开性、非溯及既往原则、明确性、一致性、稳定性、官方行为和法律的一致性，② 约翰·菲尼斯也提出了与富勒相似的八项原则。与富勒相比，英国法学家约瑟夫·拉兹提出了法治的含义：一是人们应该被法律统治并服从法律；二是法律能够让人受其指导。③ 拉兹更关注第二个方面，并从法律符合能够使其指引行为的标准和监督法治两个层面提出了八项规则，阐明了法律的形式概念。他们对法治的认识从抽象化到具体化的发展，推动良法善治进一步明确化、可操作化，丰富和发展了"法治"的内涵。

究其词源来看，"法治"有两种解释，即法的治理（rule by law）和法的统

---

① ［古希腊］亚里士多德. 政治学［M］. 吴寿彭，译. 北京：商务印书馆，2002：199.

② 张文显. 二十世纪西方方法哲学思潮研究［M］. 北京：法律出版社，1996：76.

③ ［英］约瑟夫·拉兹. 法治及其德性［M］. 郑强，译. 北京：法律出版社，2000：91.

治（rule of law）。在马克思看来，法律和国家相伴而生，自从有了国家，法律及其法的治理就相应产生了。从这一意义上来看，"法的治理"并没有突出法治的良法善治的特点。"法的统治"强调法律的至高无上性，排除了专制社会有治理无统治的法律本质。因此，本书更趋向于将"法治"理解为"法的统治"。

"法治"同"人治"是根本对立的。法治与人治的根本性区别并不在于是否存在法律，而是涉及权力和法律的地位等问题。"人治"呈现出"权力大于法律"的特征，例如我国古代自先秦时期就存在法律，但这一时期的统治者凌驾于法律之上，正所谓"刑不上大夫"，"君权至上"就是"人治"的典型呈现。就中西方自古以来对"法治"和"人治"的争论和实践，我们认识到："法治"确实具有优于"人治"的特点。一是从公平公正性来看，"法治"强调"法律"的权威，没有情感因素的影响；而"人治"中统治者处于法律之外，不受法律的约束。具有主观倾向，无法保证制度和政策的长期性和稳定性。二是从法权关系来看，"法治"社会中，"权自法出"，法律对公权力进行监督和制约，具有完善的监督机制和监督体系；而"人治"社会中强调"法自权出"，领导人对法律具有解释权并有能够超越法律的地位。三是从社会模式来看，"法治"强调民主模式的"众人之治"，"人治"是中央集权模式的"一人之治"，正如亚里士多德所说的"法治优于一人之治"。四是从国家治理的能力来说，"法治"具有理性力量和一般性的指引作用，而"人治"看重的是个人的智慧和能力，尤其是对个别的指引作用。故从"法治"和"人治"的差异性来说，"法治"是民主政治的现实呈现，更趋于理性化和长期化，具有民主、自由、平等等意蕴。

（二）"法""法律""法权"与"法治"

当前法学界普遍将"法"与广义上的"法律"通用，将法律界定为三种含义："最广义的法律是指国家制定或认可，并以国家强制力保证其实施的行为规范的总称，包括宪法、法律（狭义）、行政法规、规章、判例、惯例、习惯法等各种成文法和不成文法。较狭义的法律专指宪法性法律与普通法律。最狭义的法律专指普通法律，常与宪法并列使用。"[①] 这是对"法"及"法律"内容构成的描述，但是缺乏对"法"及"法律"实质的揭示。

---

① 夏征农，陈至立．大辞海：法学卷［M］．上海：上海辞书出版社，2015：2.

"法""法律""法权"及其相互关系。目前学界有人为了过度区分"法"与"法律"的区别，否认了法的阶级意志性。在他们看来，存在广义的"法"的概念，认为"法"并不是国家的特有，与国家权力无关的"习惯法""自然法""民间法"等都属于"法"的范围。还有人表示，法作为社会客观规律的表现，是特定精神力量或单纯的规则体系，不以人的意志为转移。而法律则是统治阶级意志的表现，受到物质生产条件的制约。上述观点和说法完全将"法"同"国家权力""法律"等割裂开来，其实质是否认了法的阶级意志性和物质制约性。在马克思那里，"法律"是"由他们的共同意志所决定的这种意志的表现"，是统治阶级意志上升为国家意志的一般表现形式。以"法律"为形式渊源的"法"，同"法律"一样同国家权力、阶级统治有着密切的联系。"法的关系正像国家的形式一样，既不能从它们本身来理解，也不能从所谓的人类精神的一般发展来理解，相反，它们根源于物质的生活关系。""法"表现为物质制约性和阶级意志性的辩证统一，是统治阶级意志上升为法律、具有国家强制力保障的法权要求。"法"在一定程度上可以反映客观规律，但并不等于客观规律和社会存在，其隶属于社会意识形态领域。因此，将其同国家权力、法律等割裂开来，实质上否认了其意识形态属性和阶级特征。

"法权"与"法"和"法律"的范畴不同，其含义更强调"权"而非"法"。在马克思的研究视域中，法权表现为反映经济关系的意志关系，表达了自由在人身上的实现程度。从《马克思恩格斯全集》的第一版和第二版翻译来看，第一版翻译为"法权"的内容在第二版均修改为"权利"，从翻译的层面来看，马克思的法权概念更多表达为"权利"的含义，因此，后文所提到的法权关系实质上也可以看作一种权利关系。此外，与法律相比，法权可以表现为习惯或传统等非正式、非法律条文，法权在一定意义上是法律的基础和内容，而法律则是法权上升为国家意志的表现。

"法""法律""法权"同"法治"的关系。"法""法律""法权"作为静态的、规范性的表现内容，同作为动态意义上的"法治"亦有着千丝万缕的联系。首先，"法""法律""法权"作为"法治"的遵循体系，决定了法治实施和运行的阶级性质。正如，资产阶级作为统治阶级，其法权和法律必然表达了资产阶级的意志，在其"法治"运行的过程中，作为法治运行的资产阶级主体必然要运用这些法律和法权维护自身的利益。由此，"法"与"法律"为法治的实施和运行提供了制度体系和规范遵循，是"法治"的文本基础。

从经典著作的文本中，我们看到，马克思对"法"的概念和本质以及不同阶段"法律""法权"的价值和实质都有很深刻的见解，我们也对其做了系统的分析。在马克思的理论著作中，"法"在不同的语境中存在不同的含义，有时是就实质意义上的"法"而言，有时则等同于"法律"。然而，无论是"法""法权"还是"法律"，都是我们理解"法治"的基础，为更好地把握资本主义法治的虚伪性、狭隘性以及共产主义第一阶段法治的理论体系和运行机制提供良好的法律基础。

（三）"法制"与"法治"

在马克思看来，"法律"包含"法律思想"和"法律制度"。"法律思想"是法律在观念、理念上的一种体现，强调人们对于不同时代和国家法律的一种规律性反映，属于思想上层建筑。与之相比，"法律制度"呈现的是一种现实性、政治性特征，是实实在在的制度形式。《大辞海·法学卷》将"法制"划分为三种含义："广义的泛指国家的法律与制度。法律包括成文法与不成文法，制度包括依法建立起来的政治、经济、文化等方面的各种制度，其中也包括法律制度。较狭义的指统治阶级按照民主原则把管理国家事务制度化、法律化，包括法律制度与法律秩序。最狭义的仅指法律制度，即法律制度的简称。"① 根据以上含义，学界基本上从两个层面来理解"法制"：一是从动态层面上，认为法制凭借立法、司法和守法等多项环节来管理国家事务的制度化过程；二是从静态层面上，将法制看作法律制度的总称，诸如所有权制度、陪审制度等来调整某一社会关系或社会关系的某个方面。

法治与法制，一字之差，天壤之别。从其范畴来看，"法制"是相对于政治制度、经济制度而言的制度模式，并不能说明法律至上的内涵；而"法治"是相对"人治"而言的，凸显了"法"的统治地位和至高无上性。从属性而言，法制是静态的，有了法律制度如果人们不遵守也没有任何意义，若在法制执行过程中出现"权大于法"，那么它的实质仍然是"人治"的表现；而法治则是动态的，不仅探究"法"，而且解决如何"治"的问题。从价值属性来看，法制的制定和事实体现的是国家和统治阶级的意志，是实现阶级目的的重要工具，

---

① 夏征农，陈至立. 大辞海：法学卷［M］. 上海：上海辞书出版社，2015：13.

并不像"法治"追求民主、公平、自由一样，有可能会反其道而行，成为专制法、恐怖法，以压制自由。

当然，我们不否认两者之间的内在联系，但也不可忽视其差异性而对两者混同使用。因此，探究马克思的法治思想，我们不能忽视资本主义法制的缺陷和社会主义法制的初步构建形式，也不能仅仅局限于法律制度，应多方位把握不同制度条件下法的性质、地位、作用以及价值取向等，突出"法治"不同于"法制"的根本性特征。

（四）"德治"与"法治"

"德治"思想源于我国古代先秦时期。诸子百家在思想的碰撞之中产生了三种治国方案：一是儒家的"德治"；二是法家的"法治"；三是道家的"无为而治"。其中"德治"作为一种国家和社会治理的原则和理想，强调伦理治国，由儒家的孔子、孟子提出，并在董仲舒那里发展为"儒学治国"的理论，以"罢黜百家，独尊儒术"的倡议实现了两千年的"德治"传统。在古代，"德治"不能被简单地理解为道德教化，其核心要义在于以文化人、以文育人、以文治人，含有多层意蕴。其一，"德治"的最基本含义表现为"德教"，即充分运用道德的功能，对臣民进行教化，提升人们的道德境界以维持良好的社会秩序。其中社会道德规范主要表现为"仁、义、礼、智、信、温、良、恭、俭、让、刚、毅、勇、直、公"① 等。正如孟子所言"羞耻之心，义也""恭敬之心，礼也"②，以道德的善恶标准规范、调整和限制人们的行为，被视为"德教"。其二，"德治"还表现为"德政"。与"德教"以民众的道德教化视角不同，"德政"从统治者的角度回应如何统治、如何施政的问题。儒家先贤从合乎道德的层面主张国家治理应该施以仁政，"道之以政，齐之以刑，民免而无耻；道之以德，齐之以礼，有耻且格"③，倡导以礼仪为基础，以德治人的思想。其三，"德治"还被理解为德主刑辅，德法并举。孔子主张"宽猛相济"，而荀子在探索治国之道时也得出这样的结论："治之经，礼与刑，君子以修百姓宁。明德慎

---

① 孔庆茵.中华优秀传统德治思想对构建世界新秩序的价值与启示［J］.理论探讨，2019（05）：46-51.

② 孟子［M］.万丽华，蓝旭，译注.北京：中华书局，2010：181.

③ 鲍建竹.论语［M］.北京：当代世界出版社，2007：25.

罚，国家既治，四海平。"① 与法家不同的是，他们主张统治者应该以德为主，刑法做以辅助，真正维护社会秩序、统治人民。此外，"德治"还包含了"和合""协和万邦"等意蕴，表达了以和为贵、通问结好、和睦相处的治国之道。新时代，我国在治国理政中并不排斥"德治"的道德教化、仁爱施政的主张，但古代的"德治"虽然含有民本、爱民、安民的思想，其根本目的却是实现封建君主对人民的统治，具有典型的"人治"意蕴，需要时刻警惕。

伴随着中国从自然经济走向社会主义市场经济，国家治理面临着现代化建设的新时代。面对商品贸易、经济生产带来市场的秩序维系，我们需要继承传统，但是同样需要对传统儒家的德治思想进行反思，② 摒弃德治中的"人治"因素和泛道德主义倾向，坚持以法治为主导，实现法律与道德在国家治理体系中的协同发展。新时代法治和德治存在着根本的区别与联系。两者之间的区别主要表现在：一是在规范方式上，法治以法律为尺度，通过外在的合法性判断规范和判定人们的行为，德治则从内心深处和社会普遍认同的道德观念来规范人们的行为；二是在表现形式上，法治强调形式性，以严格的法律制度对违法行为施以法律责任，德治则从良知和公共舆论方面对违反道德的行为施以谴责，不负法律责任；三是在作用地位上，新时代法治是"党领导人民治理国家的基本方略"③，占据国家治理的主导地位，德治则以辅助形式规范人们的心灵秩序。新时代，我国在治国理政中并不排斥"德治"的道德教化、仁爱施政的主张。"德治"思想自孔子时代就已经提出和实践，对我国社会的发展产生了举足轻重的作用。在今天道德观念仍然在国家和社会事务中发挥着重要作用，我国应该大力弘扬社会主义核心价值观，发挥道德教化的作用，坚持以"德治"弥补法律规范上存在的漏洞和空白，强化道德对法治思维、法治文化的支撑作用，为解决法律冲突提供更完善的方法。但是"德治"的非理性因素和非强制性规范要求我们寻求更为规范、更具强制力的治国之道维持市场经济带来的秩序维系需求。因此，新时代要发挥法治与德治的相互作用，推动国家治理体系的有效运行。

① 荀子 [M]. 安继民，注译. 郑州：中州古籍出版社，2006：247.
② 邓晓芒. 黑格尔《精神现象学》句读：第5卷 [M]. 北京：人民出版社，2016：597-598.
③ 十八大以来重要文献选编：上 [M]. 北京：中央文献出版社，2014：87.

在今天，法治被普遍看作以制约权力、保障自由和权利为核心价值取向、以法律制度为主导调控形式、以普遍法律规则为根本行为尺度及生活准则的国家—社会治理方式、运行机制和秩序形态。① "法治"蕴含了对"法律""法制"的现实运用，但又超出了"法律""法制"的静态特征和物质反映，特别推崇法律的至高无上性，不以人的意志为转移，强调以民主体制为前提，以自由、平等、人权等为追求目标的价值意蕴。因此，针对马克思法治思想的研究，尤其要突出马克思批判资本主义法律、制度和阶级本质背后的法治价值追求。

（五）马克思法治思想与马克思主义法治思想

辨析马克思法治思想和马克思主义法治思想之间的差异与联系，对于我们厘清马克思法治思想的内涵和外延具有重要意义。

对于马克思主义法治思想的内涵和概念，国内学界有这样的疑问：马克思、恩格斯的法治理论当之无愧是马克思主义法治思想的核心组成部分，那么发展中的马克思主义，如中国化的马克思主义法治思想、列宁的法治理论以及西方马克思主义者的法治认识是否都属于马克思主义法治思想体系的一部分？当然，对该问题的争论，实质上从更广阔视角来看，是对国外马克思主义是不是马克思主义的质疑。对此，学界提出了不同观点。

首先，针对列宁主义的法治思想和中国化的马克思主义法治思想是否属于马克思主义法治范畴的问题，学界普遍持肯定态度。有学者指出，马克思主义法治思想主要包括马克思、恩格斯、列宁的法治思想和中国特色社会主义理论体系中的法治思想，是马克思主义国家和法律的理论的组成部分。② 可见，学界将列宁法治思想和中国特色社会主义法治思想看作马克思主义法治与社会主义现实发展相结合的产物，是对其核心思想的丰富和发展，对其作为马克思主义的一部分表示支持和肯定。

其次，关于西方马克思主义法治理论，争议的核心问题是西方马克思主义是不是马克思主义。关于该问题的争论主要集中于 20 世纪 80—90 年代，形成"是"与"非"两种对立的观点。一类认为"西马非马"。持该观点的学者表示西方马克思主义是从西方哲学的流派中去理解、发挥、结合和补充马克思主义

---

① 夏征农，陈至立．大辞海：法学卷［M］．上海：上海辞书出版社，2015：14.
② 《社会主义法治理念学习读本》编写组．社会主义法治理念学习读本［M］．北京：中国方正出版社，2009：20.

的，具有深刻的西方意识形态性，必须给予高度的警惕。① 还有学者持相反观点，认为"西马是马"。他们认为"不应该抛开马克思主义在西方的政治实践，用我们归结的马克思主义哲学原理的具体结论，同西方马克思主义理论观点作简单对比"②，无论是列宁主义、毛泽东思想还是邓小平理论与西方马克思主义一样，都是与各国具体实践相结合的产物，应该同属于马克思主义。针对上述争论，我个人认为，持"西马非马"观点的学者有自己的顾虑，马克思主义是我国社会发展的指导思想，如若将西方马克思主义纳入马克思主义的范畴，是不是间接承认西马也成为指导我们社会实践的指导思想呢？对此，我们应该澄清一点，我们所认同的科学思想理论是马克思主义经典作家所形成的一般原理和方法论，其他国家对马克思主义的实践和发展同列宁主义和中国特色社会主义法治体系的性质一样，我们不能因为意识形态的差异性就否认了西方马克思主义属于马克思主义这一论断。关于这一问题的对立争论，时至今日仍然没有定论，但新时代学界不再过多纠结于"西马"到底是不是"马"的问题，而是以批判继承和吸纳创新的态度集中于西方马克思主义的具体化、学科化研究，拓宽马克思主义的认知视域以更好地解决中国实际问题。

从上述争论我们可以看到，马克思主义法治思想主要包括：一是马克思、恩格斯运用唯物辩证法和唯物史观在批判西方法治传统和资本主义法治理论的实践基础上而形成的关于无产阶级法治和共产主义第一阶段法治建设的学说；二是列宁将马克思、恩格斯法治思想同俄国具体实际相结合而提出的一系列法治原则和方案的探索和实践成果；三是马克思主义法治基本原理同中国具体实际相结合而形成的中国特色社会主义法治思想，其中囊括了毛泽东、邓小平、江泽民、胡锦涛和习近平的法治思想；四是西方马克思主义者结合西方法学各流派的精神对马克思主义法治的丰富、继承、发展、批判和超越；五是世界上其他社会主义国家对马克思主义法治的丰富和发展成果。马克思主义法治不仅仅局限于马克思、恩格斯，还囊括了发展中的马克思主义法治，彰显了马克思主义的实事求是、与时俱进的根本性特征。

---

① 徐崇温. 关于西方马克思主义研究中若干问题的辨析［J］. 江汉论坛，1999（01）：46-50，45.

② 王雨辰. 再论我们应当如何对待当代西方马克思主义——敬答徐崇温先生［J］. 江汉论坛，1999（09）：29-36.

同马克思主义法治思想的知识体系相比较，马克思法治思想的研究范围相对减小，特指马克思在黑格尔辩证法和费尔巴哈历史唯物主义基础上形成的以历史唯物主义为方法论基础，批判资本主义法治中的个人主义本质以及民主、自由价值的虚伪性，探索无产阶级专政下共产主义第一阶段法治的实现路径，并针对法治的权威性、良法善治要求以及价值追求，初步构建共产主义第一阶段法治和设想共产主义高级阶段法律消亡的法治学说。对马克思法治思想的研究，集中于马克思单个人的思想，但是我们也不能仅仅局限于此，容易形成只见树木不见森林、只见部分而不得整体的认识误区。我们要实现"两点论"与"重点论"的统一，重点研究马克思关于法治的经典文本，但同时也要兼顾梳理马克思主义法治思想，从国外马克思主义法治和当代马克思主义法治中国化视角反观马克思法治思想，帮助我们更全面、系统地理解和掌握马克思经典文本中晦涩难懂的法治理论。

马克思法治思想和马克思主义法治思想在概念的内涵和外延上存在根本性的差异，我们在研究过程中不能将两者混同，但同时也要看到马克思主义法治思想对马克思法治思想的后期解读和丰富发展的作用，适当从马克思主义法治思想的系统理论中把握马克思法治思想的核心。

（六）马克思法治思想和恩格斯法治思想

目前，学界对马克思法治思想和恩格斯法治思想的关系问题还缺乏较为深入的研究，而是从整体视域研究"马克思—恩格斯问题"，主要涉及马克思和恩格斯的思想关系、文本关系和生平交往关系等。本书对马克思、恩格斯法治思想关系的研究，隶属于"马克思—恩格斯问题"中思想关系研究的一部分。因此，探究"马克思—恩格斯问题"的基本观点和方法论应用，可以为我们厘清马克思法治思想和恩格斯法治思想之间的关系提供科学的原理和方法论基础。

"马克思—恩格斯问题"在20世纪初就受到国际上恩格斯研究的重视，曾引起一次次的争论热潮。

对马克思和恩格斯关系问题的争论，主要有"一致论""修正论""误释论""对立论""差异论""同质论"和"发展论"七种基本观点。"一致论"的典型代表是以考茨基为首的第二国际"正统马克思主义"者，他们认为马克思、恩格斯的每一个理论观点都是经过讨论而形成的"共同见解"，不应该对两人进行区分，这一见解虽然肯定了马克思主义的统一性，但遮蔽了恩格斯因时代变化的发展创新而形成的思想差异性；"修正论"者则以伯恩施坦为代表，认为恩格斯晚年将马克思的历史观曲解为"经济决定论"，主张思想道德因素独立作用的"因素论"历史观，修正了马克思的思想，伯恩施坦提出这些观点，其实质是企图掩盖他用新康德主义取代历史唯物主义，抛弃和背离马克思主义的行径；"误释论"和"对立论"都认为恩格斯误解或背离了马克思，主张"重回马克思"；英国学者特雷尔·卡弗主张"差异论"，这一观点不像"对立论"那样将马克思和恩格斯关系绝对化，而是承认两者的一致性，但认为"差异"是马克思、恩格斯思想关系的最合理表达和最核心内容；"同质论"则主张马恩思想的本质一致性，包含着矛盾，不符合现实，应该被解构，其实质是反马克思主义。以上六种观点对"马克思—恩格斯问题"的学术争论，内在地蕴含了强烈的政治性和意识形态性，表达了或否定恩格斯，或重回马克思，或反对和解构马克思主义，或反对社会主义等政治目的。其中"一致论"和"对立论"在 20 世纪 80 年代曾伴随着西方社会思潮对我国马克思主义研究产生深刻的影响，这就要求我们对以上观点给以正确的判断和科学的态度。"发展论"的提出为我们认识"马克思—恩格斯问题"提供一种新的视角，这一观点成为国际共产主义运动和社会主义国家普遍认同的主流观点。"发展论"认为恩格斯继承了马克思的思想并在晚年发展了马克思的基本理论和观点，不仅是对以上"一致论""对立论""修正论"等六种观点的批判和超越，也是对马克思主义继承与创新的辩证统一关系的方法论应用，实现了马克思、恩格斯思想的同一性和差异性的统一，凸显了马克思主义的统一性与合法性。因此，横向比较以上七种观点，"发展论"成为我们探索马克思法治思想和恩格斯法治思想关系的方法论基础。

马克思法治思想和恩格斯法治思想，就"发展论"的观点来看，恩格斯法治思想是在继承马克思法治思想基本观点的基础上创新发展了马克思法治思想，可以简单地用"继承和发展"来概括两人关于法治的思想关系。

其一是继承，也可以看作马克思和恩格斯法治思想的一致性和统一性。

由于时代特征和社会问题的一致性以及马克思、恩格斯争论探讨和协同创作的学术基础，马克思和恩格斯对法治问题的研究在方法论、核心内容和价值追求等问题上具有内在的一致性。

首先，在方法论层面，马克思、恩格斯法治研究都遵循了历史唯物主义的指导，尤其历史唯物主义是他们区别于其他西方学者法治认识的根本性特征。早在《国民经济学批判大纲》① 中，恩格斯就通过犯罪和经济规律的发展特点表达了法的经济基础决定性的唯物史观，并贯穿了恩格斯著作的始终。以晚年的《反杜林论》为例，恩格斯表示："每一时代的社会经济结构形成的现实基础，每一个历史时期的由法的设施和政治设施以及宗教的、哲学的和其他的观念形式所构成的全部上层建筑，归根到底都应由这个基础来说明。"② 可见，对法治的认识，恩格斯继承了马克思唯物史观的基本方法，形成了历史唯物主义法治思想。其次，在核心内容层面，都是在资产阶级法治批判的基础上初步建构共产主义第一阶段法治。马克思、恩格斯的合著毋庸置疑体现了两人法治思想的内在一致性，恩格斯在马克思逝世后的作品中同样继承了马克思的观点，进一步阐释了资本主义法治只是形式上的平等③、无产阶级法权要求"共产主义第一阶段法的建构"④ 等论断。最后，在价值追求层面，马克思、恩格斯都十分注重法治建设中自由、正义、平等、民主、秩序以及人权的实质追求，突出人类解放的终极价值目标。因此，从方法论、核心内容以及价值追求方面我们都可以看到恩格斯对马克思法治思想的继承。马克思、恩格斯同作为马克思主义的创始人，其法治思想的内在一致性维护了马克思主义法治思想的合法性与权威性，反映了马克思主义法治思想一脉相承的学理特点。

　　其二是发展，也是理解恩格斯与马克思法治思想差异性存在的基本依据。

　　马克思和恩格斯对法治思想的论证有其内在一致性，但并不完全重合。社会生活体现的差异性使得他们早期从新理性批判主义向历史唯物主义转向的路径不同。

　　马克思出生在法律世家，从小接受法律的熏陶，曾在伯恩大学和柏林大学受过专业、系统的法学理论训练，因此早期的马克思更注重理论批判，通过对康德理想主义、黑格尔法哲学的继承和批判实现了从理性理想主义法治—黑格尔理性现实主义法治—历史唯物主义法治的转向；恩格斯则出生在工厂主家庭，

---

① 中共中央马克思恩格斯列宁斯大林著作编译局. 马克思恩格斯全集：第 3 卷［M］. 北京：人民出版社，2002：442.

② 中共中央马克思恩格斯列宁斯大林著作编译局. 马克思恩格斯全集：第 26 卷［M］. 北京：人民出版社，2014：29.

③ 参见恩格斯在《家庭、私有制和国家的起源》等著作中的论述。

④ 参见恩格斯在《法学家的社会主义》《〈法兰西内战〉导言》等著作中的论述。

恩格斯青年时期受到宗教气氛的感染，尤其是路德派新教，其思想中也带有宗教虔诚主义的痕迹，高中毕业后被迫经商的恩格斯深入工人贫苦阶级内部，精神世界与现实生活之间的矛盾推动恩格斯以现实批判为基点实现了从宗教虔诚主义、黑格尔主义到历史唯物主义的转向。因此，从上述马克思、恩格斯的生活经历来看，马克思对法治的研究视角更倾向于从理论批判入手，而恩格斯侧重于现实批判，却有异曲同工之妙，最终都立足于将法治同社会发展以及人类解放相结合，实现实质上的自由和平等这一终极目标。

此外，对马克思和恩格斯法治思想关系问题讨论的另一个焦点是马克思逝世后，恩格斯法治思想与马克思之间的关系。对此，我们知道思想作为一种社会意识是由客观时代条件决定的，正如马克思和恩格斯在《共产党宣言》1872年版序言中所说的，《宣言》中的一般原理还是正确的，但有些观点和措施却随着现实物质条件的变化而"过时"①。恩格斯晚年的作品如《家庭、私有制与国家的起源》对法律的起源与消亡、对无产阶级的民主共和形式的构想以及在晚年通信中对历史唯物主义法治的新贡献是在第二国际期间同唯心主义和机会主义斗争的社会基础上形成的，都是对马克思法治思想的进一步阐释和创新发展，弥补了马克思在世时期不曾认识到的理论，两者是相互补充、相互印证的关系。对两者发展关系的肯定，让我们认识到它们之间是有差异性存在的，但这种差异性并不是对立的，而是创新发展的关系，凸显了马克思主义与时俱进的理论品质。

因此，我们说马克思法治思想和恩格斯法治思想是继承与发展的关系。本书侧重于马克思的法治思想，但也不是绝对地隔离马克思和恩格斯法治思想之间的关系。两者的继承与发展关系要求我们在研究中既要突出马克思不同于恩格斯的理论特点，又不能忽视恩格斯的观点，恰当的时候应该根据恩格斯的观点来做印证和补充。

---

① 中共中央马克思恩格斯列宁斯大林著作编译局．马克思恩格斯文集：第 2 卷［M］．北京：人民出版社，2009：5-6.

第一章

马克思法治思想形成的理论基础

任何思想理论的形成都不是凭空产生的，马克思法治思想也不例外，其深深根植于西方法治理论的土壤之中。西方法治最早可追溯到古希腊罗马时代，几千年历史发展形成的文明成果中，古典自然法、德国古典主义法哲学和空想社会主义法治构想等为马克思法治思想的形成奠定了深厚的理论基础。但马克思对前人的思想并不是简单的罗列，而是坚持"不破不立"的原则，在反思、批判和扬弃西方法治理论的基础上实现了历史唯物主义法治思想的伟大成就。

第一节　古典自然法与马克思法治思想

自然法是指独立于人类、政治、国家、机构和社会存在的，由自然决定、永恒不变、普遍适用的行为法则，与各个国家在不同历史时期制定和认可的"实在法"相对。正如德国学者祁克所说：　"不朽的自然法精神永远不能被熄灭"①，自然法作为正义的集合，在人类历史的发展中不可或缺，成为西方各国法学家探索法治的法律基础。近代资本主义时期，以荷兰法学家格劳秀斯，英国启蒙思想家霍布斯、洛克以及法国的孟德斯鸠、卢梭等人为代表的近代古典自然法对马克思法治思想的影响最为深刻。西方近代启蒙思想家向旧的政治制度发起进攻，反对宗教和封建统治，提出了以个人主义和世俗化为基础的社会契约论、分权法治理论以及人民主权理论等，为资产阶级革命运动和资本主义政治制度勾画了理想蓝图，也为马克思分析和批判资本主义法治的虚伪性和建

---

① 张文显．二十世纪西方法哲学思想研究［M］．北京：法律出版社，1996：49.

立共产主义第一阶段法治具有重要的指导意义。马克思法治思想的形成以吸收和批判古典自然法为基础。

一、马克思对以个人主义为基础的"社会契约论"的核心批判

所谓社会契约理论强调社会成员为摆脱自然权利的滥用，就社会行动达成一致性的契约，形成国家和政府形态，推动人类从自然状态向文明社会的发展。以格劳秀斯、霍布斯、洛克、卢梭等为代表的古典自然法理论家建构了个人主义为理论基础的社会契约论，这一点成为马克思对社会契约论者展开严厉批判的中心论题。

从理论观点来看，社会契约论者在具体的主张中存在明显的差异。例如，格劳秀斯和霍布斯强调主权在君思想；洛克则提出了双重契约论，即社会契约和政府契约；卢梭提出了主权在民思想。但是他们的主张有一点是一致的，即都强调以"自然状态"为社会契约的条件，以其中单独存在的个人为基本出发点。所谓"自然状态"，是社会契约论者对社会状态的逻辑假设，他们首先设定了具有自然权利的自然状态的存在，并以此说明公民社会的建立及其性质。在自然状态下，个人先于社会而存在，权利是"天赋"的，社会、相关政治制度以及国家机构都不过是个人为满足自身需求通过个人意志和个体间的协议而形成的。因此，个人生来就具有平等、自由以及独立自主的天然权利，而社会契约产生的制度权力机关则成为保护个人权利的政治工具。正如洛克所言："人们联合成为国家和置身于政府之下的重大的和主要的目的，是保护他们的财产。"① 因此，自然状态下个人的自然权利成为社会契约论的前提假设，没有这一前提，个人权利就无法自然享有，更不会存在对天然权利的维护。

对此，马克思予以深刻的批判，在此基础上还提出以"从事实际活动的人"作为理论建构的出发点。首先，在《犹太人问题》中，马克思就认识到建立在个人自由之上的社会契约论的产生背景。基督教彻底将市民社会中的个人从政治生活中分离出来，转化为"原子式"的个体，为个人自由和社会契约的构建提供了逻辑前提。其次，在《政治经济学批判》导言的开篇，马克思就提到并

---

① ［英］洛克．政府论：下篇［M］．叶启芳，黎廷弼，译．北京：商务印书馆，2004：77.

批判了近代启蒙思想家："在他们看来，这种个人不是历史的结果，而是历史的起点。因为按照他们关于人性的观念，这种合乎自然的个人并不是从历史中产生的，而是由自然造成的。"① 对此，马克思表示，这是一种"假象"和"错觉"，社会契约论者抽象地将需要加以说明的东西看作自然的事实，并将这种自然状态和人的自然权利引入社会领域，构建了个人获得自由的假象。但这不过是18世纪社会流行的臆想，其根本上只是完成了对国家起源的契约化和政府权威的合法化论证，却掩盖了资产阶级借助国家和政府权力达到经济和政治剥削、压迫的实质。正如马克思所言："各个人在资产阶级的统治下被设想得要比先前更自由些，因为他们的生活条件对他们来说是偶然的；事实上，他们当然更不自由，因为他们更加屈从于物的力量。"② 最后，基于对古典自然法学家建立在个人主义上的社会契约论的认识，马克思在《德意志意识形态》等文中充分论证了"现实的个人"及其活动的物质生活条件，作为社会的现实前提在历史演变中的重要作用，并强调"在社会中进行生产的个人"才是这一理论研究的出发点。

二、马克思对"三权分立"的抨击及法治权力的重构

以洛克、孟德斯鸠为代表的古典自然法学者主张"三权分立"，并对权力的来源以及"三权分立"形式下的法治建构和价值属性都提出了具体的主张。然而，这一思想受到了马克思的严厉抨击和批判，并为马克思提出的权力由人民赋予以及权力的民主监督等法治模式奠定了理论基础。

首先，关于权力的来源。正如上文所言，建立在自然法基础上的近代启蒙思想主张"天赋人权"，而国家和政府权力则是享有自然权利的个人在契约的条件下形成的具有统一意志的政治联合体，为个体的自由和财产保驾护航。然而，马克思对古典自然法学的这一观点并不赞同。正如马克思所评论的："国家也是

---

① 中共中央马克思恩格斯列宁斯大林著作编译局．马克思恩格斯文集：第8卷［M］．北京：人民出版社，2009：5-6．
② 中共中央马克思恩格斯列宁斯大林著作编译局．马克思恩格斯文集：第1卷［M］．北京：人民出版社，2009：572．

中介者，人把自己的全部非神性、自己的全部人的无约束性寄托在它身上。"①
在马克思看来，一方面，国家并不能保障全部人的自由，在一定程度上它反而
限制了大部分人的自由。在对黑格尔法哲学的批判中，马克思表示资本主义社
会国家在利益层面普遍性的转化，不过是超越市民社会各特殊领域自身异化的
结果，是一种意识形态上的粉饰，在实际的权力运作中，国家把"自己的特殊
性变成整体的决定性权力"②，其实质是在大多数无产者不自由的基础之上形成
资产阶级私人利益的保护伞；另一方面，国家的政治权力应该由人民赋予，"人
民，只有人民，才是创造世界历史的动力"③，人民是社会变革和发展的根本决
定性力量，应通过选举等政治手段对权力进行授予和回收，保障权力为广大人
民的根本利益服务。

其次，关于"三权分立"形式下的法治形态。"三权分立"理论可追溯到
英国的政治制度和洛克的分权理论，洛克将"三权"划分为立法权、行政权和
处理外交事务权，随后孟德斯鸠发展和完善了这一思想。在《论法的精神》中，
孟德斯鸠提出了三种权力互相结合带来的巨大危害，即立法权和行政权的合并
会阻碍自由的实现，司法权与立法权的结合容易导致权力的专断，司法和行政
的合二为一会造成法官权力的泛滥，三种权力完全集中于一人之手，"则一切全
完了"。为了保障个人的自由，防止权力走向腐化、法治遭遇废弃，孟德斯鸠主
张君主立宪制政体和"三权分立"学说，以民主政体和分权实现权力的相互制
衡，更好实现人民的政治自由。在此基础上，孟德斯鸠尤其重视司法独立性的
法治原则，认为司法具有揭示宪法和法律的权力，具有违宪审查权，司法独立
可以实现对立法机关和行政机关权力的制衡、防止权力的专断，以真正保证社
会的自由、公正以及国家、社会的安定有序。此外，"三权分立"下的法治构
建，在价值层面上，体现了对自由的追求，人人生而平等自由，谁都不属于谁，
自由是人们对自己的所有物，包含着对生命、财产分配的决定权，而分权法治
思想正是为了自由平等而服务的。此外，他们更强调法治对民主制度的必然性。

---

① 中共中央马克思恩格斯列宁斯大林著作编译局.马克思恩格斯全集：第3卷［M］.北京：人民出版社，2002：171.
② 中共中央马克思恩格斯列宁斯大林著作编译局.马克思恩格斯全集：第3卷［M］.北京：人民出版社，2002：113.
③ 毛泽东.毛泽东选集：第3卷［M］.北京：人民出版社，1991：1031.

分权学说不仅是法律层面上对权力的制定和制约，同时也包含着人民的自然权利和权力，孟德斯鸠主张将法律看作正义的原则以调整人们的社会关系。在体制和制度层面，孟德斯鸠主张君主立宪政体，认为这是最好的政治体制，是人民政治自由的最好保障，但他是一个坚定的法治主义者，表示立法一旦确立就具有一定的稳定性，君主必须依据法律行使权力，不得随意修改法律。

　　针对在资产阶级"三权分立"基础上的法治构建，马克思曾表示："他们通常总是把行政权和审判权看成对立的东西"①，将三者之间的关系完全割裂开来，却并未考虑如何使权力之间协调发展的问题。在《黑格尔法哲学批判》中，马克思肯定了黑格尔对权力与权力的调和，认为"黑格尔的独特之处在于他使行政、警察、审判三权协调一致"②，并且肯定了人民主权对于解决立法权和国家制度、行政权之间"二律背反"的根本作用。此外，马克思在《路易·波拿巴的雾月十八日》等文中还深刻揭示了资产阶级分权学说的实质。马克思通过考察法国的立法权和行政权，明确了行政权力是资产阶级国家机器的主要因素，并指出行政权力是以法律的形式表达和维护统治阶级的普遍意志，其实质是为资产阶级经济利益服务的，并不能真正保障人民权利。

　　洛克和孟德斯鸠作为分权法治理论的创始人，为社会秩序的安定和法治的发展做出了重要的理论贡献。正如哈耶克所言，孟德斯鸠是区别于"建构论唯理主义"的"进化论理性主义"社会理论的主要代表人物之一③，真正将关注的焦点放在社会内部的组织性和纪律性问题之上。但是，这种建立在个人主义和分权原则基础上的"三权分立"实质上是为维护和巩固资产阶级统治地位而服务的，马克思从根本上否定和批判了这一思想，从而建构起自己的法治理论。

三、马克思对卢梭"人民主权论"的扬弃

　　近代资产阶级的人民主权理论建立在社会契约论的基础之上，主要代表人物是卢梭。

---

① 中共中央马克思恩格斯列宁斯大林著作编译局. 马克思恩格斯全集：第3卷［M］. 北京：人民出版社，2002：53.
② 中共中央马克思恩格斯列宁斯大林著作编译局. 马克思恩格斯全集：第1卷［M］. 北京：人民出版社，1956：295.
③ 程波. 西方法律思想史　法治源流［M］. 北京：中国传媒大学出版社，2005：189.

　　与洛克和孟德斯鸠不同，卢梭反对任何形式的君主立宪政体，他表示"专制永远都是暴君"①，"愿意生活在一个法度适宜的民主政府下"②，主张建立民主共和国，实现人民对国家主权的掌握。同时，他也反对"三权分立"，强调人不能凌驾于法律之上，"法律是'公意'，即人民共同意志的表现"，人民有权推翻暴虐君主的统治，也有权干涉和决定政府和执政者，因此，人民是集立法权、司法权和行政权于一身的主体，只有坚持人民主权，才能真实保证人民的自由、平等和民主。从上述观点可以看出卢梭对人民主权的坚持，且该理论在其法治思想中得到了更充分的体现。在卢梭看来，法律具有对象普遍性和意志普遍性双重属性，应该体现人民的意志，以保护人民自由和平等为立法原则，"根本就不存在没有法律的自由，也不存在任何人是高于法律之上的"，没有自由的法律不是真正的法律，法律以自由为根本价值和目标。此外，卢梭还主张法律面前人人平等，任何个人都要受到法律的约束，而法律也成为国家的构成要素，发挥治理国家的工具理性作用。卢梭对人民主权和法治学说的认识无疑是深刻的，尤其是对法治价值上的民主、自由和平等的追求成为现代法治的应有之义。

　　卢梭被一些学者认为是和马克思思想最为相近的启蒙思想家，甚至连恩格斯也曾说过："我们在卢梭那里不仅已经可以看到那种和马克思《资本论》中所遵循的完全相同的思想进程，而且还在他的详细叙述中可以看到和马克思所使用的完全相同的整整一系列辩证的说法。"③ 尤其在人民主权思想中，马克思继承了卢梭的思想，坚持人民主权的前提是自由、政府是人民的公仆、人民拥有革命权等思想。可见，马克思的思想虽以批判为主，但对人民主权思想的合理成分，仍然以学习、借鉴和吸收的态度给予正确的评价。马克思在吸收"人民主权理论"合理成分的同时，也批判了卢梭的历史唯心主义基础、代表资产阶级的主权所有者以及资产阶级共和国的最终实现状态等思想，在历史唯物主义的基础上建立了以无产阶级和劳动者为主权领导者实现共产主义社会的人民主

①　[法]卢梭. 社会契约论 [M]. 何兆武，译. 北京：商务印书馆，1980：116.

②　[法]让-雅克·卢梭. 论人民不平等的起源和基础 [M]. 李常山，译. 北京：商务印书馆，1997：51.

③　中共中央马克思恩格斯列宁斯大林著作编译局. 马克思恩格斯全集：第26卷 [M]. 北京：人民出版社，2014：148.

权学说，可以说这是对卢梭法治理论的否定之否定。在马克思看来，卢梭的人民主权思想始终脱离不了资产阶级意识形态，赋予了资本主义国家以合法性，其根本上体现了资产阶级的普遍意志。马克思对这一思想进行了积极的扬弃，切实从唯物史观层面肯定人民的主体性，主张消灭阶级剥削和私有制，从经济和政治等层面实现全体人民行使国家主权。

对社会契约论、"三权分立"基础上的分权法治理论以及人民主权思想的探索是古典自然法不同于以往自然法学流派的重大突破，但建立在个人主义基础上的法治理论却有抽象理论和法治实践的矛盾存在，这成为马克思批判古典自然法为基础的西方法治理论的重要论点，也为马克思建构历史唯物主义法治思想奠定了坚实的基础。

第二节　德国古典主义法哲学与马克思法治思想

德国古典主义法哲学思想是马克思法治思想形成的直接理论来源。青年马克思出生于 19 世纪，深受西方社会思潮的影响，尤其是德国古典主义法哲学，如康德和费希特"法治国"的理念、黑格尔理性自由主义法治观以及费尔巴哈人本主义法治观，因此马克思的早期法治思想中带有新理性批判主义色彩。

一、马克思对康德"法治国"理念的批判继承

康德是德国古典哲学的奠基人。以自由主义为特点的康德理想主义法学，是在特殊的历史背景下形成和发展起来的。一方面，德国社会政治生活落后，封建阶级盛行；另一方面，法国资产阶级大革命在世界范围内引起了巨大的反响，对德国社会形成巨大的冲击。康德正是在这样的背景下，对社会政治问题产生了很大兴趣，并在 18 世纪 60 年代阅读并记录卢梭的著作，对其"天赋人权"论和人的自由学说倍加推崇。对此，马克思曾给予这样的评价，即康德哲学是"法国革命的德国理论"。在卢梭自然法思想的影响下，康德吸收了卢梭关于"人服从自己立法才自由"和"作为公民人人平等"的基本观点，形成了一系列关于法治的理论和学说。康德的法哲学思想以纯粹理性为出发点，在正义、平等、理性为核心的法律价值基础上，提出了资产阶级法治国的构想。

首先，从正义价值来看，康德主张宪政思想，试图通过法治建立一种以宪政保障公民权利、限制政府权力的共和制政体。康德从契约理论谈及宪政国家，将人类社会划分为"自然状态"和"文明状态"，所谓"自然状态"是由私人权利构成，属于私法领域，包含物权、对人权、物权性的对人权；"文明状态"由公共权利构成，是公法领域，有无法律成为区分两种状态的主要标志。在康德看来，"在不可避免地要和他人共处的关系中，你将从自然状态进入一个法律的联合体，这个联合体是按照分配正义的条件组成的"①。从自然状态向文明状态的演进，强有力的法律和公共法庭对人们权利的保护，正是走向分配正义的有效路径。

其次，从平等价值来看，康德主张人民主权原则，以此实现法律面前人民的自由和平等。正如康德自己所说：从卢梭那里，"我学会了尊重人性"②。康德十分推崇卢梭关于人的自由、社会平等的观点，强调社会成员独立、自由、平等的性质，主张人民主权学说，反对一人立法。此外，在霍布斯和卢梭自然状态和社会契约论的影响下，康德从原始契约论出发，认为人类可以通过理性建立"法治国"，并设想了国家的理想状态，"把国家看成一种宣告、组织和维护公民权利的司法组织；这项权利有助于限制和规范国家对自身权利的行使；而且国家行为必须符合法律所有的形式和限度"③。这样，国家既可以通过宪政限制专制暴君政体，同时也可以保障公民权利，在不违反他人自由和权利的前提下保证公民享有最大的平等和自由。康德的主权思想包含了分权的概念，将国家主权分为立法权、执行权和司法权，主权在民则是国家唯一正当的政治基础。法治的核心要求是运用政府无权干涉的宪法法律来约束政府权威，同时也强调人民对三种权力进行分工合作，尤其在立法中要体现人民的意志，以此保障人权的自由和平等不受侵犯。

最后，从理性价值来看，理性是康德资产阶级"法治国"理念的内核。在康德看来，从自然状态向文明状态的过渡，依赖于人类理性基础上的主观决定，

---

① ［德］康德. 法的形而上学原理［M］. 沈叔平，译. 北京：商务印书馆，1997：134.
② ［德］卡西尔. 卢梭·康德·歌德［M］. 刘东，译. 北京：生活·读书·新知三联书店，2002：2.
③ ［美］阿兰·S. 罗森鲍姆. 宪政的哲学之维［M］. 郑戈，刘茂林，译. 北京：生活·读书·新知三联书店，2001：113.

这一决定就是法律的形成过程。因此，法律是以理性为基础，在纯粹理性和实践理性的结合中保障人的自由和权利。在康德看来，权利只能从纯粹理性中来，纯粹理性是一种法治能力的表达，是实践自由的基础。而实践理性决定行为的选择，构成了自由意志的行为，康德说："人，是主体，他有能力承担加于他的行为，因此，道德的人格不是别的，它是受道德法则约束的一个有理性的人的自由。"① 道德领域以人类自由意志为前提，道德的人是自由的人，而只有自由的人才能自主自觉支配自身的行为，因此实践理性也等于自由。想要实现人的自由和权利，须达到纯粹理性和实践理性的高度统一。此外，康德还强调实践理性是法治的实现路径。康德从人性论出发，揭示了人的向善本性和趋恶本性，正是因为人的趋恶性，法治社会建设才有必要，这就要求国家依赖于实践理性建设法治社会，实现从自然、无序、缺乏分配正义的自然状态走向有法律依据、公平正义的文明社会状态。

康德对理想主义的追求影响着青年时期的马克思。马克思在《给父亲的信》中曾提到想要构造一个新的法哲学体系，受到康德思想的影响，这一体系中"关于有条件的契约私法"部分，划分为人对人的权利、物权和在物上人对人的权利，与康德的思想基本一致。就连马克思都这样说，在实体的私法的结尾部分，看到了"这个整体的基本纲目接近于康德的纲目"②。可见，对于血气方刚、充满青春活力的青年马克思来说，建立在理想主义基础上的康德学说无疑是到达未来世界的"理想之帆"。康德不同于以往学者从自然状态出发，而是通过先天原则演绎后续原则，从这点来看是康德的一大进步。但是，在法哲学体系的构建中，马克思逐渐认识到，建立在抽象道德哲学基础上的康德思想，以乐观的态度将法和资产阶级"法治国"看作实现永久和平与人类大同的美好政治理想，却忽视了阶级之间的差异性和私人利益的追逐性，这成为马克思穷其一生对资产阶级"法治国"的虚伪性展开批判的立足点。

二、马克思对黑格尔理性自由主义法哲学的扬弃

黑格尔在其论著中曾多次提到"法治"，但对马克思影响最大的还是其在

---

① ［德］康德. 法的形而上学原理［M］. 沈叔平，译. 北京：商务印书馆，1997：26.
② 中共中央马克思恩格斯列宁斯大林著作编译局. 马克思恩格斯全集：第47卷［M］. 北京：人民出版社，2004：11.

《逻辑学》《法哲学原理》等著作中阐释的理性自由主义法哲学思想，其不仅明确了与人类社会生活领域相关的伦理法，还论证了法律与国家的关系、法律及国家同市民社会之间的关系。尤其是黑格尔关于法、市民社会和国家的关系成为马克思法治学说研究的起点，马克思正是从批判黑格尔的这一观点开始对历史唯物主义的法治理论展开论证和研究的。

首先，关于黑格尔的"法"和"伦理法"。黑格尔的客观唯心主义体系将客观精神在人类社会生活领域中的表现划分为抽象法、道德和伦理三个阶段。黑格尔认为，法的基础是人的精神意志，伦理法是"法"在现实中与人类相结合的具体的法，黑格尔自己称为"作为法律的法"。黑格尔认为："任何定在，只要是自由意志的定在，就叫作'法'。"① 这是"法"作为客观精神或抽象法的概念，抽象法在现实生活中具体表现为法律，是自由意志达到了确定性、固定性和客观性，是人的主客观意志的辩证统一。伦理法是最高级的法治表现形式，达到伦理法的高级形式不能仅仅依靠个人，还要依赖于国家政权才能实现。

其次，黑格尔关于法律和国家的关系。在黑格尔看来，法律作为客观精神的外在表现形式，在现实生活中以自由理想为目标，但这种自由并非为所欲为，而是建立在尊重他人权利和人格的基础上的。想要实现这一自由目标，需要依靠国家。黑格尔认为，宪法是国家的组织，主张实行宪政，并提出分权思想。但同洛克、孟德斯鸠不同，他认为需要从立法权、行政权和王权之中真正实现分权，而最终的决策权在君主，但又规定君主的权力必须在法律规定内执行。此外，黑格尔表示，"国家的目的在于谋求公民的幸福"②，人只有成为国家的公民才能获得实现自由的手段和媒介，才能依靠以暴力为基础的法律和民众对法律的服从实现真实的、有效的自由。黑格尔将国家看作"伦理世界"和"伦理理想的现实"，不仅揭示了国家是制定和执行法律的机构，是保障和满足公民的中介，同时还将国家看作包含着艺术、宗教、政治制度等在内的伦理生活的有机体。

最后，黑格尔关于法、国家同市民社会之间的关系。黑格尔虽然认为世界

---

① ［德］黑格尔. 法哲学原理：或自然法和国家学纲要［M］. 范扬，张企泰，译. 北京：商务印书馆，1961：36.

② ［德］黑格尔. 法哲学原理：或自然法和国家学纲要［M］. 范扬，张企泰，译. 北京：商务印书馆，1961：22.

的本源和基础是绝对精神的产物，但在抽象概念的基础上他仍然关注现实社会的实在法和市民社会。黑格尔关于法、国家和市民社会关系的研究为法哲学的核心。在黑格尔看来，从家庭中走出来具有独立人格的人，以他人为中介，通过合作结成了市民社会，在这样一个社会中，每个人都有自己的目的，私人都将自身的利益看作自己的目的，简单地说，就是市民社会中的经济人都具有私利性而缺乏伦理性。为了保证经济人在行使追求个人利益的自由权利过程中不侵犯他人的权利和自由，这就要求国家和法来限制私利性而发展伦理性，这样就实现了普遍伦理和特殊私利的统一。从这里可以看到，黑格尔承认国家、法同市民社会的相互依赖、相互依存的关系，但是他认为国家和法决定市民社会，居于统治地位。在他看来，国家和法作为普遍性整体，是家庭和市民社会的内在目的，能够实现超越市民社会的普遍利益，国家既包含了主观善，也包含了作为国家机构存在的客观善，是消除贫困的根本路径，作为最高权力和内在目的，决定着市民社会的法律和利益。

　　黑格尔理性自由主义法哲学思想虽然以理性和唯心主义为出发点分析法和伦理法，成为其思想的一大缺陷，但是该思想中确实存在对现实的真实影射以及为人民谋幸福的思想意蕴。基于此，马克思早期十分推崇黑格尔的思辨逻辑，并在黑格尔理性自由主义法哲学思想的基础上形成了早期法治思想。马克思在《莱茵报》工作时期就主张法律是国家的理性自由基础。在《第179号"科伦日报"社论》等文章中，马克思主张国家"应建立在自由理性的基础上"，从宗教、神学中分离出来，建立政治国家。而黑格尔对市民社会和国家学说的探讨，也让马克思认识到法和国家的发展同市民社会的经济、生产力息息相关，为马克思进一步探讨法与国家、经济基础的关系开辟了新的思路。

　　但是，马克思在遇到物质利益问题时，逐渐认识到黑格尔法哲学理论在现实中产生的矛盾，从而对这一理论产生了怀疑，开始走向历史唯物主义法治。在《黑格尔法哲学批判》中，马克思一方面肯定了黑格尔法哲学的积极意义，如在政治经济学问题上对市民社会的思考、对中间阶级的社会意义的肯定等。但另一方面，马克思对黑格尔提出的"国家和法决定市民社会"的基本论断展开了批判。马克思表示，黑格尔从纯粹思辨的领域探讨国家和市民社会的问题，却忽视了现实情况。这种逻辑演绎法企图以抽象概念为主语，其实质却颠倒了国家、法和市民社会的关系。在此基础上，马克思颠倒了国家理论的主语和谓语，从现实社会出发，形成了"市民社会决定国家和法"的基本观点。

第三节　空想社会主义法治构想与马克思法治思想

空想社会主义是现代社会主义思想的主要来源之一，历时 300 多年。空想社会主义者主张通过废除私有制、取消阶级差别，实现对未来理想社会制度的建构。法作为理想社会构建的核心要素，在空想社会主义思想中发挥着重要的作用，为乌托邦国家的合理存在以及公有制经济的系统构建提供哲学依据和制度依据。空想社会主义者关于未来政治制度中的法治构想成为马克思构建共产主义第一阶段法治的重要理论来源。

一、空想社会主义者关于法治的基本构想

空想社会主义法治大致经历了 16—17 世纪、18 世纪、19 世纪三个阶段，实现了从法治的乌托邦—法治的理性构建—法律消亡论的发展，推动了空想社会主义发展的日渐完善。尤其是空想社会主义者关于法治各环节的基本原则、社会平等、人民主权和权利义务等法治构想成为马克思对共产主义第一阶段法治构想的直接理论来源，正如恩格斯对他们的高度评价："德国的理论上的社会主义永远不会忘记，它是站在圣西门、傅立叶和欧文这三个人的肩上的。"[①]

其一，空想社会主义者论法治实施各环节的法治原则。在立法上，空想社会主义者从国家、人民和政府的关系角度，对未来社会的立法实施、立法内容、立法原则和立法构想等给予不同层面的设想。莫尔提出的"乌托邦"设想、温斯坦来在《自由法》中的议会立法思想以及卡贝提出的法律由全体人民制定的思想，表明了他们对民主立法的根本要求，强调立法内容要言简意赅并能反映人民意愿，维护人民的正义和民主权利。针对立法原则，圣西门认为法治必须以道德为基本保障。而欧文则提出了立法构想，倡导建立平等共有的合理制度，从唯理论自然法的角度构建了"以不变的自然法为基础的普遍适用的理性宪

---

① 中共中央马克思恩格斯列宁斯大林著作编译局 . 马克思恩格斯文集：第 2 卷［M］. 北京：人民出版社，2009：218.

法"。在司法上，空想社会主义者提出了针对未来社会的基本司法制度和诉讼制度设想，引发出一系列诸如"罪刑相适应""着重调解""以事实为依据""惩罚为治病救人""劳改矫正"等具体的司法原则。针对未来社会的司法制度，19世纪以前的空想社会主义者认为未来社会存在刑法、刑罚；而19世纪的欧文、圣西门、傅立叶等人则对此持否定态度。在执法和守法上，温斯坦莱表示政府"制定出来的法律如果得到正确的执行，管理制度就会是健全的；但是，如果公职人员把自己的意志置于法律之上，管理制度就会染上不治之症"①。这就要求公职人员认真、正确地执行法律。此外他还强调人人遵守法律，同时人人应该精通法律。在法治监督上，空想社会主义者主张对政府的执法行为进行监督，以此消灭等级特权，实现社会平等。以康帕内拉的"太阳城"为例，他设想在太阳城内实行共和制，年满20周岁以上的男子都要参加每月举办的大会议，履行对共和国和政府公职人员的监督职责。②

　　其二，空想社会主义者论社会平等。恩格斯指出，伴随着资产阶级和无产阶级两大阶级的对立日益明显，"作为资产阶级存在条件的平等要求，也必然逐渐地再度提出，而与此相连的必然是无产阶级从政治平等中引申出社会平等的结论"③。平等是未来社会良好的政治体制和法治原则的重要衡量标准，几乎每一位空想社会主义者都坚持平等观。但早期学者，如闵采尔侧重于从宗教形式中探索政治平等；随着资产阶级和无产阶级矛盾的出现，无产阶级突破了资产阶级平等观的狭隘性，空想社会主义者在政治平等的基础上追求社会平等。然而他们对"平等"的要求却不一样。最早提出无产阶级"社会平等"思想的是摩莱里，他强调官民平等和法律面前的平等；而18世纪的空想社会主义者马布利提出了经济平等，他主张公职人员无论职务高低在薪酬上一律平等，这种要求目的是防止管理人员从社会仆人转变为社会主人，该思想在巴黎公社时期还得到了实践上的应用；圣西门则认为，法律是未来社会平等的必然保障，他倡导以法律为媒介实现人人平等、男女平等，同等享有选举权和被选举权等政治权利，以消除特权的存在。在阶级对立刚刚发展、还不明显的阶段，空想社会

---

① ［英］温斯坦莱．温斯坦莱文选［M］．任国栋，译．北京：商务印书馆，2010：120.

② 李风鸣．空想社会主义思想史［M］．上海：上海人民出版社，1980：56.

③ 中共中央马克思恩格斯列宁斯大林著作编译局．马克思恩格斯全集：第26卷［M］．北京：人民出版社，2014：358.

主义者对"社会平等"的理想社会的追求和设想无疑是美好的，并且具有一定的进步意义，但正如马克思、恩格斯在《共产党宣言》中所说，"这些主张本身还带有纯粹空想的性质"①，随着资本主义的发展壮大，空想社会主义者对阶级斗争的反对使得这些主张"就越失去任何实践意义和任何理论根据"②。

其三，空想社会主义者论人民主权。以马布利、巴贝夫、布朗基以及傅立叶为代表的空想社会主义者在批判资产阶级"三权分立"的基础上提出了"议行合一"和"罢免权"来真正实现人民主权。首先，空想社会主义者对资本主义的"三权分立""分权"原则进行了批判，认为"三权分立"并没有真正实现"人民主权"，它建立在资本主义私有制条件下，其权力的分化和制约归根结底都是为资产阶级而服务的。布朗基在1832年曾指出，法国的宪法只要求10万人有选举权，1万多人享有被选举权，而法国的"三权分立"也是由这10万人行使，批判了法国"三权分立"的资产阶级代议制实质。其次，他们在批判的基础上提出了共产主义过渡时期的"议行合一"和"罢免权"制度。所谓"议行合一"，是国家权力机关统一行使立法权和行政权，其中在权力关系上，立法权和行政权"合二为一"；在机构设置上，行政机关低于立法机关，是立法机关的执行机关；在责任关系上，行政机关由立法机关产生并对其负责，二者集合于国家权力机关和基于人民主权原则的人民手中。马布利强调，"每个公民都有权建立最能使社会幸福的政府，他们的责任在于：用一切可能的合理办法去建立这种政府"③。可见，人民在共产主义过渡时期拥有建立政府的权利和义务，作为权力的唯一来源，人民发挥着民主立法、独立自主的作用。此外，空想社会主义者还提出普选权基础上的"罢免权"以保障"议行合一"制度。温斯坦来指出，"罢免权"指"人民要求选出新的公职人员，撤换旧的公职人员，每年改选一次国家职员"。闵采尔也提出了以"随时撤换"为原则的罢免权，强调人民对违法和滥用职权的公职人员有依法惩处、罢免的权利，以保障"议行合一"的平稳运行。

---

① 中共中央马克思恩格斯列宁斯大林著作编译局.马克思恩格斯文集：第2卷［M］.北京：人民出版社，2009：64.
② 中共中央马克思恩格斯列宁斯大林著作编译局.马克思恩格斯文集：第2卷［M］.北京：人民出版社，2009：64.
③ ［法］马布利.马布利选集［M］.何清新，译.北京：商务印书馆，1960：127-128.

其四，空想社会主义者论权利与义务。空想社会主义者认为，与法治中的"平等"和"主权"相协调的是权利与义务的产生，并且"平等"要求人们坚持权利和义务相一致的原则。首先，与资产阶级以私有财产权作为首要权利、以赋税和服役作为首要义务不同，空想社会主义者将劳动权作为每个人的权利和承担的义务。正如马克思所说，"劳动权是傅立叶发明的"①，并从自然术语中赋予了其"最主要的天赋人权"，因此成为未来社会的第一权利。其次，在劳动权之外，他们还提出受教育的权利和义务，即受教育既是人的权利也是人的义务。最后，以马布利、卡贝、魏特林为代表的空想社会主义者强调权利与义务的协调统一、不可分割的原则，认为未来社会的人民在享有权利的同时也要履行同等的义务，在尊重自己权利的同时也要有尊重他人权利的义务，每一位成员都应该通过法律实现"在权利和义务上完全平等"②，以此达到真正的社会平等。

二、马克思对空想社会主义者法治构想的借鉴和超越

正如孙正聿所言："'历史条件'是构成人的'历史活动'的'前提'，因此，人们的'历史活动'就不是'随心所欲'的，人们的'价值理想'就不是'虚无缥缈'的。"③ 马克思法治思想的形成并非无中生有，而是以空想社会主义者法治构想为基础的。但是，空想社会主义者的法治思想在方法论和法治构想中存在一定缺陷，具有唯心主义和空想的倾向，这也为马克思超越他们，建构历史唯物主义法治思想提供了空间。

一方面，马克思对共产主义第一阶段法治的构建和共产主义规则的设想借鉴和吸收了空想社会主义法治构想中的合理成分。在对现实的批判层面，马克思、恩格斯在《共产党宣言》中高度评价了空想社会主义者对资本主义社会现实的批判，指出他们"抨击现存社会的全部基础"④，认识到必须消灭阶级本身、从政治平等扩大到社会平等才能真正走向他们所设想的共产主义，肯定了

---

① 中共中央马克思恩格斯列宁斯大林著作编译局．马克思恩格斯文集：第10卷［M］．北京：人民出版社，2009：517.

② ［法］埃蒂耶纳·卡贝．伊加利亚旅行记：第二、三卷［M］．李雄飞，译．北京：商务印书馆，1978：380.

③ 孙正聿．马克思主义哲学智慧［M］．北京：现代出版社，2016：27.

④ 中共中央马克思恩格斯列宁斯大林著作编译局．马克思恩格斯文集：第2卷［M］．北京：人民出版社，2009：63.

他们思想的进步意义。而马克思同空想社会主义者的构建思路具有一致性，在对资本主义法治虚伪性展开批判的基础上形成了共产主义第一阶段法治的构想。在对未来社会的构想层面，针对摩莱里的《自然法典》和德萨米的《公有法典》中体现出来的法治思想也受到恩格斯的高度赞赏："在18世纪已经有了直接共产主义的理论（摩莱里和马布利）"①，认识到空想社会主义者已经不再局限于法治的政治平等，要求法律的制定和实施应该符合社会平等的思想。空想社会主义者关于法治各环节的基本原则、关于社会平等、关于人民主权以及关于权利和义务的法治论述，凸显了他们对未来社会法治价值、形式以及内容的具体设想，对马克思实现全人类的解放、保障真正意义上的社会平等的法治价值建构是有宝贵价值的。

另一方面，马克思科学社会主义的提出是对空想社会主义者的批判和超越。在借鉴吸收的同时马克思、恩格斯也认识到空想社会主义不成熟的一面，对其不合理的思想进行批判和超越，形成了历史唯物主义法治思想。首先，在历史条件上，马克思、恩格斯揭露了空想社会主义思想的不成熟性和空想性。空想社会主义者企图依赖理性和思考解决现实问题，幻想"超乎阶级斗争"②，这一思想"是同不成熟的资本主义生产状况、不成熟的阶级状况相适应的"③，呈现出空想性和不彻底性，为马克思突破空想性，实现科学社会主义奠定了深厚的理论基础。其次，在理论基础上，恩格斯批判了空想社会主义者的历史唯心主义基础，认为"他们和启蒙学者一样，想建立理性和永恒正义的王国"④，必然脱离不了资产阶级理性主义的束缚。马克思、恩格斯超越了空想社会主义这一基础，在其《德意志意识形态》《资本论》等著作中提出了唯物史观和剩余价值学说，对法治的构想建立在社会发展规律的客观基础之上。再次，在对无产阶级作用的态度上，马克思、恩格斯认为空想社会主义者"看不到无产阶级方

---

① 中共中央马克思恩格斯列宁斯大林著作编译局. 马克思恩格斯文集：第三卷［M］. 北京：人民出版社，2012：393.
② 中共中央马克思恩格斯列宁斯大林著作编译局. 马克思恩格斯文集：第2卷［M］. 北京：人民出版社，2009：64.
③ 中共中央马克思恩格斯列宁斯大林著作编译局. 马克思恩格斯全集：第25卷［M］. 北京：人民出版社，2001：376.
④ 中共中央马克思恩格斯列宁斯大林著作编译局. 马克思恩格斯全集：第25卷［M］. 北京：人民出版社，2001：373-374.

面的任何历史主动性，看不到它所特有的任何政治运动"①，因此他们找不到改造社会和实现未来社会法治构想的物质力量而抱希望于资产阶级，这也揭示了他们思想的不可实现性和不彻底性。最后，在未来社会法治的实现途径上，空想社会主义者反对暴力，主张以和平的方式走向理想社会，诸如欧文的"新和谐公社"构想。马克思对此予以深刻批判，认为"只有用暴力推翻全部现存的社会制度才能达到"②，并提出了实现理想社会法治的具体途径，在现实社会生活中具有一定的可行性。

空想社会主义者对现实资本主义法治的批判和未来社会法治的构想虽然具有不彻底性和空想性，但是从马克思的借鉴吸收、批判和超越来看，该思想对社会主义原则和观点的设想不可否认对马克思具有深刻的启示意义，从其源头把握马克思的法治思想，有助于我们深刻体会其内在的科学性和系统性。

---

① 中共中央马克思恩格斯列宁斯大林著作编译局 . 马克思恩格斯全集：第 19 卷［M］. 北京：人民出版社，2006：147.
② 中共中央马克思恩格斯列宁斯大林著作编译局 . 马克思恩格斯文集：第 2 卷［M］. 北京：人民出版社，2009：66.

第二章

马克思法治思想的历史轨迹

历史轨迹与主要内容本是马克思法治思想这一个问题的两个方面，"史"与"论"是无法严格地区分的。但是在理论内容的总结之前对马克思法治思想的历史脉络的梳理十分必要。因为马克思法治思想的形成不是一蹴而就的，而是呈现出阶段性的特征。马克思的世界观经历了黑格尔的理性主义向历史唯物主义的转变，与之相应的，马克思的法治思想也经历了早期的新理性批判主义法治思想向历史唯物主义法治思想的跨越性转化。由此，在这里我们首先从"史"的角度对"论"有一个全面的把握和客观的认识，可以为后文更好地把握马克思法治思想的理论内容奠定深厚的现实基础和历史参照。按照不同时期的鲜明"质点"和历史事实，本书按照"对黑格尔法哲学的态度从追随到批判—历史唯物主义法治思想的形成—实践中的检验与完善"的思维理络，将马克思法治思想大致划分为三个阶段：产生期（1835—1844 年）、成熟期（1844—1848 年）以及完善期（1848—1883 年）。

第一节　法治思想的产生（1835—1844）：
追随、反思到批判时期

马克思出生于法律世家，对法的问题有着异于常人的偏爱，甚至在波恩大学深造博士学位时选择的也是法律专业。早期的马克思深受黑格尔唯心主义法哲学的影响，形成了以理性和自由为基本特征的法治理念。然而，1842 年初夏，马克思在《莱茵报》工作的后期，逐渐卷入了社会政治生活。在激烈的社会斗争的洗礼下，马克思早期的法治思想与社会现实产生了激烈的冲突，引发了理论和现实之间的矛盾。马克思在"苦恼的疑问"的推动下转向政治经济学，反思和批判黑格尔的法哲学理论和国家学说，逐步走向了历史唯物主义法治思想。

一、博士论文到《莱茵报》前期：马克思对黑格尔法哲学的追随

在柏林就读期间，马克思企图在康德学说体系中将"法学"和"哲学"两者结合起来，建立一个无所不包的法哲学体系。但是，在这一工作的实施过程中，马克思逐渐认识到康德的法学观主张中"应有"与"现有"之间的对立，这一根本缺陷使康德无法真正把握法的精神和意蕴，需要从现实本身寻求思想，这样马克思很快就投身于黑格尔哲学的研究。早期马克思对黑格尔的态度从不屑一顾转变为赞同，并在他的法哲学影响下形成了以理性和自由为基本特征的法治思想。从1841年的博士论文到《莱茵报》前期出版的《关于新闻出版自由和公布省等级议会辩论情况的辩论》，马克思以真理、出版法案、辩论等为例论证了"法典就是人民自由的圣经""自由是全部精神存在的本质""法的引力定律"等命题和观点，明确提出了现实法治批判的科学方法论。

法典就是人民自由的圣经。马克思在《关于新闻出版自由和公布省等级会议辩论情况的辩论》中提出了著名的命题："法典就是人民自由的圣经"①，深刻剖析了法与自由的关系。其一，自由是人民的普遍权利。这一观点是马克思继承了近代启蒙思想家的理论尤其是康德关于人性的自由本质的思想，并表示："自由确实是人的本质，因此就连自由的反对者在反对自由的现实的同时也实现着自由。"② 自由是人类生来就有的权利，这一权利不是个别人物的特权，而是人民的普遍自由权利。以出版自由为例，马克思强调出版自由是人类精神的特权，"自由报刊是人民精神的洞察一切的慧眼，是人民自我信任的体现，是把个人同国家和世界联结起来的有声的纽带"③，它如同一面精神的镜子，是人民用来观察自己、认识自己的媒介。因此，自由是人民的普遍权利。其二，法律是

① 中共中央马克思恩格斯列宁斯大林著作编译局. 马克思恩格斯全集：第 1 卷［M］. 北京：人民出版社，1995：176.
② 中共中央马克思恩格斯列宁斯大林著作编译局. 马克思恩格斯全集：第 1 卷［M］. 北京：人民出版社，1995：167.
③ 中共中央马克思恩格斯列宁斯大林著作编译局. 马克思恩格斯全集：第 1 卷［M］. 北京：人民出版社，1995：179.

人民自由的保障。正如马克思所言，"法律是肯定的、明确的、普遍的规范，在这些规范中自由获得了一种与个人无关的、理论的、不取决于个别人的任性的存在"①。真正的法律是以自由为基础并以自由为根本目标的合理性规定。其肯定性表现在对人民自由权利的肯定并不以个别人的思想为转移；明确性凸显了公民行为的边界，清晰规定公民应该做什么和禁止做什么；普遍性强调法律在人民范围内的普遍适用性。正如新闻出版法，是法对新闻出版自由的认可，是真正的法律。马克思还以普鲁士的书报检查制度为反例，抨击了书报检查制度对人民价值合理性存在的否认，正是对人民精神自由的否定。因此，想要建立真正的法律，保障人民的自由，最根本的方法"就是废除书报检查制度"。

自由是全部精神存在的本质。马克思在《评普鲁士最近的书报检查令》《第六届莱茵省议会的辩论（第一篇论文）》等文中，批判当局者推行书报检查法、出版法对精神和思想层面自由的扼杀，表达了对自由理性精神的维护，提出了"新闻出版自由同新闻出版的本质相符合"②的观点。在马克思看来，法律约束的直接对象是人的行为，而非内在的思想方式，思想作为内在的、隐蔽的东西，如果没有外化为行为对社会产生消极影响，就不应该通过法律进行干涉。普鲁士当局的书报检查制度以及第六届莱茵省议会上辩护人提到的检查法，其实质是惩罚思想的法律，失去了惩罚的客观标准。这种惩罚"倾向"而非行为的法律制度被马克思看作专制法、恐怖法，是对公民名誉和自由的一种侵犯，是对非法行为的实际认可，是特权而不是真正意义上的法律。此外，出版物作为人们思想的表达，与其相关的出版法和检查法却存在相互对立的关系。马克思认为两者对立的实质既是法制与专制之间的对立，同时也是自由与任性的差别。书报检查法是压制自由的手段，只具有法律的形式；出版法则反映了自由的肯定存在，是对滥用自由的一种惩罚，是真正的法律。在这里，马克思对普鲁士书报检查制度予以批判，从根本上否定了普鲁士的封建专制制度。

法的引力定律。18世纪末到19世纪初，以德国哥廷根大学的胡果为代表的历史法学派公然否认理性存在，宣扬法是民族精神的体现；19世纪30年代至40

---

① 中共中央马克思恩格斯列宁斯大林著作编译局．马克思恩格斯全集：第1卷［M］．北京：人民出版社，1995：176.

② 中共中央马克思恩格斯列宁斯大林著作编译局．马克思恩格斯全集：第1卷［M］．北京：人民出版社，1995：171.

年代，针对政治和宗教的斗争热点，海尔梅斯提出宗教是国家的基础。对此，马克思在1842年写下《〈科隆日报〉第179号的社论》一文批驳上述思想。马克思将自由法思想同黑格尔的伦理国家观结合在一起，提出了著名的国家和法的"引力定律"。"法律不是压制自由的措施，正如重力定律不是阻止运动的措施一样。因为作为引力定律，重力定律推动着天体的永恒运动；而作为落体定律，只要我违反它而想在空中飞舞，它就要我的命。"① 在马克思看来，国家的重心在于其自身，应该从理性和经验出发，也就是从国家的本性或人类社会的本质出发，探索国家和法发展的社会规律。这一理性的出发点与黑格尔、卢梭的个人理性不同，强调的是公共理性、人类理性，国家中的每一个公民服从国家的法律就是服从自己本身理性也就是公共理性的自然规律。马克思的理性法与国家的思想最终目的仍是自由，国家必须实现法律、伦理和政治上的自由，在理性教育的基础上实现"自由人的联合体"。

这一时期，马克思对法治的认识建立在黑格尔法哲学基础之上，具有典型的唯心主义倾向，其对理性的推崇可以体现出来。但是，马克思在实践中已经认识到了法治具有"党派"性质，而且揭示了哲学对"人权"学问研究的意义，以及与政治、国家之间的关系。这些看法和观点早已超越了康德和黑格尔的思想，说明马克思在逐渐摆脱黑格尔等近代法哲学家的影响，为建构自己的理论体系奠定坚实的基础。

二、《莱茵报》后期：理论与现实的矛盾冲突引发法律的反思

19世纪初，普鲁士人民生活困苦被迫盗窃林木，政府以法律的手段惩罚该类行为的人数高达15万，占据国家刑事案件的77%。② 在第六届莱茵省会议的辩论中，代表地主贵族阶级的辩论人不仅要求对上述行为加大立法严惩力度，还将拾捡枯树枝纳入法律惩罚的范围，并将其同偷盗树木的行为同等论罪。这一观点引起了马克思对经济问题的关注，让马克思认识到法律背后的"私人利益"。在早期法治观的引导下，法律是保障人民自由的，但是现实中的立法人员却带着狭隘、卑鄙的自私心，为满足统治者私人利益而不惜牺牲贫苦阶级的权

① 中共中央马克思恩格斯列宁斯大林著作编译局．马克思恩格斯全集：第1卷［M］．北京：人民出版社，1995：176.
② 李光灿，吕世伦．马克思恩格斯法律思想史［M］．北京：法律出版社，1991：96.

益和自由，造成人民生活困苦。正如亚当·斯密所述："没有一个阶级像工人阶级那样遭受深重的苦难，成为资本的奴隶，饿死、行乞的现象层出不穷。"① 理论和现实之间的激烈冲突引发了马克思一系列"苦恼的疑问"，如法律真的是自由、理性的体现吗？为什么国家和法会成为私人利益的工具？黑格尔的"理性国家"与现实之间为什么会有如此冲突？带着这样的疑问，马克思撰写了《关于林木盗窃法的辩论》《摩塞尔记者的辩护》等文，摆脱黑格尔关于"物质利益"问题的困境，从私人利益和唯物主义的观点出发去认识国家和法。

其一，马克思抨击普鲁士法律制度对私人利益的保护。马克思在这里仍然以黑格尔的国家学说为依据，认为国家应该完全脱离等级利益以实现永恒的正义和普遍理性，而现实中的国家之所以成为私人利益的工具，是"因为私有财产没有办法使自己上升到国家的立场上来，所以国家就有义务使自己降低为私有财产的同理性和法相抵触的手段"②。正是在这样的国家支配下，私人利益将自己看作世界的最终目的，而立法者作为私人利益的代表者，将与私人利益之间产生冲突的法解释为"有害后果"而被废除，法被迫沦为私人的玩物，成为保护私人利益的工具。正如马克思对莱茵省议会关于林木盗窃法的评价：省议会"就是要保护林木占有者的利益"，成为林木所有者的化身和代表，以立法的形式牺牲贫苦人民的权利和利益，保障私人权益不受侵犯。马克思对物质利益与国家、法之间关系的阐释，虽然仍带有黑格尔学说的色彩，但不再局限于纯理性的思维，而是从现实问题出发，以现实法律和国家产生的问题为切入点揭示私人利益与法的关系，是马克思法治思想的一大进步。

其二，法律的制定和实施应遵循事物的法理本质。马克思认为，法律应该具有说真话的普遍义务，立法行为必须按照法理本质行事，如果法律违背了这一点，穷人将成为这一合理谎言的牺牲品。这一思想体现在《关于林木盗窃法的辩论》和《论离婚法草案》等文中。马克思在这里为一切国家的穷人提出了习惯法，强调法律必须以客观事实为基础，以合理、普遍的习惯为基础，认为建立合乎自然规律和本能的习惯法是人民自由的保障。这要求：一要明确"合

① ［美］德尼·古莱.发展伦理学［M］.高铦，译.北京：社会科学文献出版社，2003：119-121.
② 中共中央马克思恩格斯列宁斯大林著作编译局.马克思恩格斯全集：第1卷［M］.北京：人民出版社，1995：261.

理的习惯权利"和"贵族的不法习惯权利"之间的对立和差异，反对国家和代表私人利益的特权的法律，将社会普遍的习惯权利上升为法，上升为"国家的习惯"，为人民提供"合理"和"合法"的制度依据。二是对立法者的要求，马克思认识到普鲁士立法制度对贫苦阶级的习惯权利的忽视，因此"这些立法必然是片面的，因为贫民的任何习惯法都基于某些财产的不确定性"①。想要摆脱立法的片面性，一方面应实现立法权掌握在全体公民手中，另一方面立法者应从事物的本质层面表述法律，而不是创造法律。这里虽未涉及物质关系，但也表达了对客观规律的内在遵循。三是法律的地位，法律应该成为每个人的保障，任何人都不应该凌驾于法律之上。

其三，惩罚应该受到法的原则的限制。针对第六届莱茵省议会中将普通违反森林条例的行为归入"盗窃"的观点，马克思从拾捡枯树枝和盗窃林木两种行为的差异性划分了罪和非罪的界限，提出了"惩罚就应该受到法的原则的限制"②的命题。在马克思看来，犯罪强调对物质所有权的侵害，是行为和意图两方面结合的产物，捡拾枯树枝和盗窃林木在对象和意图上完全不同，因此不能同等惩罚。而对于犯罪行为的惩罚，马克思强调应该根据罪行的现实情况有一个惩罚的尺度和标准，"惩罚在罪犯看来应该表现为他的行为的必然结果，因而表现为他自己的行为。所以，他受惩罚的界限应该是他的行为的界限"③，应该坚持罪刑相适应的量刑原则，而惩罚权应该掌握在国家手中。此外，他还提出刑法应该和教育相结合，加强社会对犯罪主体的教化作用。

马克思在《莱茵报》工作后期对"物质利益"和国家、法等关系的思考，对普鲁士国家制度和资本主义法治的深刻抨击，脱离了黑格尔学说对"物质利益"束手无策的困境，第一次公开研究贫苦农民的物质生活条件，捍卫人民尤其是穷人的权利，为所有国家的穷人呼吁合理的习惯法。这一时期推动了马克思对政治经济学的关注和研究，成为马克思法治思想走向历史唯物主义法治的逻辑起点。但是，在某些问题上，马克思仍然具有黑格尔的色彩，而且究竟什

---

① 中共中央马克思恩格斯列宁斯大林著作编译局．马克思恩格斯全集：第1卷［M］．北京：人民出版社，1995：251.

② 中共中央马克思恩格斯列宁斯大林著作编译局．马克思恩格斯全集：第1卷［M］．北京：人民出版社，1995：247.

③ 中共中央马克思恩格斯列宁斯大林著作编译局．马克思恩格斯全集：第1卷［M］．北京：人民出版社，1995：247.

么决定法的客观关系的问题，在这里也尚未得到解决。

三、《黑格尔法哲学批判》：批判视域下马克思法治观的初步建构

1843 年夏秋之际，因《摩塞尔记者的辩护》一文，普鲁士当局以"恶意煽动舆论"的罪名查封了《莱茵报》。马克思利用这一时机退回书房，迁居克罗茨纳赫小镇潜心钻研。他广泛阅读并摘录了马基雅弗利、卢梭等人的政治法律著作，形成《克罗茨纳赫笔记》，并耕读费尔巴哈新作《关于哲学改造的临时纲要》等，继承了费尔巴哈关于存在到思维、到法的思想路线，批判和超越了其关于法是"感觉的真实性和可靠性"观点，从社会物质生活条件入手，对黑格尔的法哲学理论展开批判，以"解决使我苦恼的疑问"。在这一批判过程中，马克思提出了"市民社会决定国家"、民主制和人民主权学说以及"人民革命"说等重要思想理论，自觉脱离了以黑格尔法哲学为基础的新理性批判主义法治思想，逐步形成了历史唯物主义法治思想。

首先，批判黑格尔的客观唯心主义，提出"市民社会决定法"的观点。马克思以"国家"为出发点对此问题展开论证。关于市民社会和国家、法之间的关系，黑格尔认为，国家作为"普遍性和特殊性的统一"，作为绝对的理性存在，应该成为社会生活各个领域的决定性力量，决定家庭和市民社会。然而，马克思在现实的物质利益中认识到这一思想并不适用，于是将费尔巴哈的唯物主义运用到政治领域中，颠倒了黑格尔关于国家、法和市民社会之间的关系，提出了"市民社会决定国家与法"的观点。在这一观点基础上，马克思还进一步分析了法和财产关系之间的内在联系。在马克思看来，黑格尔将长子继承制看作政治国家对私有财产（也称为"地产"）的支配权这一观点是典型的唯心主义，国家只不过是私有财产的内在本性的外在表现，呈现出"政治国家对私有财产的权力"①。而法作为国家的表现形式，也就表现出私有财产对法的决定性作用。

其次，批判黑格尔的君主制，主张民主制和人民主权学说。在黑格尔看来，

---

① 中共中央马克思恩格斯列宁斯大林著作编译局.马克思恩格斯全集：第3卷［M］北京：人民出版社，2002：124.

君主立宪制是国家的最高形式，"国家人格只有作为一个人，作为君主才是现实的"①。马克思批驳了黑格尔抬高君主主权、贬低人民主权的观点，表示君主主权和人民主权是完全对立的两个概念，黑格尔主张的以等级要素为基础的君主主权是从人民的权利中派生出来的，而对国家事务的管理也不过是以人民事务的形式形成的一种虚幻存在，在此基础上形成的官僚政体则成为维护私人特殊利益的工具。马克思主张将民主制作为实现人民主权的政治形式，"在民主制中，形式的原则同时也是物质的原则。因此，只有民主制才是普遍和特殊的真正统一"②，应通过人民意志或者人民的自我规定实现国家制度和法律的建立与实施，真正保障人作为"法律规定的存在"。

最后，批判黑格尔关于立法权与国家制度、行政权的"二律背反"，倡导"人民革命"说。一是针对西方法学史上长期存在的关于国家制度和立法权关系的"二律背反"，黑格尔强调国家制度是立法权的前提，但也不否认立法权对国家制度的间接影响，企图通过辩证法摆脱"二律背反"的困境。然而，马克思表示，黑格尔的这一观点仍然没有消除"二律背反"的矛盾之处，只是将其发展为合乎现存国家制度的作用同发展国家制度之间的矛盾，是"二元论"的典型反映。在马克思看来，只有通过人民主权和民主制原则，才能从根本上解决两者之间的"二律背反"，并强调只有通过人民革命，推翻旧的国家机器，才能真正建立代表人民的新国家制度。二是针对立法权和行政权关系的"二律背反"，作为法律的制定和执行两种不同性质的权利，立法权和行政权之间存在法律规定的明确性和经验指导下的变动性的冲突，对此黑格尔企图通过"等级要素"缓解这一冲突。所谓等级要素，在黑格尔那里被看成政府和人民、政治国家和市民社会关系的"中介"，以协调两者之间的关系。但是在马克思看来，这种等级要素不过是披着人民事务的"外衣"维护私人利益的虚幻存在，最终将无法真正消除冲突，反而会发展为统治人民工作的对立面。马克思表示，协调立法权和行政权冲突的关键，是建立"真正的民主制国家"，"在这种国家，人

① ［德］黑格尔.法哲学原理：自然法和国家学纲要［M］.北京：商务印书馆，2009：296.

② 中共中央马克思恩格斯列宁斯大林著作编译局.马克思恩格斯全集：第3卷［M］北京：人民出版社，2002：40.

民本身就是普遍事务"①，提出了以新型国家代替资本主义国家的历史必然性，并肯定了人民的代表制和选举权的普遍化对国家制度发展演变的积极意义。

《黑格尔法哲学批判》标志着马克思与黑格尔法哲学的彻底决裂。在这一时期，马克思深受费尔巴哈唯物主义和人本主义法律观的影响，认识到"家庭和市民社会都是国家的前提，它们才是真正活动着的；而在思辨的思维中这一切却是颠倒的"②。马克思将黑格尔关于法的"主语"和"宾语"的关系重新颠倒过来，确立了市民社会决定国家和法的唯物主义法治思想。"市民社会决定法"的提出是马克思法治思想的一大进步，揭示了法的客观性及其本质，明确了财产关系对法的决定作用，为历史唯物主义法治思想的确立奠定了坚实的理论基础。但是，我们也要清楚，这一时期马克思尚未深入经济学领域，还无法更深层次地探寻市民社会内部，也不清楚经济上的生产关系和法律上的财产关系的真正区别。因此马克思对这一命题的认识有待进一步挖掘。

四、《德法年鉴》时期：共产主义革命争取实现真正的"人权"

1844 年，青年黑格尔派代表卢格要求与马克思一起创建《德法年鉴》，旨在"对当代的斗争和愿望做出当代的自我阐明"③，在批判和揭露旧世界的基础上为建立新世界做出自己的努力。在当时德国的政治运动中，犹太人争取政治权利的斗争成为"热点"，青年黑格尔派首领布鲁诺·鲍威尔等人批判了犹太教对基督教的"粗暴的宗教批判"，表明犹太人只有"改变其本性"才能将自己从宗教的束缚中解放出来，实现政治上的解放。对此，马克思表示否认，并先后撰写《论犹太人问题》《〈黑格尔法哲学批判〉导言》等文并发表在《德法年鉴》上，批判鲍威尔的政治观，实现了对人权的系统认识。

其一，关于公民权和人权的二元对立。所谓"公民权"，在马克思看来是

---

① 中共中央马克思恩格斯列宁斯大林著作编译局．马克思恩格斯全集：第 3 卷［M］北京：人民出版社，2002：82.

② 中共中央马克思恩格斯列宁斯大林著作编译局．马克思恩格斯全集：第 3 卷［M］．北京：人民出版社，2002：10.

③ 中共中央马克思恩格斯列宁斯大林著作编译局．马克思恩格斯全集：第 47 卷［M］北京：人民出版社，2004：67.

"政治权利，只是与别人共同行使的权利"①，即在政治自由范畴内的权利都属于公民权利。"人权"则同公民权不同，"是市民社会的成员的权利，就是说，无非是利己的人的权利、同其他人并同共同体离开来的人的权利"②。在资产阶级社会中，国家和市民社会的分离，导致公民在自己的本质上也产生分离，从而造成了人的本质在政治生活和市民社会生活中的"异化"，产生了公民权和人权的二元对立。人权在市民社会中只是狭隘的、独立的、相互分离的个体，只有在政治生活中才能作为社会存在物享有政治权利，也可以说是法治规定的权利，但这种权利在资本主义社会只是一种虚构的权利，真正的权利体现在占据领导地位的私人性权利。因此，资产阶级法治中法权形式上的平等与实际的不平等，正是公民权和人权二元对立的现实表现。

其二，政治解放的局限性和人类解放的需求。针对政治解放，马克思一方面承认了从宗教神权和封建特权下获得的政治解放在"当前是一大进步"；另一方面也揭示了其局限性，表示"它不是一般人的解放的最后形式"。③ 在政治上人从宗教中解放出来，实现"公人和私人"的二重化，真正将个人从他所属的共同体中脱身，达到与国家和市民社会的分离，这是政治解放的完成。但是政治解放只是解除了国家的限制，并未解决作为宗教信徒和自己作为公民之间的矛盾，并且政治解放后的人权仍然是私人的权利，未实现所有人的自由和解放。因此在政治生活中需要实现政治解放向人类解放的过渡，正如马克思所言："这只有通过废除私有财产、限定财产最高额、没收财产、实行累进税，通过消灭生命、通过断头台，才能做到"，一句话，只有消灭资产阶级私有制才能"使自己成为人的现实的、没有矛盾的类生活"。④

其三，自由是"人权"的核心要义。就马克思所言，在政治国家中，人实现了"公人"与"私人"的二重化。"公人"是指在政治共同体中的人，虽然

① 中共中央马克思恩格斯列宁斯大林著作编译局．马克思恩格斯全集：第3卷［M］北京：人民出版社，2002：181.
② 中共中央马克思恩格斯列宁斯大林著作编译局．马克思恩格斯全集：第3卷［M］北京：人民出版社，2002：182-183.
③ 中共中央马克思恩格斯列宁斯大林著作编译局．马克思恩格斯全集：第3卷［M］北京：人民出版社，2002：174.
④ 中共中央马克思恩格斯列宁斯大林著作编译局．马克思恩格斯全集：第3卷［M］北京：人民出版社，2002：175.

被承认是社会的产物，忽视个人的特殊性只谈非实在的普遍性，空有虚拟的主权却在现实生活中成为私人权益的牺牲品；"私人"即生存于市民社会中的人，在这里"人作为私人进行活动，把他人看作工具，把自己也降为工具，并成为异己力量的玩物"①。由此，人无论在政治国家还是市民社会中，都是被少数"统治阶级"为谋取私利加以奴役的、不自由的一分子。人的本质呈现"异化"状态，政治国家中的人异化为具有最高权力的人、拥有主权的人，但这并不是"真正的类存在物"。马克思批判了资产阶级人权是"自私自利"的权利，并没有超出利己主义的人。在他看来，自由这项人权应该建立在人与人之间互相结合的基础之上，从人和社会的联系角度对权利进行法治规定，并且只有人在社会关系中成为类存在物，并将自己的原有力量转化为社会力量时，人类解放才会真正实现。此外，针对宗教，马克思说："信仰自由就属于这些权利之列，即履行任何一种礼拜的权利"②，这也是一种人权自由。

其四，无产阶级领导的共产主义革命旨在争取真正的"人权"。在马克思看来，政治解放之所以具有空想性，在于其领导阶级即资产阶级的利己主义倾向，而人类解放实现的可能性则须依靠"被戴上彻底的锁链的阶级"，即无产阶级。在私有制的剥削和奴役下，无产阶级完全丧失了作为人的权利，人不再成为人，因此也最具革命性。马克思在德国、法国解放的差异性分析的基础上，提出无产阶级应该在否定私有财产的基础上消除一切奴役制，通过彻底的革命将自己从宗教、国家的性质中解放出来，真正实现彻底的、具有普遍权利的人的解放。

发表在《德法年鉴》上的《论犹太人问题》一文，是马克思集中探讨"人权"问题的标志性文章，第一次明确揭示了"人权"的核心要义和资产阶级"人权"的实质，也对无产阶级以及无产阶级领导的社会主义革命做了比较全面的论述。但是不可否认的是，这一时期马克思对未来社会人摆脱异化并转化为"类存在物"的表达仍然带有费尔巴哈的人本主义色彩，同时也未认识到无产阶级革命背后的经济因素，因此在理论上仍然具有一定的局限性。但就其思想的发展性而言，这一时期马克思对"人权"的解读，有助于从权利的角度深入认

---

① 中共中央马克思恩格斯列宁斯大林著作编译局.马克思恩格斯全集：第3卷［M］北京：人民出版社，2002：173.

② 中共中央马克思恩格斯列宁斯大林著作编译局.马克思恩格斯全集：第3卷［M］北京：人民出版社，2002：181.

识资本主义法治的虚伪性和狭隘性，从而为共产主义第一阶段法治的价值取向提供了理论范式。

第二节　法治思想的成熟（1844—1848）：历史唯物主义法治思想

1844 年，面对物质利益引发的"苦恼的疑问"，马克思开始退回书房，在巴黎开展政治经济学研究，阅读了大量经济学家如詹姆斯·穆勒、威廉·佩第、亚当·斯密、马歇尔等人的国民经济学著作，系统分析了黑格尔、费尔巴哈等人的哲学著作，如黑格尔的《精神现象学》、费尔巴哈的《哲学改造的临时纲要》等。从《巴黎书稿》到《共产党宣言》，马克思从经济领域，当然也从政治、生态、文化等领域对法治展开探索，这是马克思法治思想的一大进步，并依据"从抽象到具体""从具体到抽象"的法学方法论科学分析经济与法治的关系，逐步形成了具有历史唯物主义特征的法治思想。

一、《巴黎手稿》：历史唯物主义法治思想的历史起源

1844 年，马克思在巴黎阅读经济学著作时做了许多摘录和札记，其中最为著名的是 1844 年所作的《经济学—哲学手稿》，因在巴黎所作，故又称为《巴黎手稿》。该著作由三部分未完成的手稿组成，虽是经济学著作，但在首次提出异化的基础上形成了对法治世界观和方法论的认识，运用"从具体到抽象的方法"和"从抽象到具体的方法"，进一步阐释了法的经济基础决定作用，着重分析了民法领域的异化现象，在批判和继承黑格尔辩证法和费尔巴哈唯物主义的基础上，形成了历史唯物主义法治思想。《巴黎手稿》可以说是构成历史唯物主义法治原则的起源，是文明社会法治发展史伟大革命的起点。

其一，生产的普遍规律支配法。马克思在写《巴黎手稿》之前曾撰写《詹姆斯·穆勒〈政治经济学原理〉一书摘要》（简称《巴黎札记》），提及了私有财产和私有权这两个既相互联系又相互区别的范畴。马克思明确私有权作为法学范畴，以私有财产这个经济概念为基础，在商品交换过程中，拥有私有权的私有者各自交换自己的商品，放弃自己的私有财产，形成对交换对象的私有权。

但是"在私有权关系的范围内，社会的权力越大，越多样化，人就变得越利己，越没有社会性，越同自己固有的本质相异化"①，因此，商品交换在民法领域所有权关系的规定中，会因为经济的异化导致人与人的本质相异化以及法律的异化。马克思根据经济异化对法律异化的决定性作用得出这样的结论："宗教、家庭、国家、法、道德、科学、艺术等，都不过是生产的一些特殊的方式，并且受生产的普遍规律的支配。"② 马克思首次从经济领域，从当前的经济事实出发，突破了原有的思辨或抽象的社会政治分析，为法和法治的分析提供了新的元素，即经济分析法。马克思深入考察法治的经济基础决定作用，提出了生产的普遍规律支配法的命题，是对"市民社会决定法"这一表述的质的发展，为历史唯物主义法治思想的建立奠定了坚实的理论基础。

其二，"从抽象到具体""从具体上升为抽象"为历史唯物主义法治奠定了方法论基础。马克思在扬弃黑格尔的否定辩证法的基础上，运用"从具体到思维"的方法构建了异化劳动理论，并确立了由思维抽象上升到思维具体的法哲学方法的主要原则。一方面，马克思承认黑格尔辩证法中否定之否定的地位和作用，以及肯定和否定结合起来的扬弃作用，科学揭示了辩证法的革命和批判意义，并将"作为推动原则和创造原则的否定性"③ 的辩证法看作黑格尔法哲学体系相互连接、递进的出发点；另一方面，马克思批判了黑格尔否定辩证法的唯心主义思辨性质，认为黑格尔对人的本质的异化不过是自我意识的异化，并未涉及人的现实异化表现，因此，黑格尔的否定之否定是通过"否定假本质来确证假本质或同自身相异化的本质，换句话说，否定的否定是否定作为在人之外的、不依赖于人的对象性本质的这种假本质，并使它转化为主体"④，具有唯心主义的神秘色彩。在继承和批判黑格尔的否定辩证法的基础上，马克思提出应该将抽象的、作为思想物而隐藏在它里面的自然界从自身释放出去，这样

① 中共中央马克思恩格斯列宁斯大林著作编译局．马克思恩格斯全集：第42卷［M］．北京：人民出版社，1979：29.
② 中共中央马克思恩格斯列宁斯大林著作编译局．马克思恩格斯全集：第3卷［M］．北京：人民出版社，2002：298.
③ 中共中央马克思恩格斯列宁斯大林著作编译局．马克思恩格斯全集：第3卷［M］．北京：人民出版社，2002：320.
④ 中共中央马克思恩格斯列宁斯大林著作编译局．马克思恩格斯全集：第3卷［M］．北京：人民出版社，2002：329.

自然界便从思想和抽象思维中走出来，成为现实的、直观的存在。因此，马克思在《巴黎手稿》中首次表达了"从抽象上升到具体"的法哲学方法论原则，这一方法的确立为历史唯物主义法治的确立提供了完整的、科学的法学方法论原则。

综上所述，从经济基础到方法论原则，马克思关于法治的起源和方法在《巴黎手稿》中都得到了系统的表达，打破了以往法哲学中唯心主义的神秘色彩，也突破了在《黑格尔法哲学批判》中关于"市民社会决定法"的论述，提出了"生产的普遍规律支配法"和"从抽象上升到具体"的科学方法论。因此，我们将《巴黎手稿》看作马克思历史唯物主义法治思想的历史起源，为其思想的发展奠定深厚的理论基础。

二、《德意志意识形态》：历史唯物主义法治思想的理论表述

《德意志意识形态》第一次完整地阐释了历史唯物主义方法论，也是马克思法治思想走向理论成熟的重要标志。在"生产力决定交往方式、市民社会决定上层建筑"这一基本原理的科学指导下，马克思对法治的本体论、价值论以及发展规律等有了全面的认识和理解，形成了较为完整的、系统的历史唯物主义法治理论形态。

首先，法表现为主客观两重本质。针对法的本体论，马克思、恩格斯在批判黑格尔、施蒂纳等人的唯心主义法治观基础上揭示了法的主客观两重本质：客观上，法由社会物质生活条件决定；主观上，法是统治阶级共同利益的国家意志的表现。马克思、恩格斯表示，施蒂纳从主观唯心主义出发只认识到法的野蛮与文明，却忽略了法所赖以产生和生存的现实关系。随着生产力的发展，劳动产品剩余引发了私有制，而私有制加大了个人利益与共同利益的冲突从而产生了国家，国家为了正常运转和统治，则需要依靠法。由此，客观的社会经济关系对法具有决定性作用。然而，法除了具有客观本质外，还具有主观属性，即法是一种意志的体现，但这种意志不是"以脱离其现实基础的意志即自由意志为基础的"①，而是从物质生活方式中产生的具有共同利益的统治阶级的国家

---

① 中共中央马克思恩格斯列宁斯大林著作编译局. 马克思恩格斯文集：第 1 卷［M］. 北京：人民出版社，2009：584.

意志。在马克思、恩格斯看来，法具有国家意志性，但并不是说统治阶级所有的意志都体现在法中。国家只是一切共同规章的政治中介，而起决定性的仍然是社会经济关系。此外，《德意志意识形态》还强调法律的相对稳定性，认为法律不可以朝令夕改，修改、变更都要以社会物质关系所引发的统治阶级利益的变化为根本依据，时刻对"新的情况"保持警惕性。现实中，只有"侵害整个统治阶级的利益"而不仅仅是"触犯个别人"时才会引起法律的更改和变化。由此，我们看到，法的本质的客观性是主观性的基础，主观性是客观性的反映，法是主观与客观本质相结合的产物。

其次，法治的价值向度：人的自由全面发展。以唯物史观为出发点，即"现实的个人"为逻辑主线，马克思、恩格斯批判了费尔巴哈将"人"看作类本质而忽视其社会现实关系的主张，从个人与社会、个人与国家的关系中系统阐释了法治实现人的自由全面发展的终极目标。在马克思、恩格斯看来，人类自诞生以来，因生产力水平低下受到自然界的严重束缚；生产力的发展推动社会分工的出现，社会逐渐呈现出脑力劳动和体力劳动、物质劳动和精神劳动的分离，分工和人自身的活动形成一种与人相对立的力量，压制和奴役着人。正如马克思所说的："一个阶级是社会上占统治地位的物质力量，同时也是社会上占统治地位的精神力量。"① 国家和法治作为社会意识形态和精神生产资料的一部分，受到社会物质生产资料和阶级意识形态的支配，在社会分工的客观影响下发展成一种不依赖于人的异己力量，表现为与个人分离的虚幻共同体，也就是国家和法的传统权力，"支配着人们的意志和行为的发展阶段"②。由此看来，现实生活中的人受到自然界、社会的物质和精神等层面的束缚。针对这一现象，马克思、恩格斯表示，依靠无产阶级发展生产力是摆脱压迫和束缚的根本途径。正如蒸汽机和珍妮走锭精纺机消灭了私有制，改良的农业消灭了农奴制，只有不断推动生产力的发展，满足人类不断增长的物质和精神需求，"使我有可能随自己的兴趣今天干这事，明天干那事"③，在社会生产中自由地切换猎人、渔

---

① 中共中央马克思恩格斯列宁斯大林著作编译局．马克思恩格斯文集：第 1 卷［M］．北京：人民出版社，2009：550.
② 中共中央马克思恩格斯列宁斯大林著作编译局．马克思恩格斯文集：第 1 卷［M］．北京：人民出版社，2009：538.
③ 中共中央马克思恩格斯列宁斯大林著作编译局．马克思恩格斯文集：第 1 卷［M］．北京：人民出版社，2009：537.

夫、牧人、批判者等身份，才能保障无产阶级在社会中的人权，实现人的自由全面发展。

最后，"交往方式"决定法与法治的产生与灭亡。马克思、恩格斯从人类社会发展基本形态及其对应的法治类型出发，明确了法治的发展及其历史规律。其一，法治并非从来就有，是人类社会发展到一定阶段的产物。《德意志意识形态》一文指出，法随着私有制和阶级的产生而产生，"私法是与私有制同时从自然形成的共同体的解体过程中发展起来的"①，是统治阶级为实现国家的有效管理而制定的。其二，法治随着交往方式的变化而变化，在生产力和交往方式之间的矛盾不可调和时，新旧交往方式的交替变化，会带动法治的变化。正如马克思在其论著中所表达的，资本主义社会建立在私有制基础上，其法治作为私有制的产物也呈现出虚伪性和狭隘性，而共产主义第一阶段以生产资料公有制为基础，其法治理念以真正的自由和平等为根本目标，两者之间的差异性就是对上述观点最好的证明。其三，法治的发展从低级阶段向高级阶段不断发展，最终走向灭亡。马克思在批判施蒂纳脱离现实看待国家和法的同时，也承认了其关于法从低级走向高级、从野蛮走向文明的观点，"随着个人利益之发展到阶级利益，法律关系改变了，它们的表现方式也变文明了"②，但马克思、恩格斯也强调随着阶级利益和私有制的消亡，资产阶级的法律也会随之消亡。

《德意志意识形态》是马克思对历史唯物主义法治思想的第一次较为完整的表述，科学分析了法的本质、价值以及发展规律，从经济学角度明确了法治的"市民社会"基础。虽然在这里马克思并没有明确提出"生产关系"的概念，但是已经明确阐发了"生产力决定交往方式，市民社会决定上层建筑"的基本原理，为马克思法治思想的确立和成熟奠定了科学的方法论基础。

三、《共产党宣言》：历史唯物主义法治思想的公开问世

19世纪40年代欧洲工人运动的不断高涨，激发了工人对理论武器指导革命的政治需求。马克思、恩格斯应共产主义者同盟的委托，在1842年2月起草并

---

① 中共中央马克思恩格斯列宁斯大林著作编译局. 马克思恩格斯文集：第1卷［M］. 北京：人民出版社，2009：584.

② 中共中央马克思恩格斯列宁斯大林著作编译局. 马克思恩格斯全集：第3卷［M］. 北京：人民出版社，1960：395.

发表了《共产党宣言》。被誉为"科学共产主义的第一个纲领性文献"① 的《共产党宣言》，在历史唯物主义基本原理的科学方法论指导下，进一步阐释了资产阶级法治的实质、无产阶级国家法治建构的历史必然和基本途径等，对马克思法治思想的形成具有里程碑意义。

首先，资本主义法治的实质。《共产党宣言》表示："你们的观念本身是资产阶级的生产关系和所有制关系的产物，正像你们的法不过是被奉为法律的你们这个阶级的意志一样，而这种意志的内容是由你们这个阶级的物质生活条件来决定的。"② 这是马克思、恩格斯关于资产阶级法治实质的最经典的一次表述，一方面揭示了资产阶级法治作为资产阶级意志的法律表现，其根本目的是通过法律维护资产阶级的利益和政治统治权；另一方面，马克思、恩格斯表示被奉为法律的资产阶级意志的内容，是由资产阶级的物质条件决定的，资产阶级法治极力推崇自由和平等，倡导自由竞争代替行会制度，但正是由于资本主义剥削雇佣劳动和私有制的社会性质，所谓的法治平等与自由只能存在于资产阶级的自由平等以及贸易、买卖的自由，因此，想要摆脱资产阶级法治，首先就需要废除其赖以生存的私有制经济基础。资产阶级法治的本质是阶级一致性和物质制约性的统一，是物质条件和阶级意志的集中体现，这样的法治无论从其实质还是从价值层面来看都是虚伪的、狭隘的，是为资产阶级的政治统治和经济利益而服务的，这对于无产阶级来说就是不平等和不自由。

其次，无产阶级国家法治建构的历史必然。在马克思看来，无产阶级在各国革命获取政权，建构无产阶级国家，必然依靠法治实现对社会的管理，其必然性建立在对人类社会发展历史规律的认识和把握阶级斗争的基础上。其一，根据唯物史观，法治作为上层建筑的核心要素，必然受到生产力和经济基础的影响。随着生产力的极大发展和物质财富的极大丰富，资本主义社会私有制的生产关系将无法适应生产力的发展，而相应的无产阶级作为新的生产关系将代替原有资本主义生产关系，建立共产主义生产关系。与此同时，与私有制相适应的资本主义法治也必然摆脱其私人利益的合法性，以维护人民的普遍利益为

① ［德］格姆科夫. 马克思传［M］. 易廷镇，侯焕良，译. 北京：人民出版社，2000：99.
② 中共中央马克思恩格斯列宁斯大林著作编译局. 马克思恩格斯文集：第2卷［M］. 北京：人民出版社，2009：48.

根本目标，构建以"人民主权"为核心要义的共产主义第一阶段法治。其二，阶级斗争作为社会发展的直接动力，也成为共产主义第一阶段法治必然性的直接原因。阶级斗争的主要目标在于从斗争中争取自己的权利尤其是政治权利，获得政治上的领导权和主动权。无产阶级通过革命斗争获得自己的政权，势必会建立新的上层建筑，重构政治权利和权力。而法治则是上层建筑新形式得以建立的有力武器，有效摆脱私人利益的神圣化、提高工人阶级政治地位和实现人民主权的进一步合法化。

最后，共产主义第一阶段法治构建的基本途径。在马克思、恩格斯看来，构建共产主义第一阶段法治，保障无产阶级的法权，需要做到以下几点：第一，通过无产阶级暴力革命建立政治统治，与以往以私有制为基础和为少数人谋利益的运动不同，无产阶级革命将消除阶级对立和私有制基础，消灭一切阶级的统治，摧毁现有的全部经济基础和上层建筑，建立一个"将是这样一个联合体，在那里，每个人的自由发展是一切人的自由发展的条件"[1]，为绝大多数人谋取合理的政治权利和经济利益，实现真正的自由和平等；第二，在对资产阶级所有权和资本主义生产关系展开暴力干涉的同时确立共产主义第一阶段法治的具体法律措施，《共产党宣言》中对地产、信贷、生产管理、继承权等问题提出了初步构想，借助于法治的力量将生产工具集中于成为统治阶级的无产阶级手中，以加速社会生产力的提高；第三，世界各无产阶级彼此联系起来共同开展共产主义革命，推动世界性的社会主义和社会主义法治的发展。列宁时期的"一国胜利论"虽然代替了马克思和恩格斯的上述论述，但是"共同胜利论"对于当时较为发达的自由资本主义时期来说仍然具有一定的合理性。

第三节　法治思想的完善（1848—1883）：实践检验与发展

自1848年年初开始，伴随着资本主义的发展，欧洲许多国家相继爆发革命，这也是马克思法治思想从理论指导实践、实践检验再上升为理论的重要时期。马克思亲身参与到革命实践中，在制定无产阶级革命战略时也提出了一系

---

① 中共中央马克思恩格斯列宁斯大林著作编译局. 马克思恩格斯文集：第2卷［M］. 北京：人民出版社，2009：53.

列关于无产阶级革命和资产阶级革命的法权要求，尤其是巴黎公社作为无产阶级建立政权的第一次伟大尝试，其关于法治的构想对马克思构建共产主义第一阶段法治提供了科学的指导和理论的雏形。在同改良主义、机会主义、巴枯宁主义等思潮的理论斗争和欧洲革命实践的双重影响下，马克思带着革命的批判精神，实现了对历史唯物主义法治思想的进一步完善和发展。

一、《新莱茵报》到第一国际时期理论论战与革命实践对法治的新发展

1848 年到 1871 年巴黎公社建立前夕，马克思积极参与到欧洲革命实践中，并对无产阶级制定了在革命中的战略和策略。虽然这一时期主要以资产阶级革命为主，但无产阶级正是在这一革命实践中形成和发展起来并登上了世界历史的舞台，尤其在 1848 年 2 月法国的巴黎工人举行武装起义，同盟中央委员会号召各共产党人积极投入革命，实现了共产党人的第一次伟大实践。马克思依据欧洲革命实践的经验和教训，凭借《新莱茵报》、欧洲时局评论、理论斗争和批判以及为无产阶级制定战略和章程等，实现了无产阶级革命同法治之间的结合，并在理论论战中阐释了工人阶级解放和普遍立法的关系，推动了历史唯物主义法治的新发展。这一时期马克思表达法治思想的文章和专著众多，主要从革命经验和理论论战两个层面来认识。

第一，马克思对欧洲革命经验教训中法治理论的总结和分析。马克思与恩格斯作为 1848 年欧洲革命的亲历者，对资产阶级民主革命时期的法权要求有深刻的认识和理解。在其《1848 年至 1850 年的法兰西阶级斗争》《路易·波拿巴的雾月十八日》《资产阶级革命和反革命》等著作和在《新莱茵报》上发表的《共产党在德国的要求》《"新莱茵报"审判案》等文章中，马克思系统提出了资产阶级民主革命时期的法权要求、批判了资产阶级法制以及依据民族解放运动阐释了国际法思想。

其一，马克思提出了资产阶级革命时期的法权要求。马克思在《共产党在德国的要求》一文中，以《共产党宣言》的基本理论原则为指导，制定了一系列正确的法制主张和法治原则用来指导德国无产阶级革命为实现资产阶级民主革命任务的斗争。马克思强调，首先资产阶级民主革命应该以国家和民族的统

一为首要目标，以当时的德国为例，全德国宣布"为统一的、不可分割的共和国"①，这不仅符合资产阶级的要求，同时也是全体德国人民的无产阶级民族纲领；其次，坚持人民主权，马克思在《资产阶级和反革命》一文中表示："革命是人民权利的法律依据，人民依据革命提出自己的强烈要求"②，希望通过人民的代议机关保障人民的权利；最后，用法律固定由人民实现的废除封建义务的事实，马克思在《废除封建义务的法案》中批判了吉尔克利用权力为代表自由资产阶级利益的"赎买"政策辩护，深刻谴责了普鲁士资产阶级对农民的背叛，在此基础上揭示了废除封建所有制的具体要求，例如废除各种封建义务、银行国有、限制继承权、建立国家工厂等。其二，马克思针对欧洲革命失败的教训展开对资产阶级法治的批判。马克思在总结1848年至1850年法兰西阶级斗争时剖析了资产阶级对普选权的态度，揭露了资产阶级普选权"合乎资产阶级的统治"的实质，并强调实现普选权的必然结果就是工人阶级的统治。此外，马克思以法国为例批判了资产阶级的分权原则，考察资产阶级国家的立法和行政权之间的关系，强调"在议会中，国民将自己的普遍意志提升为法律，即将统治阶级的法律提升为国民的普遍意志。在行政权面前，国民完全放弃了自己的意志，而服从于他人意志的指挥，服从于权威。和立法权相反，行政权所表现的是国民的他治而不是国民的自治"③，而所谓的分权原则实则存在着理论实质与现实之间的矛盾。针对不同国家具体的法治问题，马克思还揭示了1848年法兰西共和国宪法的矛盾和1812年西班牙宪法的精神生活独特产物的实质，揭露了资产阶级惩罚制度的野蛮性以及司法和陪审制度的虚伪性和狭隘性。其三，马克思形成了国际法思想。马克思在批判《维也纳条约》的基础上提出了一系列国际法原则，如自己国家获得自由的同时也要给毗邻被压迫的民族以自由、私人关系之间的道德和正义准则成为国际法的至高无上原则、和平是共产主义社会开展外交的最基本原则，等等。国际法思想是在"共同胜利理论"和民族解放实践运动中形成和发展起来的，成为共产主义第一阶段法治构想的重要组成

---

① 中共中央马克思恩格斯列宁斯大林著作编译局．马克思恩格斯全集：第28卷［M］．北京：人民出版社，2018：280．
② 中共中央马克思恩格斯列宁斯大林著作编译局．马克思恩格斯全集：第6卷［M］．北京：人民出版社，1961：130．
③ 中共中央马克思恩格斯列宁斯大林著作编译局．马克思恩格斯文集：第2卷［M］．北京：人民出版社，2009：563．

部分。

第二，第一国际时期马克思在同改良主义、机会主义斗争过程中对历史唯物主义法治思想的新发展。19 世纪 50 年代至 60 年代，国际上工人运动日渐高涨，西欧、北美各国的工人阶级相继从资产阶级民主运动中分离出来，为自身解放而努力。随着彻底的解放运动的不断发展，工人阶级对加强国家联系的要求越来越强烈，这就促成了工人阶级的第一个世界性组织即国际工人协会（以下简称"第一国际"）在 1864 年 9 月应运而生。马克思作为其中的重要领导人，在撰写和草拟《协会临时章程》《总委会关于继承权的报告》等文件中，与改良主义、机会主义等思潮展开了激烈的论战，进一步丰富和完善了法治思想。

一是高度概括了权利与义务的辩证关系，提出"没有无义务的权利，也没有无权利的义务"① 的科学论断。国际工人运动中存在一些改良主义者和机会主义者，针对权利和义务的关系，他们并没有真正认识到资产阶级社会中权利和义务分离的实质和经济根源，只是从抽象意义上抨击资产阶级，其根本意图是建立新的阶级特权。对此，马克思强调，应该将权利置于经济结构中来考量，工人阶级解放应该争取人人平等的权利和自由，这种权利和自由是建立在消灭私有制和任何阶级基础之上的，是实质意义上的。而所谓的权利平等不仅包含有权利的一面，而且也有义务的意蕴，权利和义务互为条件、相互依存，具有内在的一致性。二是批判了资产阶级人权的虚伪性。针对"天赋人权"和"自由、平等、博爱"的资产阶级人权口号，马克思表示这在反对封建专制和特权中具有一定的进步意义，但在资本主义现实社会中却以追求私人利益，为资产阶级这一个阶级服务为目的，对工人阶级和劳动人民来说具有一定的虚伪性和欺骗性。对此，工人阶级只有彻底消灭生产资料私有制，建立自己的政权，才能真正实现无产阶级和劳动人民自己的人权。三是以"普遍的立法行为"维护工人阶级的生存和发展权利。针对第一国际中的巴枯宁派的无政府主义及其各种"左"倾思潮，马克思提出了无产阶级依靠"普遍的立法行为"实现自身利益的主张。在《临时中央委员会就若干问题给代表的提示》一文中，马克思认识到在当时自由资本主义的高速发展时期，工人阶级的力量还不足以抗衡资产

---

① 中共中央马克思恩格斯列宁斯大林著作编译局 . 马克思恩格斯全集：第 21 卷 ［M］. 北京：人民出版社，2003：17.

阶级，但为了改善自己的生活和劳动条件，需要依靠普遍的法律来维护自身利益。这就要求工人阶级"培养和集中工人阶级力量的组织"① 发展到成熟的阶段，成为一个坚强的整体。正如英国的 10 小时工作日法案，就是工人阶级团结一致、共同斗争取得的结果。

实践是检验真理的唯一标准。任何理论都需要历经实践的反复验证才能够判断出是否为科学的理论。正是在这场波涛汹涌的欧洲革命实践中，马克思的历史唯物主义法治思想得到了实践的洗礼。在此基础上，马克思进一步认识到无产阶级在资产阶级革命期间的法权要求、国际法思想的形成以及权利、义务的辩证关系，丰富和发展了法治内容，推动历史唯物主义法治走向新的历史阶段。

二、《资本论》及其手稿对资本主义法治实践的批判

马克思对《资本论》的写作可谓付出了毕生的心血，纵观其一生的研究历程，他用了将近四十年的时间开展政治经济学研究和《资本论》的写作。作为一个庞大的著作体系，《资本论》及其手稿主要涉及《经济学手稿（1857—1858年）》《经济学手稿（1861—1863 年）》、马克思逝世前审定出版的《资本论》第一卷以及恩格斯根据马克思遗稿出版的《资本论》第二、三卷和苏联出版的《剩余价值学说史》《资本论》第四卷等。《资本论》及其手稿对资本主义法治实践进行了深刻分析，深化了法治与经济之间的关系，突出了资产阶级法治国家的强权本质，并揭示了资本主义平等和自由的实质。

其一，法的关系是一种反映经济关系的意志关系。《资本论》第一卷第二章开头就提出了这样的观点："这种具有契约形式的（不管这种契约是不是用法律固定下来的）法的关系，不过是一种反映着经济关系的意志关系。"② 由此马克思从两个层面揭示了法权的实质一方面，法权是一种意志关系。马克思从商品生产和交换的基本社会现象出发，揭示人的意志渗透到商品中去，就会产生人的法律因素和其中包含的自由因素，这也就形成了法律产生的一种动因和现实

---

① 中共中央马克思恩格斯列宁斯大林著作编译局. 马克思恩格斯全集：第 21 卷［M］. 北京：人民出版社，2003：466.

② 中共中央马克思恩格斯列宁斯大林著作编译局. 马克思恩格斯全集：第 43 卷［M］. 北京：人民出版社，2016：78.

条件。所谓人的法律因素可以看作对自由和权利的选择意向，生产者和交换者可以自由交换产品，避免商品争夺上的暴力冲突。该因素作为一种意志关系，在确定化、具体化的过程中以法律形式为载体，对法的形成和确立产生巨大的影响。另一方面，意志关系由其相应的经济关系决定。马克思在《资本论》中批判俄国经济学家施托尔希关于物质和精神生产关系的反历史态度强调对物质和精神生产关系的研究，首先应该将物质生产本身以一定的历史形式来考察，而人们的国家制度和意识形态形式则只不过是派生出来的第二、三级的东西。在马克思看来，每一种生产方式都会产生它所特有的法权关系，以人的意志为基础的法律权力和它所处时代的经济形式相适应，脱离经济关系的法律权力在现实社会中根本不存在，因此，在任何社会，"这种法的关系或意志关系的内容是由这种经济关系本身决定的"①。

其二，强权以另一种形式继续存在于资产阶级"法治国家"中。一些经济学家模糊认识到现代的警察制度比强权下能够更好地发展生产。对此，马克思表示："强权也是一种法，而且强者的权利也以另一种形式继续存在于他们的'法治国家'中。"② 资本主义国家虽然打着"民主、自由、法治"的旗号，但以剥削直接生产者的私有制经济形态为基础的法律意识形态却是统治阶级进行资本的原始积累、榨取剩余劳动价值的合法来源，诸如英国17世纪的"公有地圈围法"和19世纪的"清扫领地"原则就是以法律形式获得原始积累的典型形式。此外，马克思还揭露了英国部分劳工法和"工厂立法"的强权性质，认为正是由于这些建立在鞭打、酷刑基础上的恐怖法律，彻底将工人绑在雇佣劳动的纪律体系内，剥夺了工人阶级自由劳动的权利，榨取他们的剩余价值，使得工人阶级陷入了极度贫困的境地。由此，资产阶级所谓的"法治国家"不过是强权的另一种表现形式，以法律的形式确立了统治阶级剥削的合法性。

其三，平等地剥削劳动力是资本的首要人权。马克思揭示了资本主义社会自由和平等的虚伪性，认为它们不过是交换价值过程中各种要素的一种理想化的表现，其表现形式只存在于商品交换领域的界限之中，在这里买卖商品只依

---

① 中共中央马克思恩格斯列宁斯大林著作编译局. 马克思恩格斯全集：第44卷［M］. 北京：人民出版社，2001：103.
② 中共中央马克思恩格斯列宁斯大林著作编译局. 马克思恩格斯全集：第30卷［M］. 北京：人民出版社，1995：29.

靠自由意志。但是资本家作为利益的追逐者并不满足于商品买卖的平等交换，他们主张资本权利平等，即等量资本的权利及其获得的利益都是等量的。资本家这种所谓的平等观念在马克思看来是建立在"天赋人权"基础上的，其首要人权是将平等剥削劳动实现合法化，其根本目的是尽可能多地获取剩余价值。在揭露资本主义自由和平等的基础上，马克思还提出了自由发展阶段学说，从人对社会生产力的掌握程度方面将自由划分为"人的依赖关系""以物的依赖性为基础的人的独立性""个人全面发展的自由个性"三大阶段，① 不仅揭示了社会生产力对自由程度的决定性关系，也表明了自由的阶级性，揭露了资本主义自由不过是"表面现象，而且是骗人的表面现象"②。

《资本论》作为"工人阶级的圣经"，其最终目的是揭示当前社会的经济运动规律，但在对资本主义社会生产全过程的论述中也对现代社会的立法及其法治实践展开了精辟分析。正如列宁所言，马克思创作《资本论》，"并不仅以通常意义的'经济理论'为限；虽然他完全用生产关系来说明该社会形态的构成和发展，但又随时随地探究与这种生产关系相适应的上层建筑，使骨骼有血有肉"③。如果说，马克思过去的文献或多或少都提到过法治的经济决定性作用，那么《资本论》是从剩余价值学说层面揭示资产阶级法治的虚伪性和狭隘性最彻底、最明确的一次。我们想要准确把握资产阶级法治的实质，《资本论》及其手稿不可或缺。

三、《法兰西内战》对巴黎公社创建无产阶级法治经验的总结

1871 年，巴黎公社的伟大革命建立了无产阶级专政的首次尝试，打碎了资产阶级的国家机器并废除了旧法体系，为验证和发展历史唯物主义法治思想奠定了实践基础。马克思在《法兰西内战》一文中总结了巴黎公社法治的实践路径，回应了什么是真正民主的制度，揭示了无产阶级革命法治对社会的作用和

---

① 中共中央马克思恩格斯列宁斯大林著作编译局．马克思恩格斯全集：第30卷［M］．北京：人民出版社，1995：107-108.

② 中共中央马克思恩格斯列宁斯大林著作编译局．马克思恩格斯全集：第30卷［M］．北京：人民出版社，1995：457.

③ 中共中央马克思恩格斯列宁斯大林著作编译局．列宁全集：第1卷［M］．北京：人民出版社，1955：121.

效能。

　　首先，总结巴黎公社法治的实践路径。在马克思看来，资本主义国家是"资本奴役劳动的工具"，其政权机关和法渗透着反人民的精神，越来越具有压迫的性质，因此无产阶级革命应该打碎旧的国家机器和资本主义的法律制度，建立自己的国家政权和法治形式。但是马克思对旧国家机器和法的看法仍然采用辩证的态度，指出："旧政权的纯属压迫性质的机关予以铲除，而旧政权的合理职能则从僭越和凌驾于社会之上的当局那里夺取过来，归还给社会的承担责任的勤务员。"① 巴黎公社的革命实践就是对上述论断的最好证明。公社委员会成立后否认了凡尔赛政府及其国民议会的合法性，广大人民对征兵制和资产阶级常备军的废除要求也在法律上得到了肯定，并建立了人民武装力量的制度。与此同时，公社委员会对担负社会管理职能的旧政府机构、旧司法机关进行了根本改造，使之成为保护人民利益的工具，建立了无产阶级的政治形式。公社成为无产阶级解放的政治形式，其结构是建立在民主集中制基础上的国家，是同时监管行政和立法的工作机关，确立了代议制和普选制的合法性，赋予了无产阶级真正的民主内容。

　　其次，回答"什么是真正民主的制度"。巴黎公社在无产阶级占据统治地位的基础上实现了无产阶级和广大劳动人民当家作主、管理国家的真正的、广泛的民主。巴黎公社实现了国家政权的根本性变化，一切公职都由人民自己担任，普通劳动者参加国家事务的管理成为一种极为普遍的现象。"真正民主的制度"主要表现在两个层面：一是公职人员由民主选举产生并受到广大群众的监督，坚持通过普选制选举行政和创制法律的公职人员，实现公职人员从人民选出并为人民服务的原则，并采取公告、群众集会和俱乐部等形式向选民报告工作，听取选民的意见和建议，对不称职的人员采取随时撤换的原则；二是公职人员是社会公仆，不仅从薪金法令和兼职不兼薪的法令中保障人民当家作主的地位，还制定了一些具体的制度，如对市政厅的用车及其公共伙食费用的限制，对公款盗用、侵占和偷盗行为的法令惩治等，都是将公社的公职人员看作人民忠诚的社会公仆，代表人民管理公社事务。

　　最后，揭示无产阶级革命法治的社会功能。无产阶级革命法治的社会功能

---

① 中共中央马克思恩格斯列宁斯大林著作编译局. 马克思恩格斯文集：第 3 卷［M］. 北京：人民出版社，2009：156.

在巴黎公社表现得淋漓尽致。一方面，以巴黎公社法令为代表的无产阶级革命法治对人民公敌（如凡尔赛议会和梯也尔政府及其走狗）的惩治形成了法律上的规定，提出了"人质法令"，依据法令惩治巴黎人民手中的人质。这一系列的镇压措施打击了反革命势力，同时也保障和稳定了社会的治安。另一方面，巴黎公社通过法治手段实现了对资本主义经济、政治和文化的彻底性改造。在经济上，通过确立《关于将逃亡业主所遗弃的工厂转交工人协作社的法令》等法制形式消灭资本主义私有制和分配制度，实现"剥夺剥夺者"的经济目标，加强对企业的民主管理，保障巴黎工人在经济上的合法权益；在政治上，在保留资本主义政府的社会管理职能的基础上通过合理的法令制度的建立实现对旧政府、旧司法的改造，实现人民管理为人民的国家政权形式；在文化上，公社通过制订教育改革等方案，将宗教教育改造成世俗教育，实现政教分离，并提高了教师的政治地位和薪资待遇，推动教育的普及化，实现教育为人民服务的宗旨，真正将公社建立成为新兴国家的无产阶级性质。

《法兰西内战》是马克思对巴黎公社实行无产阶级专政的革命经验和教训的深刻总结，在法治上，对共产主义第一阶段法治的构建提供了理论雏形。当前众多学者认为马克思对法和法治始终持否定和批判的态度，并不存在对共产主义第一阶段（社会主义）法治的构建思想。在这里，《法兰西内战》就是对上述观点的最好回击。巴黎公社作为无产阶级专政的第一次伟大尝试，虽然历时不久，却建构了真正的民主和法治体系，为当代中国特色社会主义法治建设提供了实践模型。列宁在《国家与革命》论著中，就曾号召："我们要学习公社社员的革命勇气，要把他们的实际办法看成是实际迫切需要并能立刻实现的初步经验。"①

四、《哥达纲领批判》对共产主义第一阶段法治的构想

1875 年，针对爱森纳赫派和拉萨尔派两党的合并，领袖代表倍倍尔、李卜克内西等人在妥协基础上形成了具有拉萨尔主义的《哥达纲领》草案，也称《德国社会主义工人党纲领草案》。对此马克思、恩格斯表现出坚决的批判态度，

---

① 中共中央马克思恩格斯列宁斯大林著作编译局．列宁全集：第 25 卷［M］．北京：人民出版社，1958：475.

写了《对德国工人党纲领的几点意见》，也就是后来以《哥达纲领批判》著称的"马克思最重要的理论文献之一"①，揭露了其中的资产阶级和小资产阶级庸俗民主主义的要求，批判了拉萨尔主义的"自由主义国家观"，提出了共产主义发展的两个阶段，表达了共产主义第一阶段法治的基本设想，进一步丰富和发展了马克思的法治思想。

首先，共产主义第一阶段的法是无产阶级专政的工具。针对《哥达纲领》草案中"用一切合法手段去争取建立自由国家"②，回避国家本质问题和无产阶级专政问题的观点，马克思从国家阶级的本质出发，认为国家不过是一个阶级压迫和镇压另一个阶级的暴力机器。因此国家的存在不是为了自由，所谓"自由国家"的学说不过是与现实相矛盾的谬论，并不存在超阶级的国家。人民想要实现真正的自由，需要打碎旧的国家机器，建立无产阶级专政的国家，使其"变成完全服从这个社会的机关"③，彻底推翻一切剥削阶级。在马克思看来，实行无产阶级专政是共产主义社会的低级阶段，也就是列宁所概括的"社会主义"阶段，而这一阶段的法是无产阶级专政的工具。在共产主义第一阶段，经济上，"资本主义的废除不能立即为这种变更创造经济前提"④，因此无产阶级专政时期的社会经济关系和生产活动不能脱离任何法规，还需要通过国家和法维护生产资料公有制和经济关系的平等；政治上，通过暴力革命取得国家政权的政党和阶级需要通过创造新的法制实现无产阶级专政和民主的合法化，无产阶级只有借助共产主义第一阶段法治才能真正保障人民的民主权利并实现向共产主义过渡的历史使命。在《哥达纲领批判》中，马克思还赋予了共产主义第一阶段法治以新的职能，即对内镇压剥削阶级，对外保护领土和主权，还涉及经济改造、组织以及文化教育的职能，等等。由此，马克思揭示了共产主义第一阶段法治作为无产阶级专政的必然性及其基本形式，为马克思共产主义第一

---

① [英]戴维·麦克莱伦.马克思传[M].王珍，译.北京：中国人民大学出版社，2016：426.

② 中共中央马克思恩格斯列宁斯大林著作编译局.马克思恩格斯全集：第25卷[M].北京：人民出版社，2001：24.

③ 中共中央马克思恩格斯列宁斯大林著作编译局.马克思恩格斯全集：第25卷[M].北京：人民出版社，2001：27.

④ 中共中央马克思恩格斯列宁斯大林著作编译局.列宁全集：第25卷[M].北京：人民出版社，1958：454.

阶段法治内容的构想提供了基本蓝图。

其次，"各尽所能，按需分配"是共产主义实现事实平等的条件。马克思对共产主义第一阶段的分配原则和资本主义社会的商品交换原则进行了深刻的分析，提出共产主义第一阶段的分配原则中仍然具有"平等的权利按照原则仍然是资产阶级权利"① 的论断，该社会仍然遗留着资产阶级的不平等因素，因此只是一种形式上的平等。无产阶级想要实现事实上的平等，须建立在脑力劳动和体力劳动对立得以消失的基础上，劳动成为人们生活的第一需要，也就是进入共产主义社会的高级阶段时，才能真正跳出资产阶级法权的狭隘眼界，"从形式上的平等进到事实上的平等，即实现'各尽所能，按需分配'的原则"②。由此，我们可以看到，"各取所能，按需分配"是共产主义第一阶段的形式平等向高级阶段事实平等发展的基本原则和实现条件。

最后，关于共产主义第一阶段的经济法思想。共产主义第一阶段的法作为上层建筑对经济基础具有反作用，正如恩格斯所说：共产主义第一阶段，是"国家真正作为整个社会的代表所采取的第一个行动，即以社会的名义占有生产资料"③，借助于共产主义第一阶段法治以社会的名义组织生产并促进社会生产力的客观发展。在马克思看来，经济关系决定并产生法的关系，国家和法在任何时候都要服从经济条件，因此共产主义第一阶段的经济法必然要受到经济条件的制约：一是应该以发展生产力为首要目的；二是遵守节约的原则，"时间的节约，以及劳动时间在不同的生产部门之间有计划的分配，在共同生产的基础上仍然是首要的经济规律"④；三是以消灭三大差别为基础，为共产主义社会和"各尽所能，按需分配"原则的实现开辟道路。针对上述思想，马克思还叙述了共产主义第一阶段的所有权以及土地国有制度的法律形式，进一步完善了共产主义第一阶段经济法的政治形态。

---

① 中共中央马克思恩格斯列宁斯大林著作编译局. 马克思恩格斯全集：第 25 卷 [M]. 北京：人民出版社，2001：19.
② 中共中央马克思恩格斯列宁斯大林著作编译局. 列宁全集：第 31 卷 [M]. 北京：人民出版社，2017：95.
③ 中共中央马克思恩格斯列宁斯大林著作编译局. 马克思恩格斯全集：第 26 卷 [M]. 北京：人民出版社，2014：298.
④ 中共中央马克思恩格斯列宁斯大林著作编译局. 马克思恩格斯全集：第 30 卷 [M]. 北京：人民出版社，1995：123.

　　《哥达纲领批判》是马克思继《法兰西内战》之后的第二部关于共产主义过渡阶段的著作，也是我们总结和分析马克思关于共产主义第一阶段法治构建的重要文本依据。在这里，马克思着重阐释了国家与法治等诸多社会主义问题，还创新性地提出了经济法思想，对当代中国的法治建设具有实践意义。

第三章

马克思法治思想的批判之维

　　作为揭露精神和现实世界差异的锐利思想武器，"批判"精神是马克思主义最崇高的品格。马克思正是在批判旧思想、旧世界的过程中发现了新世界，构建了科学的马克思主义理论体系。作为马克思政治经济学重要组成部分的法治理论，其出场方式也继承了"批判"精神。法治理论最早起源于古希腊罗马时期，经历了从古代的"自然理性""神的理性"向"人的理性"的历史性发展。当前，西方资本主义国家倡导建立自由、平等、民主的法治国家，但由于现实物质生产关系的制约，"强权"作为法权形式仍然"以另一种形式继续存在于"私有制基础上的资本主义"法治国家"中①，以法律欺压穷人，造成资本主义法治呈现出虚伪性和偏私性特点。对此，马克思对资本主义社会批判实现了从"批判的武器"到"武器的批判"，"批判的武器"强调从理论层面揭示宗教和政治制度对人的压迫，"武器的批判"注重从实践层面揭示无产阶级"改变世界"的决心。从理论到实践，马克思系统揭示了资本主义法治观念的唯心主义范式和法治政治形式的虚伪性以及经济根源的剥削性，为真正的法治建构，也就是共产主义第一阶段法治奠定了坚实的理论和现实基础。

第一节　马克思对资本主义法治理论的法哲学批判

　　与恩格斯注重现实批判的研究思维不同，马克思曾在大学期间接受过系统的理论训练，因此更强调理论的批判。对资本主义法治理论的批判，源于理论

---

　　① 中共中央马克思恩格斯列宁斯大林著作编译局．马克思恩格斯全集：第30卷［M］．北京：人民出版社，1995：29.

同现实之间产生的"苦恼的疑问"。马克思逐渐意识到以往建立在唯心主义理论基础上的法治无法解决现实问题，需要在批判基础上探索无产阶级革命真正需要的新理论。在同黑格尔法哲学、改良主义、机会主义、蒲鲁东主义、巴枯宁主义、拉萨尔主义等错误思潮的激烈碰撞中，马克思借助唯物史观严厉批判了资本主义法治理论世界观的局限性、价值追求的虚无性以及超阶级的虚伪性，也进一步丰富和发展了马克思的法治思想。

一、以唯物史观批判传统法治的唯心主义范式

在马克思之前，西方法治理论已经取得了长足发展，形成了自然法哲学、历史主义法哲学、理性主义法哲学等多学派共同发展的局面，尤其黑格尔的理性自由主义法治理论作为传统法治的典型代表，最吸引马克思的注意，并一度成为马克思早期法治思想的主要来源。然而，现实社会中的法律导致物质利益同理性视域下的法治理论产生强烈冲突，代表普遍利益的法律在现实生活中却成为私人利益的捍卫手段，从林木盗窃案来看，"省议会对下述问题进行了表决：应该为了保护林木的利益而牺牲法的原则呢，还是应该为了法的原则而牺牲保护林木的利益——结果利益所得票数超过了法的票数"①，占据了法的上风，成为法律的主导者和决定者。马克思在这一"苦恼的疑问"的追问和探讨下，首先转向对黑格尔法哲学唯心主义范式的批判，开启了历史唯物主义法治理论探索的知识之门。

其一，对黑格尔以绝对精神为核心的唯心主义方法论的批判。黑格尔在其《法哲学原理》一书中表示，"法的基地一般说来是精神的东西，它的确定的地位和出发点是意志"②，从精神意志出发建构自己的法的形而上学理论。黑格尔的出发点在于抽象的概念，将概念自身的逻辑演绎看作真实存在的"主语"，而将不依赖于理念而独立存在的实际看作理念的"谓语"，从抽象的概念出发实现对现实生活世界的逻辑演绎。就黑格尔的观点来看，他强调是以客观事物的存在迎合先验的观念，而非主观反映客观。正如马克思所言："他不是从对象中发

---

① 中共中央马克思恩格斯列宁斯大林著作编译局.马克思恩格斯全集：第1卷［M］.北京：人民出版社，1995：288.
② ［德］黑格尔.法哲学原理：或自然法和国家学纲要［M］.范扬，张企泰，译.北京：商务印书馆，1961：10.

展自己的思想，而是按照做完了自己的事情并且是在抽象的逻辑领域中做完了自己的事情的思维的样式来制造自己的对象。"① 在马克思看来，黑格尔逻辑学的根本缺陷表现为"在任何地方都把观念当作主体，而把本来意义上的现实的主体，例如，'政治信念'变成谓语。而发展却总是在谓语方面完成的"②，思维与存在、主词与宾词、主体与谓语之间的颠倒是其唯心主义实质的呈现。在实践以及扬弃费尔巴哈唯物主义的基础上，马克思提出将黑格尔的主谓语颠倒过来，不再将抽象概念而是将现实看作主观和客观存在的基础。正如梅林所说："他（黑格尔——引者注）比别的科学更加高明之处，就在于他从历史发展的观点来考察事物……马克思继承了黑格尔哲学的这个最可贵的因素，但是他把黑格尔哲学翻转过来，使得他的出发点不再是'纯粹思维'，而是现实这个无情的事实。"③ 如此，马克思的唯物史观的雏形得以基本创立。

　　其二，对黑格尔"国家和法决定市民社会"理论的颠倒和重构。就马克思的观点来看，黑格尔法哲学的核心在于其逻辑学，"整个法哲学只不过是逻辑学的补充"④，因此，黑格尔对市民社会同国家的关系问题的认识也深受思辨唯心主义和泛逻辑神秘主义的影响。在抽象的精神领域，"国家是伦理理念的现实性，这个伦理的精神，作为启示出来的、自身明白的、实体的意志，这种意志思考自身并知道自身。"⑤ 市民社会作为现实主体以国家的存在为前提，也就是说国家作为精神概念决定市民社会和家庭。马克思在这一理论的应用中，逐步体会到黑格尔抽象意义上的国家观与现实生活中"物质国家"之间的矛盾，引发了对"国家决定市民社会"这一论断的质疑和进一步思考。受到费尔巴哈唯物主义方法论的影响，马克思在颠倒黑格尔逻辑学上思维关系的基础上，实现了国家、法与市民社会关系的重构。马克思通过对欧洲国家政治发展史的考察，

---

① 中共中央马克思恩格斯列宁斯大林著作编译局．马克思恩格斯全集：第 1 卷［M］．北京：人民出版社，1956：259．

② 中共中央马克思恩格斯列宁斯大林著作编译局．马克思恩格斯全集：第 3 卷［M］．北京：人民出版社，2002：14．

③ 梅林．马克思传：上卷［M］．北京：人民出版社，1965：172-173．

④ 中共中央马克思恩格斯列宁斯大林著作编译局．马克思恩格斯全集：第 3 卷［M］．北京：人民出版社，2002：23．

⑤ 黑格尔．法哲学原理：或自然法和国家学纲要［M］．范扬，张企泰，译．北京：商务印书馆，1961：253．

认识到黑格尔所指的国家、市民社会等概念并非理念性的、非现实性的东西，而是现实化的主体，家庭和市民社会才是社会真正的活动者，是国家存在和发展的前提和决定性因素，"家庭和市民社会本身把自己变成国家，它们才是原动力"①。在马克思看来，市民社会对国家和法的决定性作用主要表现在私有财产对国家制度和立法制度的支配上。市民社会被马克思理解为私人利益的特殊领域，在这样的社会背景下，公民的身份和国家的存在都具有私有财产的特征，换句话说，法和国家的全部内容就是财产。以"长子继承制"为例，它作为"土地占有制本身的结果，是已经硬化了的私有财产"②，决定和支配着国家的政权形式。而从财产关系和罗马法的发展脉络来看，私有财产权利越发达，罗马的私法制度也越成熟。由此可见，市民社会决定国家和法。马克思正是在对国家和市民社会关系的颠倒中，逐步将目光转向了"市民社会"和政治经济学领域，也为历史唯物主义法治思想的形成奠定了科学的理论基础。

其三，对唯心主义视域下黑格尔"二元论"思想的扬弃。黑格尔唯心主义看待思维与存在的关系，陷入了"二元论"的思想泥沼中。黑格尔从"绝对理念"出发统摄万象，在将概念的一般规定从现实的存在物中独立出来的同时，将其与现实分裂开来，将所谓神秘的理念又看作现实存在物的主体，是典型的"二元论"表现。这种唯心主义二元论观点在法治问题上具体表现在：黑格尔关于国家制度和立法权、立法权和行政权"二律背反"的调和主义态度上。首先，针对西方法学发展史上一直没有解决的国家制度和立法权的"二律背反"，即立法权在高于国家制度的同时又从属于国家制度，黑格尔企图通过与自由相对立的自然必然性摆脱两者之间的矛盾冲突。在黑格尔看来，国家制度"本质地生成着"，从其历史使命来看，它是一成不变的，只存在于幻觉之中，但实际上却产生着无意识的变化，在事实上无形地生成。如此，国家制度成为立法权的前提，其本身不受立法权的限定，但受到立法权的间接影响得到进一步的发展。其次，针对立法权和行政权的"二律背反"问题，黑格尔认为"等级要素"是解决两者冲突的关键。所谓立法权和行政权的"二律背反"，主要体现在法律制

---

① 中共中央马克思恩格斯列宁斯大林著作编译局．马克思恩格斯全集：第1卷［M］．北京：人民出版社，1956：251.

② 中共中央马克思恩格斯列宁斯大林著作编译局．马克思恩格斯全集：第1卷［M］．北京：人民出版社，1956：369.

定和法律实施之间的矛盾冲突，法律制定的详略程度与法律实施过程中的经验影响造成法律稳定的性质问题的冲突焦点。面对这一现实冲突，黑格尔认为立法权作为一个"整体"，具有君主权、行政权和等级要素三个环节，其中"等级要素的作用就是要使普遍义务不仅自在地而且自为地通过它来获得存在"①，实现对多数人观点和思想经验普遍性的公众意识的政治表达，切实将政府、国家和人民联系在一起。这是黑格尔对立法权同国家制度、行政权的"二律背反"所做的努力。

对此，马克思也进行了深刻的批判。在马克思看来，黑格尔针对"二律背反"提出的解决方案是一种调和主义，并没有真正解决上述问题的矛盾冲突。首先，建立在黑格尔自然必然性基础上的立法权与国家制度仍然存在矛盾，即发展为立法权合乎现存国家制度的作用和发展国家制度的"二律背反"。因此在这一情况下立法权的应然与实然之间必然会引起强烈的对立与冲突。在马克思看来，国家制度不过是政治等级和市民等级之间斗争的产物，与立法权的冲突不过是其内部的矛盾所导致的，"人民主权"原则成为解决这一冲突的根本性原则。其次，立法权和行政权"二律背反"的调和中介"等级要素"，在马克思看来不过是"作为人民的事务的国家事务的虚幻存在"②。等级要素在名义上被看作人民和政府的"中介"，但并未起到作用，对于政府来说，它是缩小的农民；对于人民来说，它是扩大的政府，是人民的统治者。而真正代表人民利益的"普遍事务"在资本主义国家只是一种形式的存在，因此等级要素实质上并不能代表人民利益，不过是国家对人民的"法定的谎言"。马克思表示，真正解决这一矛盾需要实现人民对社会事务的直接管理。然而，对待黑格尔思想，马克思并不是一味地否定，关于市民社会、家庭和国家等领域中的矛盾分析及其辩证法运用，采取了批判继承和发展的态度，运用对立面的有机统一代替黑格尔的"二元论"思想，从而形成了唯物主义法学辩证法的科学方法论。

马克思对黑格尔唯心主义法哲学的批判和分析，以及对资产阶级法治观念、立法权等政治思想的系统认识，形成了唯物主义辩证法的科学方法论，为资产

---

① 黑格尔. 法哲学原理：或自然法和国家学纲要［M］. 范扬，张企泰，译. 北京：商务印书馆，1961：318-319.

② 中共中央马克思恩格斯列宁斯大林著作编译局. 马克思恩格斯全集：第3卷［M］. 北京：人民出版社，2002：78-79.

阶级法治实践的批判认识和科学的法治构想奠定了科学的世界观和方法论。

二、以经济基础的决定性驳斥"永恒公平论"

以蒲鲁东、德国社会党人阿·米尔伯格等人为代表的蒲鲁东主义，代表小资产阶级的利益，在当时的法国、瑞士、比利时、西班牙等国散布和兜售蒲鲁东的唯心主义法学观，宣扬绝对的"永恒公平"是立法权乃至支配其他一切的理性原则。马克思在《神圣家族》《哲学的贫困》以及《资本论》第 1 卷等文章、著作中深刻批判和分析了蒲鲁东主义的"永恒公平论"，对他们将法权看作社会基础的唯心主义法学观予以猛烈的抨击，揭示了公平正义的经济基础决定性，凸显了法与公平正义之间的关系。

首先，对公平正义"永恒性"的批判，揭示其产生和发展的社会规律。就蒲鲁东的观点来看，"永恒公平"是衡量一切社会的、法权的、政治的条件以及理论的、哲学的、宗教的原理，是一切人类社会行为的最高准则和唯一衡量标准。他将历史看作不断实现正义和平等的过程，将正义看作一种永恒的价值机制，是推动社会"进步的实现"的根本动力，以此提出了永恒正义和绝对平等的理念。

对此，马克思将蒲鲁东的上述观点看作对某种社会制度得以永恒存在的合法性辩护。在马克思、恩格斯等经典作家那里，社会公平和正义属于历史的范畴，在不同的社会历史时期其内涵存在差异。正如恩格斯在《论住宅问题》中所言："希腊人和罗马人的公平认为奴隶制度是公平的；1789 年资产者的公平要求废除封建制度，因为据说它不公平。"① 对永恒公平的诠释和追求会因为不同社会利益群体的差异性存在因人、因时、因地的变化。就价值目标来看，社会正义是任何民族、国家和阶级都在追求的，是一个永恒性的追求，但是并不代表社会正义范畴的永恒性。人们对社会正义的理解和诠释受到生产力和生产关系的决定性作用，在不同的社会中呈现出不同的社会尺度。此外，阶级属性也是影响人们对社会正义定性的一个关键性因素，即使在同一阶级社会中，阶级的差异也会产生对正义的不同解读，正如资本主义社会中的两大对立阶级：资

---

① 中共中央马克思恩格斯列宁斯大林著作编译局. 马克思恩格斯文集：第 3 卷［M］. 北京：人民出版社，2009：323.

产阶级和无产阶级就具有完全不同的正义理念。因此，对正义合理性的判断，要看其是否符合经济基础及其社会历史的发展要求。正如在资产阶级社会中，"永恒正义"不过是资本主义私有制的产物，"在资产阶级的司法中得到实现；平等归结为法律面前的资产阶级的平等"①。由此，公平正义的永恒性在现实社会中根本不存在，人们在观念中构想的所谓永恒，是对正义脱离物质生产条件的幻想，显然是一种小资产阶级乌托邦式的假想。

其次，批判以法权关系为社会基础的"永恒公平的理想"，揭示其现实的经济基础。蒲鲁东主义者的主要代表米尔柏格认为，公平观念总是表现为对现有经济关系的肯定或否定的法权态度，即社会的一切经济生活应该提升到经济法的高度，所有现象都严格遵循公平的要求，就是对"法的观念"的依循。

在马克思看来，这种在经济现实中找不到解答而逃到法权领域求助"永恒公平"的行为，是对现存经济制度的无知，是对法与经济真实关系的歪曲。他曾这样评价："对现存经济制度完全无知的人，当然更不能理解工人为什么要否定这种制度。他们当然不能理解，工人阶级企图实现的社会变革正是目前制度本身的必然的、历史的、不可避免的产物。"② 蒲鲁东主义从"法的观念"而不是诉诸经济规律，即只从经济关系是否符合"永恒公平"的观念角度展开对一切经济关系的批判，并未深入该社会工人剥削的实质性根源。

马克思表示，公平和正义并不仅是观念上的抽象形式，同时也"只是现存经济关系在其保守方面或在其革命方面的观念化、神圣化的表现"。将"永恒公平"看作社会最基本的、统治的、最高的原则和衡量一切人类行为的标准，作为经济和法权的决定性因素，是一种认识的颠倒，无法从根源上回答资本主义私有制及其无产阶级革命的论题。就马克思的观点来看，正是由于资本主义私有制的存在，才会产生工人的剥削和社会不公平、不正义的现象，也正是因为生产关系无法适应日益壮大和发展的生产力，才会有工人阶级的反抗和无产阶级革命事业。因此，对资本主义私有制的认识和批判、对无产阶级的发展和解放事业的实现，都应该站在唯物主义科学方法论的立场，从客观经济规律中把

---

① 中共中央马克思恩格斯列宁斯大林著作编译局.马克思恩格斯全集：第25卷［M］.北京：人民出版社，2001：372.

② 中共中央马克思恩格斯列宁斯大林著作编译局.马克思恩格斯文集：第3卷［M］.北京：人民出版社，2009：214.

握社会公平和正义。

最后，对建立在资产阶级抽象权利基础上的社会公平的批判，揭示资本主义权利平等的形式倾向。蒲鲁东对公平和正义问题的最初认识源于李嘉图的经济理论。在李嘉图看来，"投入商品的劳动量的或多或少，是其价值变动的唯一成因"①，一件商品贵贱的唯一衡量标准是为取得商品而付出的劳动的牺牲，因此商品的价值取决于劳动时间。在这一理论基础上，蒲鲁东立足于资产阶级抽象的权利范畴，认为工人作为劳动产品的创造者，应该对自己的产品拥有天然的权利，工人之间应该实行平均分配，而现阶段的资本主义社会对工人的剥削和对产品的无偿占有是一种"盗窃"行为，呈现出社会的不正义。

如前所述，马克思认为，权利不能超出现实社会的经济基础，阶级社会中的权利不可能是绝对平等的，他们所宣扬的"上帝面前人人平等""法律面前人人平等"不过是统治阶级为欺骗人民宣扬的形式上的平等。蒲鲁东主义建立在抽象权利基础上的社会公平和正义理论也必然带有社会制度倾向和形式主义色彩。仅仅从永恒公平和正义的层面判定资本主义"盗窃"的非正义属性，这种做法是不合理的。因为社会制度所服务的经济基础的先进性是这一制度正义性的根本判断标准。由此，权利的平等应该"到生产方式和交换方式的变更中去寻找"②，切实从现实社会的经济条件出发，而非诉诸形式意义上的、抽象的永恒观念。

三、以国家和法的历史必然性回击无政府主义与法律虚无主义

革命的 19 世纪，马克思主义和巴枯宁主义几乎同时诞生，并形成了长期的论战。巴枯宁主义主张废除国家及其一切机关，建立没有任何权威、每个社会成员都具有"绝对自由"的"无政府状态"的社会。通过对国家、政府权力以及权威的清算，巴枯宁主义也从根本上否定了法律和法治在一定社会历史阶段的必然性，产生了法律虚无主义倾向。由此，马克思、恩格斯以唯物史观，尤其是国家和法的历史必然性为理论出发点，与巴枯宁主义展开国家观、权威观

---

① ［英］李嘉图，［英］斯拉法. 李嘉图著作和通信集：第 4 卷［M］. 蔡受百，译. 北京：商务印书馆，1980：371.

② 中共中央马克思恩格斯列宁斯大林著作编译局. 马克思恩格斯全集：第 25 卷［M］. 北京：人民出版社，2001：395.

以及自由观的论辩，深刻揭示了巴枯宁主义的唯心主义缺陷，进一步深化了历史唯物主义法治思想。

一是关于共产主义初级阶段是否需要国家的争论。马克思和巴枯宁都主张通过革命的方式消灭资产阶级私有制和暴力工具资产阶级国家，正如巴枯宁所说，"我衷心希望无政府状态：只有无政府状态才能把我们不得不长期在其中苟延残喘的那种可诅咒的中庸状态中拖出来"①。马克思在《共产党宣言》中也表示，全世界的无产者联合起来，建立一个没有阶级和剥削的自由人的联合体。从未来社会的奋斗目标来看，马克思和巴枯宁有着相同的愿望，但是他们却在如何实现愿望的问题上产生了严重的分歧。巴枯宁反对一切国家权力和权威，认为"一切国家都是坏的，国家按其本性即它存在的目的和条件来看，是同人类正义、自由和道德直接对立的"②。要想实现人民的"绝对自由"，这些代表暴力、剥削、压迫的国家和政府都不应该存在。对此马克思并不认同。马克思认为无产阶级革命胜利后的第一步是"使无产阶级上升为统治阶级，争得民主"③，建立无产阶级国家。共产主义的实现并非一蹴而就，受到经济基础的影响需要经历一个过渡时期，这个过渡时期被列宁称为"社会主义"，此时期仍然需要依靠国家、法治等权威形式，阶级的统治"只能持续到阶级存在的经济基础被消灭的时候为止"④，无产阶级革命仍然建立在旧的社会和经济基础上，这就依赖于建构与旧社会相适应的政治形式，借助所谓的国家权威和法治权威在"社会的过渡状态"中达成对经济基础和社会的改造。当阶级统治赖以生存的经济基础一旦消失，其表现形式国家权威乃至法治权威也就自行消亡了。

二是关于权威观的辩论。国家和政府代表了权力的运行，因此谈到国家的问题，不可避免要说到权威。巴枯宁主义"否认一切立法，一切强权，一切特

① 中共中央马克思恩格斯列宁斯大林著作编译局.巴枯宁言论［M］.生活·读书·新知三联书店，1978：16.
② 中共中央马克思恩格斯列宁斯大林著作编译局.巴枯宁言论［M］.生活·读书·新知三联书店，1978：131-132.
③ 中共中央马克思恩格斯列宁斯大林著作编译局.马克思恩格斯文集：第2卷［M］.北京：人民出版社，2009：52.
④ 中共中央马克思恩格斯列宁斯大林著作编译局.马克思恩格斯文集：第3卷［M］.北京：人民出版社，2009：408.

权的、特许的、官方的、法律的影响"①，该主义认为，权威妨碍了人的自由，对社会来说是有害的。针对巴枯宁主义反对一切"权威"的态度，恩格斯在《论权威》一文中进行了严厉的批判和回击。恩格斯表示，权威是必要的客观存在，体现了服从与威慑的辩证统一，符合社会的客观条件和经济发展规律。正如在汪洋大海上航行的轮船，在危急关头只有绝对地服从一个人的意志才能实现对全员的拯救。权威亦是如此，在大生产发展中加强权威的作用，有助于社会化大规模生产的实现，从而推动经济和政治的协调发展。

三是关于"任性自由"与"建立在劳动实践活动基础上的自由"论辩。巴枯宁无政府主义将个人的绝对自由看作神圣不可侵犯的原则，认为"自由是一切成年男女无须求得任何人批准而进行活动的绝对权利，他们只听从自己的良心和自己的理性决定，他们的行动只能由自己的意志来决定"②。企图忽略社会性、阶级性和时代性基础，从纯粹价值机制层面建构纯粹的个性自由，将其看作绝对的、不受客观规律制约的"唯一"，实现人民的"绝对自由"。在他们看来，即使马克思所设想的所谓的"人民国家"，也是有特权的少数人对群众自上而下的管理，不能真正赋予人民以绝对的自由，"任何国家权利和任何政府就其实质和地位来说，都是被置于人民之外和凌驾于人民之上的"③，也就无法实现人民的"绝对自由"。对此，马克思一针见血地指出该观点的唯心主义理论基础，认为"人创造环境，环境也创造人。每个个人和每一代所遇到的现成的东西：生产力、资金和社会交往形式的总和，是哲学家们想象为'实体'和'人的本质'的东西的现实基础，是他们加以神化并与之斗争的东西的现实基础"④。人生活在自然界及社会历史中，必然受到自然规律、社会规律以及现实基础的约束，自由也是如此，脱离不了社会的经济基础和现实物质生活条件。从辩证法角度来看，自由和必然相互对立统一，自由在社会运行的过程中必然有属性和发展规律的限制，因此自由是有一定界限的，是在一定条件范围内的

---

① 巴枯宁. 上帝与国家［M］. 上海：华东师范大学出版社，2005：30.
② 中共中央马克思恩格斯列宁斯大林著作编译局. 巴枯宁言论［M］. 北京：生活·读书·新知三联书店，1978：73.
③ 巴枯宁. 国家制度和无政府状态［M］. 马骧聪，等译. 北京：商务印书馆，1982：147.
④ 中共中央马克思恩格斯列宁斯大林著作编译局. 马克思恩格斯文集：第 1 卷［M］. 北京：人民出版社，2009：545.

自由。马克思从劳动实践出发，在扬弃了欧洲哲学史上的积极自由和消极自由观念的基础之上，提出了社会劳动自由的科学自由观。

巴枯宁主义利用"任性自由"等口号鼓吹无政府主义和法律虚无主义，打着反对政党组织权威的幌子，实质是为了夺取第一国际的领导权，树立自己无政府主义理论的权威。然而，无政府主义的提案并未获得第一国际的通过，因此也打破了他们试图改变国际工人协会路线的阴谋，保障了工人运动沿着正确的方向继续发展。

第二节　马克思对资本主义法治现实的经济批判

按照经济基础决定上层建筑的基本原理，资本主义法治是生产资料私有制发展的必然结果。马克思对资本主义法治的批判并不只局限于法哲学、政治学，而深深扎根于资本主义生产方式的经济现实，洞悉资本主义法治虚伪性以及实质不平等、不自由的经济动因。可以说在"当前经济事实"基础上对资本主义法治实践的综合性批判，实现了批判性的主题转换和现实性的理论反思。本书从"拜物教观念—劳动—生产关系"三个角度层层递进，深刻揭示了资本主义法治虚伪性和狭隘性的经济根源。从商品、货币、资本、劳动等社会经济现象的法治形态分析到生产资料私有制的经济根源的层层剖析，是马克思经济批判思想从现象上升到本质的理论逻辑过程，同时也科学运用了马克思关于资本主义法治认识上的逻辑与历史相统一的方法论。

一、拜物教观念：制约现实社会法治遵循的主观要素

所谓"拜物教"，在马克思看来其形成机制源自资本主义社会独有的物化现象。按照马克思关于人类社会发展的"三形态说"①，资本主义社会形态的本质特征是"以物的依赖性为基础的人的独立性"。在这一形态下，"人"与"人"之间的社会关系被建立在人类劳动基础上的"物"与"物"之间的关系之上，

---

① 根据人的自由发展程度，马克思将社会发展形态大致分为三个阶段：第一阶段，"人的依赖关系"；第二阶段，"以物的依赖性为基础的人的独立性"；第三阶段，"自由个性"。

借助最普遍的商品交换的物化形态表现出来。在社会中表现为"异己的、独立的东西",并成为人的崇拜对象,支配和奴役现实社会中的"个人"。这种抛弃人本质的物化现象被马克思称为拜物教。从《资本论》经济批判的切入点来看,马克思对拜物教的批判实现了从商品、货币到资本的层层递进。资本主义社会中商品、货币和资本的拜物教观念内含违法的本能,与法治实践的现实遵循存在着的内在的张力,使国家呈现出一边倡导严格遵守法治、一边违反法律的历史尴尬,从而容易走入资本主义法治文明崩溃的险境。

其一,商品拜物教抹杀了劳动者的生产关系,在交换过程中形成了以"自由、平等、所有权"为特征、以契约关系为基本形式的法权模式。《资本论》开篇,马克思首先讨论的问题是"商品","将其视为资本主义社会现实最直接的显现"①,在商品拜物教及其商品交换过程中的法权形态的批判性考察中,资本主义法治的虚伪性和狭隘性得以表征。

在马克思看来,商品在现实社会中表现出来的"谜一般的性质"并不在于其使用价值和价值两个因素当中,而是隐藏于商品"这种形式本身"。商品的形式将劳动产品中隐藏的人的社会关系反映为产品本身的物的性质,从而形成了"物与物的关系的虚幻形式"②。在这样一个人与物颠倒的视像中,商品成了"视觉表象"的存在物和"符号意向"的承载物,发展为一种异己的力量来支配商品生产者个体,在列斐伏尔看来,"这一被拜物化的形式呈现两种性质:一是独立自主的抽象物,二是对现实关系的掩盖"③,如此,形成的对于商品的崇拜实质上是对此种关系的崇拜,产生了所谓的商品拜物教。马克思表示,商品拜物教是"对颠倒表象的误认",不仅客体的"本真物象"被遮蔽,而且主体的"本真关系"也被掩盖,形成一种"见物不见人"的经济状况。导致物的关系具有如此强大能力的假象的根本原因在于劳动社会性和劳动本身的物性之间的颠倒,正如马克思所言:"商品世界的这种拜物教性质……来源于生产商品的

---

① 夏莹. 拜物教的幽灵——当代西方马克思主义社会批判的隐形逻辑 [M]. 南京:江苏人民出版社,2014:114.

② 中共中央马克思恩格斯列宁斯大林著作编译局. 马克思恩格斯全集:第42卷 [M]. 北京:人民出版社,2016:817.

③ LEFEBVRE H. The Sociology of Marx. translated from the French by Norbert Guterman [M]. Columbia:Columbia University Press. 1975:47.

劳动所特有的社会性质。"① 商品生产源于相互独立的私人劳动的结果，想要建立物与物之间的社会性质，最核心的媒介是商品交换。由此给人带来这样一种假象，即"商品世界"的社会生产关系直接表现为"物的关系"和"物之间的社会关系"②，劳动者所体现的社会关系似乎不是那么明显和直接。正是在这样一种被假象和拜物教包围的商品世界中，商品被迫与劳动及其劳动中的社会关系相分离，以建立契约关系的法权形式承认交换领域私人占有商品的所有权。商品交换的法权意义在于它是商品交换者的一种意志行为，"实质上是以契约为中介，通过互相转让而互相占有"③。作为意志关系的特定表现形式，交换主体在契约形成的法权关系中负有对商品的私人占有，并承认商品面前人人平等以及主体自由表达交换意愿和选择交换对象的权利，这样就赋予了商品交换以"自由、平等、所有者"的价值特征。

在马克思看来，商品拜物教基础上的法权形态具有社会历史局限性。首先，这种法权形态在商品拜物教性质及其观念中承认私人占有的合法性，却遮蔽了生产领域中劳动者创造商品的私人劳动成果，掩盖了商品生产中的不平等、不自由因素。因此，法律上对商品交换的"自由、平等、所有权"的承认具有片面性，没有看到深层次关于私人利益的因素。其次，私人劳动和社会劳动之间的矛盾，成为商品经济领域法权稳定性的"阿喀琉斯之踵"。商品交换领域中的契约关系以承认"对自己劳动的所有权和自由支配权"④ 为前提，是带有私人目的的生产和交换，因此具有私人性。同时，应社会分工和需求的社会性，资本主义生产不可避免地具有社会性质。由此，二者之间必然引发社会冲突，容易形成资本主义经济危机，具有打破契约关系、违反法治规定的潜在性危险。最后，马克思从劳动价值论入手，揭开商品拜物教及其背后法权关系的谜团。马克思表示，劳动价值论不仅肯定了客观劳动时间对价值量大小的决定作用，

---

① 中共中央马克思恩格斯列宁斯大林著作编译局．马克思恩格斯全集：第44卷［M］．北京：人民出版社，2001：90.

② 中共中央马克思恩格斯列宁斯大林著作编译局．马克思恩格斯全集：第44卷［M］．北京：人民出版社，2001：90.

③ 中共中央马克思恩格斯列宁斯大林著作编译局．马克思恩格斯全集：第31卷（下）［M］．北京：人民出版社，1998：357.

④ 中共中央马克思恩格斯列宁斯大林著作编译局．马克思恩格斯全集：第31卷［M］．北京：人民出版社，1998：70.

而且还肯定了生产者在商品中的主体地位，深刻揭示了商品拜物教的产生及其法权形式形成的生产资料私有制根源。想要改变经济及其政治上的负面影响，其根本是要变革以私有制为基础的生产关系。

其二，货币拜物教凸显资本主义权利形式化趋向，与"真正平等"的法治价值形成内在冲突。关于货币拜物教，马克思在《1844 年经济学哲学手稿》中首次提出，并在后来的《经济学手稿 1857—1858 年》和《资本论》中扬弃了早期费尔巴哈人本主义色彩的异化思想，对该问题展开系统的经济学分析。所谓货币拜物教，强调作为劳动产品交换过程中介的货币，在社会活动中异化为一种独立的、脱离人的社会关系的物质属性，反过来成为统治人的真正权力，将人变为货币的奴隶，以对货币的崇拜作为目的自身。在马克思看来，货币拜物教是商品拜物教不断演进的结果，同样受到资本主义私有制生产关系的决定性影响。

马克思揭示了货币神性在当代显形的三重因素。一是商品拜物教基础上物的关系对人的关系的遮蔽，导致了货币作为金和银背后的"社会生产关系"，人们将货币的自然形式视为人的属性和社会关系，把货币以"抵押品"的形式看作社会联系的"物化"，从而赋予了货币以神性；二是商品流通过程中使用价值日益弱化，以货币为表现形式的价值日益成为社会的主导，成为人们竞相追逐的主要目标，使用价值和价值之间的颠倒"直接导致了货币障眼法的狼烟四起"①；三是资本主义社会商品交换过程中货币被看作是"人类劳动的直接化身"，成为人们通往社会现实的唯一出路，正如哥伦布所说："谁有了它，谁就成为他想要的一切东西的主人。有了金，甚至可以使灵魂升入天堂"②，赤裸裸的"金钱置上"观念成为人们对货币痴迷和崇拜的主观因素。

在拜物教性质和观念的影响下，人的有效需求、激情乃至愿望等都建立在货币的基础上，正如马克思所言："如果我没有供旅行用的货币，那么我也就没有旅行的需要，就是说，没有现实的和可以实现的旅行的需要。如果我有进行研究的本领，而没有进行研究的货币，那么我也就没有进行研究的本领，即没

---

① 张一兵. 回到马克思：经济学语境中的哲学话语［M］. 南京：江苏人民出版社，2014：666.

② 中共中央马克思恩格斯列宁斯大林著作编译局. 马克思恩格斯全集：第43卷［M］. 北京：人民出版社，2016：126.

有进行研究的有效的、真正的本领。相反，如果我实际上没有进行研究的本领，但我有愿望和货币，那么我也就有进行研究的有效的本领。"① 如此这般，我们可以看到，在资本主义货币拜物教的社会环境中，货币或者说财富的支撑力对人的权利的基本来源及其具体限度具有根本决定性作用。由此，资本主义法治对于人民在政治上、生活上权利的具体规定，不过是一张无法兑现的空头支票，人的权利的实际形式还是由人对金钱、货币的拥有能力来决定的，足见资本主义社会权利的形式化趋向和"法律面前人人平等"、法治民主、自由、平等的虚伪性。

其三，资本拜物教激发人们的"致富欲望"，在统治阶级和被统治阶级内部产生违法本能，资本突破既定的扩张本能与法治设定的限制本能之间形成内在的张力。在《资本论》中，马克思明确了货币转化为资本的重要媒介，即"只有当生产资料和生活资料的占有者在市场上找到出卖自己劳动力的自由工人的时候，资本才产生"②。在资本主义社会的雇佣关系中，资本家以货币的形式购买劳动力商品，通过控制生产活动来无偿占有和剥夺工人创造的剩余价值，以实现货币向资本转化并达到资本增殖的目的。在这一转化过程中，人的性质转变为自然的性质，资本成为这样一个"颠倒的世界"的主体，而货币也拥有了对他人劳动及其产品的支配权。货币拥有者作为人格化的资本，成为资本家，以"绝对的致富欲"和"价值的追逐狂"的形象开展谋取利润的无休止运动和实现资本的价值增值。这样，资本就超越了人的社会关系，一方面是人们满足欲望和价值追求的根本目标；另一方面作为支配和控制人作为商品的劳动力，形成了所谓的资本拜物教。

在马克思看来，资本拜物教视域中的资本积累和资本增殖内在地表现出资本的违法本性，主要集中于"资产阶级"和"无产阶级"之中。就"资产阶级"来看，一方面，资产阶级对资本原始积累的直接掠夺行为使得资产阶级法治成为一纸空文。资产阶级利用法律宣称私有财产神圣不可侵犯，然而在资本的原始积累过程中却存在大量与此格格不入的经济事实。马克思以英国对农民

---

① 中共中央马克思恩格斯列宁斯大林著作编译局 . 马克思恩格斯全集：第 3 卷［M］. 北京：人民出版社，2002：363.

② 中共中央马克思恩格斯列宁斯大林著作编译局 . 马克思恩格斯全集：第 44 卷［M］. 北京：人民出版社，2001：198.

的土地掠夺为例指出，国王亨利七世和八世都颁布过禁止剥夺农民土地、房屋的法令，但从 15 世纪末就开始的暴力掠夺持续了 150 年都未曾停止，当新的经济力量崭露头角，代表这种力量的新阶级就会在"丝毫不遵守法律成规的情况下"①，改变旧的生产关系。此外，资本本身具有无序潜能，对资本利润的追逐潜在地推动资本家对法治产生无视的态度，正如马克思所言：资本家"为了 100% 的利润，他就敢践踏一切人间法律；有 300% 的利润，他就敢犯任何罪行，甚至冒着绞手的危险"。如此这般，资本包含的违法本能在资本原始积累和价值增值中便一目了然了。

另一方面，资产阶级法治成为统治阶级进行资本积累的工具。在原始资本积累中，剥夺人民财产成为法律层面的合法行为，如英国议会通过的"公有地圈围法"获得资本剥削的大量自由劳动力和劳动资料，就是最好的证明。即使资本主义处于发达阶段，资本作为"对无偿劳动的支配权"，对工人创造的剩余价值的剥削和攫取权力"不是一种个人力量，而是一种社会力量"②，作为一种合法性行为而存在。可见，资本主义法治是为统治阶级利益而服务的，作为被统治的无产阶级徘徊在法律保护之外，这就为无产阶级必然违法奠定了社会基础。就"无产阶级"而言，如前所述，在私有制基础上，资本家对劳动者创造的剩余价值的无偿占有和剥削，导致无产者生活更加贫困。"当无产者穷到完全不能满足最迫切的生活需要，穷到要饭和饿肚子的时候，蔑视一切社会秩序的倾向也就愈来愈增长了。"③ 这就必然引起社会革命以打破旧有的国家机器和法律形态，反抗那些对无产者实施剥削而在统治阶级意义上具有合法性的行为和政治基础。如此，私有制基础上资本拜物教的违法本性，使得资本主义社会内部必然产生统治阶级和被统治阶级的违法现象，对资本主义法治文明的发展和巩固造成巨大的冲击。

---

① 中共中央马克思恩格斯列宁斯大林著作编译局.马克思恩格斯全集：第 42 卷［M］.北京：人民出版社，2016：744.
② 中共中央马克思恩格斯列宁斯大林著作编译局.马克思恩格斯文集：第 2 卷［M］.北京：人民出版社，2009：46.
③ 中共中央马克思恩格斯列宁斯大林著作编译局.马克思恩格斯全集：第 2 卷［M］.北京：人民出版社，1957：400.

二、异化劳动和雇佣劳动：法治与自由相背离的现实基质

资本主义生产方式是流通过程和生产过程的有机统一。然而，流通过程中的商品、货币和资本拜物教仅局限于经济现象之中，"不包含自我更新的原动力"①，也"不创造交换价值"②，因此无法从根本上挖掘资本主义生产方式的法权特点。在马克思看来，资本主义法治根源于创造交换价值的生产领域，并集中于劳动活动，将其概括为："劳动＝创造他人的所有权，所有权将支配他人的劳动。"③ 由此，马克思找准了资本主义法治经济批判的入口，即从异化劳动—雇佣劳动—异化劳动与雇佣劳动结合的递进式过程，实现由浅入深、由现象上升到本质的思想发展，层层递进揭开了资产阶级利用法治工具剥削人民和工人创造的剩余价值的本质事实，深刻披露了资本主义社会的人权法治形态。

异化劳动导致"人的异化"以及资本主义社会的法律异化。马克思在对"异化劳动"的研究过程中，深刻揭示了资本主义社会的法律异化形态及其经济异化基础，抨击了异化了的社会对人的价值的蔑视和对人的个性的践踏。在《1844年经济学哲学手稿》中，马克思系统阐释了劳动异化的四个规定：一是人与劳动产品的异化，即工人生产的劳动产品不能归工人自己所有，反而受资本的控制，成为一种异己的敌对力量，是异化劳动在结果上的最直观表现；二是人与劳动过程的异化，即面对生产力的不断提高，人逐步沦为劳动机器，成为社会大生产的一部分；三是人同人的"类本质"的异化，人的"类本质"是"自由的有意识的活动"，即劳动，在资本主义社会劳动成为一种外在的、强制性的活动，成为个人维持基本生活的手段；四是人与人的异化，资本主义社会大生产视域下资产阶级与无产阶级之间的剥削、统治关系就是人与人之间社会关系产生异化的集中表现。

劳动作为人类最基本的、共有的本质，劳动的异化必然导致人的异化，这

---

① 中共中央马克思恩格斯列宁斯大林著作编译局．马克思恩格斯全集：第31卷［M］．北京：人民出版社，1998：367.

② 中共中央马克思恩格斯列宁斯大林著作编译局．马克思恩格斯全集：第31卷［M］．北京：人民出版社，1998：375.

③ 中共中央马克思恩格斯列宁斯大林著作编译局．马克思恩格斯全集：第30卷［M］．北京：人民出版社，1995：192.

种异化在资本主义社会中以人的依赖关系和压迫关系为基础。一方面，人为了生存和生活，需要依赖劳动创造价值，从资本家那里获得维持基本生活的工资，这样在一定程度上就受到劳动和资本家的双重奴役，工人自己创造出来的东西成为一种敌对力量，完全剥夺了一切人性，导致工人的贬值化和非人化；另一方面，马克思指出经济异化是法律异化的基础，建立在私有财产占有基础上的人与人之间的相互关系发生异化，占有私人财产绝对优势的那部分人从"人类"群体中分割出来形成资产阶级，并借助资产阶级法治和国家意识形态，企图用形式上的平等掩盖实质的不平等，维护资产阶级自己的特权，通过承认剥削和奴役的合法性，明目张胆地从工人那里获得更多的劳动产品和资本。

在如此形势之下，以工人阶级为主要成分的无产阶级并没有从资本主义法治形态中获得真正的权利，没有享受实质上的平等，反而陷入了穷困潦倒的境地。在马克思看来，法治作为上层建筑是经济基础和生产方式的特殊表现形式。在以劳动异化和私有制为基础的经济关系中，资本主义法治无论立法、司法还是选举等制度中都体现了对统治阶级的私人利益和私有财产的维护和保障，是资本主义社会异化的集中体现。

雇佣劳动与资本增殖的相互作用以及资本主义制度对人权的奴役和压迫。马克思运用历史唯物主义方法找到了从根本上揭示资本主义社会雇佣劳动与资本的相互关系，并从雇佣劳动制度的典型案例中明确了资本主义法治的血腥色彩与工具用途。

《雇佣劳动与资本》中，马克思摆脱了早期对异化劳动的抽象人本主义色彩，从经济学意义上，也就是从劳动和资本的关系角度入手阐释了资本主义社会"雇佣劳动"的本质，实现了从"人与人的物化关系"到"资本与雇佣劳动关系"批判逻辑的发展。在马克思看来，雇佣工人和雇佣劳动出现的前提是："劳动力是一种商品，是由其所有者即雇佣工人出卖给资本的一种商品"[①]，虽然这里马克思还未明确区分劳动和劳动力的概念，但从用同术语表达了劳动力作为"商品"的属性。工人为了维持基本的生存将自己的劳动力出卖给资本家，对工人而言，劳动不是为了获得劳动产品而是为了工资，如此工人在这个意义上就成了雇佣工人，其劳动行为就发展为雇佣劳动。

---

① 中共中央马克思恩格斯列宁斯大林著作编译局．马克思恩格斯文集：第 1 卷［M］．北京：人民出版社，2009：715.

　　马克思指出，雇佣劳动是一个历史的范畴，是在货币发展为资本的过程中形成的。因此，资本和雇佣劳动之间是相互依存、互为前提的关系，资本必须以雇佣劳动实现自我增殖的本性，而雇佣劳动也只有在资本的奴役下才能成为增加资本的雇佣劳动。从资本主义生产意义上来说，"雇佣劳动是设定资本即生产资本的劳动"①。由此，我们可以看到工人阶级受剥削受奴役的真正根源在于资本和雇佣劳动的结合，并且工人这种生活现状还被统治阶级通过立法确定下来，资产阶级的"工资法"就是很好的例证。马克思指出，英国的"工资法"利用法律限定最高工资的现象已经长达400年，以伊丽莎白的"学徒法"为例，该法的第18条和19条明确规定，对于社会上出现的高工资现象，支付人监禁10天，而接受高工资的人被规定监禁21天。如此看来，出卖劳动力的被支付人与作为有产阶级的支付人相比，法律上的惩罚存在根本性的差异，资本主义法治的不平等也可见一斑。从这一案例也可以看到，资产阶级正是借助工资立法限制工人的工资，从而保证资本家获得高额的利润。工人只能通过延长工作时日满足基本的生活资料，这也进一步加剧了资本家对工人的剥削。由此可见，资产阶级法治不过是资本家赚取高额利润的工具。

　　此外，针对资本的血腥掠夺，大量被剥夺者成为流浪者和贫民。对此，资产阶级政府将矛头对准乞丐和流浪者，颁布和实施一系列法令，对他们施行鞭打、监禁乃至处死的惩罚。马克思总结说："这样，被暴力剥夺了土地、被驱逐出来而变成了流浪者的农村居民，由于这些古怪的恐怖的法律，通过鞭打、烙印、酷刑，被迫习惯于雇佣劳动制度所必需的纪律。"② 资本主义法治背后的资本维护和雇佣劳动中劳动者的被压迫、被奴役状态表现得淋漓尽致，建立在法律上平等的人缔结契约的劳动力买卖双方在社会生产领域中的权利不平等现象也日渐清晰。

　　"劳动"背后的剩余价值剥削揭示了工人自身作为劳动力商品的不平等和不自由。马克思早期或注重探讨异化劳动，或注重批判雇佣劳动，直到《1857年—1858年经济学手稿》，他才将异化劳动看作雇佣劳动的一个内在规定，"对

---

　　① 中共中央马克思格斯列宁斯大林著作编译局 . 马克思恩格斯全集：第30卷 ［M］. 北京：人民出版社，1995：455.
　　② 中共中央马克思格斯列宁斯大林著作编译局 . 马克思恩格斯全集：第42卷 ［M］. 北京：人民出版社，2016：756.

雇佣劳动产生的历史条件的考察，也就是对劳动异化产生的历史条件的考察"①，实现了异化劳动和雇佣劳动的结合，深刻揭示了资本逻辑支配生产过程的社会现实，明晰了资产阶级人权的剥削实质。

资本主义社会劳动力作为一种特殊的商品，表面上是按照自己的自由意志用等价物交换等价物的平等交换，即一方支付货币，另一方出卖劳动力。但从商品的二重性来看，劳动力商品蕴含着价值和使用价值的不等量因素，资本家所致富的那部分是劳动力的价值，但却无偿占有了劳动者所创造的剩余价值。"资本主义生产的目的在于用一定量的财富得到尽可能多的剩余产品或剩余价值"②，资本家所竭力主张的资本权利的平等，强调的是资本面前人人平等，即等量的资本所获取的剩余价值利益和权利都应该是等量的，所谓的平等只局限于资本家之间的资本平等，正如马克思所揭露的："平等地剥削劳动力，是资本的首要的人权。"③ 因此，异化劳动和雇佣劳动相结合视域下资本对剩余价值的平等追求，是不折不扣的资本权利的平等，是建立在工人自由之上的平等。

从马克思所提到的"英国工厂法"来看，为了节制资本无限度地榨取劳动力的渴望、缓和阶级矛盾和阶级斗争，从 1802 年开始，英国逐渐展开工厂立法，并在 1867 年得到普遍实行。工厂立法在一定程度上规定了"合理"工资和工作日界限等，为工人带来了一定福利。但究其实质来看，工厂立法并不想从根本上触犯资本榨取剩余劳动的自由。诸如，英国 1833 年的工厂规定早五晚八点半的普通工作日时间，但工厂主却以"换班制度"，"让驿马不是在一定的驿站换班，而是在不固定的驿站上一次又一次地被套上跑下去"④。此外，工厂主对工厂法的对抗，在司法上取得了合法性认证，由于"法庭上坐的是工厂主先生，他们是自己审问自己"⑤，所以在现实社会中工厂主对工厂法的任意违背在

---

① 顾海良. 马克思"不惑之年"的思考［M］. 北京：中国人民大学出版社，1993：179.
② 中共中央马克思恩格斯列宁斯大林著作编译局. 马克思恩格斯全集：第 34 卷［M］. 北京：人民出版社，2008：638.
③ 中共中央马克思恩格斯列宁斯大林著作编译局. 马克思恩格斯全集：第 42 卷［M］. 北京：人民出版社，2016：294.
④ 中共中央马克思恩格斯列宁斯大林著作编译局. 马克思恩格斯全集：第 44 卷［M］. 北京：人民出版社，2001：324.
⑤ 中共中央马克思恩格斯列宁斯大林著作编译局. 马克思恩格斯全集：第 42 卷［M］. 北京：人民出版社，2016：290.

司法层面是难以解决的。总的来说，工厂法只是换了一种剥削方式对工人展开资本的剥削，工人劳动始终是雇佣劳动和异化劳动的集中体现，被排除在资本主义法治的自由和平等之外。

三、生产资料私有制："私人利益"合法化的经济实质

追求资本利益、唯利是图的资本家不可能满足商品流通领域的等价交换。为了探究资本主义社会的剥削实质，马克思将其研究视线集中到了生产活动中，从生产力和生产关系的基本矛盾中寻求现实问题的答案。生产活动有两个因素组成：一个是生产力，另一个是生产关系。在马克思看来，资本主义法治问题的根源是资本主义生产关系，即生产资料私有制，与生产力不存在直接联系。正如马克思所言，在社会生活中会产生与生产力发展相适应的生产关系，"这些生产关系的总和构成社会的经济结构，即有法律的和政治的上层建筑竖立其上并有一定的社会意识形式与之相适应的现实基础"①。生产关系成为法律及其上层建筑的决定性因素，法治作为法律的治理形态和政治上层建筑的重要组成部分，应该集中于"物质生产资料本身"，即在生产关系中探索其不平等性的社会根源。

"生产关系"是马克思和恩格斯创造性地提出唯物史观的"核心概念"，强调"一定历史发展形态的生产方式以及与之相适应的社会生产关系和人们之间的交往关系"②，是政治经济学的研究对象。就马克思的观点来看，生产关系的社会形式包含生产资料所有制、人们在生产中的地位和相互关系、产品分配的形式等等，其中具有决定性作用的是生产资料所有制，即生产资料归谁所有的问题。"生产者相互发生的这些社会关系，他们借以互相交换其活动和参与全部生产活动的条件，当然依照生产资料的性质而有所不同。"③ 在资本主义经济制度下，商品生产发展到最高阶段，劳动力也成为商品，资本家在占有生产资料

---

① 中共中央马克思恩格斯列宁斯大林著作编译局. 马克思恩格斯全集：第31卷［M］. 北京：人民出版社，1998：412.

② 许光伟. 保卫资本论——经济形态社会理论大纲［M］. 北京：社会科学文献出版社，2014：303.

③ 中共中央马克思恩格斯列宁斯大林著作编译局. 马克思恩格斯文集：第1卷［M］. 北京：人民出版社，2009：724.

的基础上以剥削雇佣劳动来实现资本的增殖，并且将这一所有制关系上升为"法的关系"，从上层建筑的法律规定中确立了资本主义私有制的"现实形态"。这样，建立在资产阶级和无产阶级两级对立剥削的私有制基础上的"交往形式"就表现为三种样态。

一是"资本"与"劳动"的对立。如前所述，资本和劳动尤其是劳动力之间具有相互制约和对立的关系。然而，在《资本论》中，马克思借助劳动价值论和剩余价值论，进一步挖掘了其对立的根源。他表示，生产具有二重性，既是生产使用价值的过程，也具有价值增值作用。从劳动力来看，劳动力生产过程中的价值增值是由其使用价值决定的，是由剩余劳动时间创造出来的，而劳动力自身的价值却由交换价值决定，由其必要劳动时间创造，两者是"完全不同的量"。马克思指出，资本家正是认识到了资本和劳动对立中存在的这种价值"差额"，才打着"自由、平等、所有权"的口号，凭借雇佣劳动制度及相应的法律制度对工人阶级的剩余价值进行剥削。

二是"利润"与"工资"的对立。从资本和劳动的对立关系中延伸出来，我们可以看到占有资本的资本家为了实现资本的增殖，获取利润，不断奴役和压迫工人阶级付出劳动力；除劳动力以外一无所有的工人阶级为了挣得工资维持基本生活被迫参与到生产活动中，受资本家奴役和剥削。由此，工人与资本家形成了"为买而卖"和"为卖而买"[①] 的目的，导致了"利润"和"工资"的对立，其根本还是归结于资产阶级攫取占有剩余价值的不平等关系。

三是"有产"与"无产"的对立。资本和利润作为生产资料在物质上的表现形式，全部掌握在资本家手中，组成了所谓的"有产者"，而工人除了劳动力之外一无所有，形成了"无产者"。资本主义社会逐渐演变为资本或私有财产的统治，因此有产者和无产者之间也就形成了剥削与被剥削、奴役与被奴役的经济关系。这一社会现象形成的根本原因在于资本主义私有制，即生产资料分配不平等、不公正。

总而言之，资本主义社会生产资料私有制以"最下流、最龌龊、最卑鄙和

---

① 中共中央马克思恩格斯列宁斯大林著作编译局. 马克思恩格斯全集：第21卷［M］. 北京：人民出版社，2003：428.

最可恶"① 的方式对剩余价值无偿占有和剥削，是社会不平等的经济根源。

资本主义法治是经济关系的意志反映。马克思在批判意志自由的基础上明确了在任何社会"法的关系，是一种反映着经济关系的意志关系"②。

以土地所有权为例，马克思指出土地自由私有权的法律观念强调土地所有者可以自由处理自己的土地。然而土地的利用与滥用并不能仅仅通过这种观念来解释，需要依赖于不以他们为转移的经济条件。正如这种法律观念"在古代世界，只是在有机的社会秩序解体的时期才出现；在现代世界，只是随着资本主义生产的发展才出现"③，不同时期、不同国家的法治体系和法律形式都与该时期的经济发展形势相适应，是对一定经济关系的法的意志反映。

在马克思看来，资本主义法治的产生和发展不是一蹴而就的，而是经历了从商品交换领域中人的法律因素的产生到法治具体形式的发展过程。

首先，人的法律因素的产生源自商品交换。随着社会分工的不断扩大，人们需求的差异性导致交换成为社会的必需。交换主体作为私人利益的代表，为了保证在交换行为中"自愿交易"，"谁都不用暴力占有他人的财产"，实现经济范围内的自由和平等，"他们在交换行为中作为这样的人相对立：互相承认对方是所有者，是把自己的意志渗透到自己的商品中去的人，并且只是按照他们共同的意志，就是说实质上是以契约为中介，通过互相转让而互相占有。这里边已有人的法律因素以及其中包含的自由因素"④。人的法律因素是一种实现公平和自由的选择意向，在一定程度上防止商品流通过程中产生暴力冲突，保障交换者自由选择交换对象、交换产品，自由选择是否交换等行为，以保障社会秩序的稳定。然而，还要明确一点，这种人的法律因素只是观念上的法律需求，是一种意志关系，与此同时它也是现实"法律""法治"得以形成和发展的社会条件，对法律和法治的形成和发展具有非常重要的影响。

---

① 中共中央马克思恩格斯列宁斯大林著作编译局．马克思恩格斯全集：第 44 卷 [M]．北京：人民出版社，2001：873．

② 中共中央马克思恩格斯列宁斯大林著作编译局．马克思恩格斯全集：第 44 卷 [M]．北京：人民出版社，2001：103．

③ 中共中央马克思恩格斯列宁斯大林著作编译局．马克思恩格斯全集：第 25 卷 [M]．北京：人民出版社，1974：696．

④ 中共中央马克思恩格斯列宁斯大林著作编译局．马克思恩格斯全集：第 31 卷 [M]．北京：人民出版社，1998：357．

运用从抽象到具体的方法，马克思深刻分析了资本主义法治，揭露了该社会形态中剩余价值剥削的秘密。就马克思的观点而言，资本主义社会建立在机器引发的劳动力买者和卖者基础上的法权关系，"使全部交易本身失去了自由人之间的契约的外表"①。例如马克思所提到的工厂主对大量女工和童工进行劳动力剥削的现象，就是法权与自由背道而驰的最好例证。他们利用所谓的司法、警察等法治制度保护私有财产的形式平等，以"法治国家"标榜自由、平等、民主，其实质是借用法治的外表行强权之实，是经济强制的表现手段。正如罗马奴隶的锁链一样，资本主义法治也是系在雇佣工人身上的一条看不见的链子，在形式平等的外衣下，通过劳动力的买卖实现对工人阶级创造的剩余价值的剥削和攫取。因此资本主义法治不过是为了保护私有制、确立资本增殖的社会形态长期存在而服务的，是现实政治生活对经济关系的一种意志反映。

第三节　马克思对资本主义法治实践的政治批判

法治是政治形态的重要组成部分，马克思对资本主义法治的政治批判，集中于对马克思所处社会的法治实践本身的批判。所谓的法治实践本身，既包含了依"法"治理的法理依据，也囊括了依法"治"理的运行模式及其相应的社会政治环境。马克思以现实批判为出发点，结合资产阶级宪法、工厂法、出版法、刑法等部门法和立法、司法、执法、守法等法治实践体系，从阶级偏私、伪善的民主政治以及政治解放的不彻底性揭露了资本主义法治的虚伪性、不平等性和价值局限性，明确了资产主义法治的本质特征和阶级实质。

一、阶级偏私是资本主义法治虚伪性的政治根源

资本主义法治作为上层建筑的重要组成部分，其现实基础取决于"那些决不以个人'意志'为转移的个人的物质生活，即他们的相互制约的生产方式和

---

① 中共中央马克思恩格斯列宁斯大林著作编译局.马克思恩格斯全集：第44卷［M］.北京：人民出版社，2001：457.

交往形式"①。在资本主义国家，建立在私有制基础上的社会必然导致强势的资产阶级和弱势的无产阶级的根本对立，国家和法治作为统治阶级的统治工具，则不可避免地存在着阶级偏私。"现在的各国政府尽管向工人谄媚，但是它们清楚地知道，它们唯一的支柱是资产阶级，因此它们可以利用和工人友好的言辞去恐吓资产阶级，但是决不可能真正反对它。"② 法治作为民主、自由、平等的社会保障，在资本主义社会中产生了阶级偏私和法治公权的"二律背反"，从而成为资产阶级法治虚伪本质的政治根源。

　　资本主义法治是"被奉为法律"的资产阶级的意志。在《共产党宣言》中，马克思表示，资产阶级的"法不过是被奉为法律的你们这个阶级的意志一样"③，是由共同利益决定的具有国家形式的共同意志的表现。在资本主义社会中，资产阶级作为统治阶级，一方面通过"个人利益"的"自我舍弃"，实现统治阶级"整体意志"的法律化，另一方面以"国家"这种政治形式为中介，将"整体意志"上升为国家意志，实现法治的国家意识形态性，并获得全社会成员一体遵循的效力，实现统一政府和统一法治的建立。因此，资本主义法治不过是资产阶级意志的表现，是在资产阶级法律面前人人平等和法律承认自由竞争基础上的政治产物，其根本目的是维护资产阶级的统治和根本利益，正如马克思所言："自我舍弃是在个别场合，而利益的自我肯定是在一般场合。"④以宪法为例，马克思认为资产阶级宪法的首要目标是确立资产阶级的统治，因此，"宪法所说的结社权显然只是指容许那些能与资产阶级统治，即与资产阶级制度相协调的社团存在"⑤，以宪法为媒介赋予资产阶级特权形式和私人利益以合法性。

<hr />

① 中共中央马克思恩格斯列宁斯大林著作编译局. 马克思恩格斯全集：第3卷［M］. 北京：人民出版社，1960：377.
② 中共中央马克思恩格斯列宁斯大林著作编译局. 马克思恩格斯文集：第10卷［M］. 北京：人民出版社，2009：302.
③ 中共中央马克思恩格斯列宁斯大林著作编译局. 马克思恩格斯文集：第2卷［M］. 北京：人民出版社，2009：48.
④ 中共中央马克思恩格斯列宁斯大林著作编译局. 马克思恩格斯全集：第3卷［M］. 北京：人民出版社，1960：378.
⑤ 中共中央马克思恩格斯列宁斯大林著作编译局. 马克思恩格斯全集：第10卷［M］. 北京：人民出版社，1998：180.

资产阶级"通过强制性法律来实现它对自由工人的所有权"①。在资本主义社会内部，统治阶级通过宪法和法律给予了无产阶级、农民阶级和小资产阶级等普选权，赋予了他们以政治权力，为他们勾画了一个自由、民主的理想王国。但是在现实生活中，契约的法律虚构则成为一条看不见的线，牵制着工人阶级这种独立的假象。法治成为资产阶级对待工人的一种武器、一条鞭子，"当工人把他逼得太紧的时候，他就用法律来对付他们。"② 因此，资本主义国家中无产阶级是不受到法律保护的，相反他们是法律实施惩罚的对象，例如为了惩治因环境所迫的乞丐、盗贼、流浪者而颁布的血腥法律，正是资产阶级法治阶级偏私性的典型呈现。虽然，工人运动频发使得资产阶级意识到自身制度的不足从而不断改善和发展资产阶级法制，例如"劳动保护法""工厂立法""十小时工作日法案""银行法"等一系列法案的颁布和实施，在一定程度上劳动者的权利逐渐得到了保障，但这不过是资产阶级借助于法治将专制和剥削盖上一层合法的面纱，其最根本的资本主义关系，即资本家阶级和雇佣工人阶级之间的对立却并未改变，劳动的法律不过只是一纸空文，权利的虚置问题仍然没有得到解决，成为无产阶级社会地位的无形枷锁。正如斯大林的评价：资产阶级借助于"工人壮健的手臂"，取得了反对专制政权斗争的胜利，随之他们将这一成果占为己有，只凭借"残缺不全的宪法"，赋予人民些微权利，"这个宪法在践踏工人的要求、只给人民一种自由的幻影方面，将不亚于专制制度"③。

资产阶级和无产阶级之间的根本对抗，使得公共法治无法真正实现。而资产阶级作为统治阶级，必然存在阶级上的偏私，以法律的无形枷锁牵制着无产阶级，实现政治上的统治和经济上的剥削，违背了法治的公平、正义、自由和平等原则，带着法治合法性的面纱欺压穷人，彰显了其虚伪性本质和内涵。因此，如果不能从制度根源上彻底颠覆，真正消灭阶级，将无产者的利益上升为普遍利益，那么阶级对立就依旧存在，而法治实践上的阶级偏私就不可避免。

① 中共中央马克思恩格斯列宁斯大林著作编译局. 马克思恩格斯全集：第44卷［M］. 北京：人民出版社，2001：622.

② 中共中央马克思恩格斯列宁斯大林著作编译局. 马克思恩格斯全集：第2卷［M］. 北京：人民出版社，1957：399.

③ 中共中央马克思恩格斯列宁斯大林著作编译局. 斯大林全集：第1卷［M］. 北京：人民出版社，1953：23-24.

二、伪善的民主政治凸显资本主义法治的实质不平等

关于伪善的民主政治，恩格斯曾在《大陆上社会改革的发展》的"法国篇"中这样说过："民主制和其他任何政体一样，归根结底是自相矛盾的，虚假的，无非是一种伪善（我们德国人称之为神学）。政治自由是假自由，最坏的奴隶制；是自由的假象，因而是实在的奴役制。政治平等也是这样。"① 与恩格斯的想法一致，马克思在高度评价了资本主义法治中的民主性精华和法律文化的同时，也深刻认识到资本主义社会政治制度的伪善性。从马克思的观点来看，国家在资本主义民主制度中呈现出反客为主的异化现象，造成资产阶级民主政治的形式化、民主成分的稀薄化倾向，是一种实质上的不平等和不民主。

其一，民主政治的形式化。西方资产阶级曾提出并践行两党或多党执政、普选权以及分权等政治形式，以保障政治上的民主与法治、自由与平等。对此马克思给予了深刻批判，揭露了资本主义民主形式的虚伪性和狭隘性。首先，关于资产阶级的两党制和多党制，在《法兰西内战》中马克思以美国民主制度为例，指出在美国，"政治家"构成了一个"特殊的和富有权势的部分"②，操纵着轮流执政的两个党派，以政权和利益的相互利用谋取私利，国家政治陷入了贪污腐化的泥沼中。他们表面上为国民服务，却运用最肮脏的手段通过政权达到不可告人的目的，"实际上却是统治和掠夺国民的"。国家作为权力机关在社会中具有治理地位和专制管理作用，由此人们赋予了它神圣化的形象，从而产生对国家的崇拜，却忽略了其压制自由和掠夺权利的本质，使国家出现反客为主的异化现象。当然，法治则成为资产阶级进行国家管理和民主政治的帮凶。其次，针对普选权，马克思表示，资产阶级普选权是否倾向于资产阶级合理的制度，是否符合资产阶级的统治是决定资产阶级承认或否定普选权的根本依据。也就是说，只有普选权的结果符合资产阶级的意志，他们才会真正承认普选权是人民主权意志的绝对行为，一旦出现破坏权威的矛头，他们势必要完全抛弃

---

① 中共中央马克思恩格斯列宁斯大林著作编译局. 马克思恩格斯全集：第 3 卷［M］. 北京：人民出版社，2002：475.
② 中共中央马克思恩格斯列宁斯大林著作编译局. 马克思恩格斯全集：第 22 卷［M］. 北京：人民出版社，1965：227.

"一向用来掩饰自己并从中汲取无限权力的普选权"①，以违反人民的意志来实现他们专政的巩固。因此，资本主义社会的普选权不过是维护资产阶级统治的工具，是表达人民意志和民主的虚伪形式。最后，关于分权原则，马克思充分肯定了分权原则中议会制相比专制制度的巨大优越性，支持洛克、孟德斯鸠等人关于立法权优于行政权、通过立法权实现人民主权的主张，但同时也批判和揭露了权力分工、制衡原则理论与实践之间的矛盾性。在资本主义法治实践中，占国家政权主导地位的并不是立法机关，而是拥有军事官僚机构的行政权力。在《法兰西内战》中，马克思用 1851 年 12 月的路易·波拿巴政变揭露了资本主义国家分权中"行政权所表现的是国民的他治而不是国民的自治"②的事实，认为在资本主义现实社会中行政权力高于议会、是国家机器最具有决定性的因素。

其二，民主成分的稀薄化。资本主义民主政治的伪善还表现在民主成分的稀薄化，即民主只是少数剥削阶级的民主，并不包括绝大多数的无产阶级。在马克思看来，资本主义国家同奴隶制、封建制国家的剥削者一样，以占有他人的无偿劳动为基础，由此，"有资产阶级胡说现代社会制度盛行公道、正义、权利平等、义务平等和利益普遍和谐这一类虚伪的空话，就失去了最后的立足之地，而现代资产阶级社会就像以前的各种社会一样真相大白：它也是微不足道的并且不断缩减的少数人剥削绝大多数人的庞大机构"③。资产阶级在政治生活中以维护社会公共利益和追求自由平等自居，站在了社会历史舞台的制高点，以资产阶级法治实践标榜所谓的"自由、平等、博爱"的神圣准则。但是，资产阶级国家的实质是"少数人剥削绝大多数人的庞大机构"，是资产阶级维护自身利益的政治保障，是剥削他人无偿劳动的社会工具。资本主义的自由、平等和民主仅限于资产阶级内部，服务于资产阶级的商品交换领域，保障统治阶级的"整体意志"的合法化、合理化以及平等剥削劳动力的权利。他们的自由、

---

① 中共中央马克思恩格斯列宁斯大林著作编译局. 马克思恩格斯全集：第 1 卷［M］. 北京：人民出版社，2012：537.

② 中共中央马克思恩格斯列宁斯大林著作编译局. 马克思恩格斯文集：第 2 卷［M］. 北京：人民出版社，2009：563.

③ 中共中央马克思恩格斯列宁斯大林著作编译局. 马克思恩格斯全集：第 25 卷［M］. 北京：人民出版社，2001：138-139.

平等和民主建立在工人阶级人身自由基础之上，体现了人与人之间关系实质上的不平等。总的来说，资产阶级建立的民主，冠冕堂皇地宣称各种自由和权利，实际上只是属于少数剥削阶级的自由和权利。

民主政治的形式化和民主成分的稀薄化，使得资本主义法治政治基础的伪善本质更加清晰地暴露出来。正如马克思所言，"过去的一切运动都是少数人的，或者为少数人谋利益的运动"①。无产阶级想要在革命实践中争得真正的民主，代表绝大多数人利益的民主，首先要通过无产阶级革命打破资产阶级的国家机器，建立"无产阶级的政治统治"，彻底打破形式化、稀薄化的民主政治形式。

三、"政治解放"的不彻底性披露资本主义法治的价值局限

"政治解放"是建立在资产阶级反对封建专制基础上实现国家从宗教中解放，从政治层面废除宗教，达到国家、社会、人以及精神"自由"的政治境界。然而，面对英法等国政治解放后确立的"自由"，马克思给予了深刻的批判，认为："摆脱了宗教的政治解放，不是彻头彻尾、没有矛盾地摆脱了宗教的解放，因为政治解放不是彻头彻尾、没有矛盾的人的解放方式。"② 在政治解放境遇中所确立的"自由"与现实基础存在深厚的矛盾斗争，并没有立足于"人的高度的革命"，具有一定的悖谬和局限，作为"政治解放"的具体体现形式，资产阶级法治也必然呈现出一定的价值局限性。

首先，"政治解放"境遇中关于"自由"的悖谬。资产阶级政治革命是在"启蒙学者们所提出的各种原则"而形成的自由主义理论指导下开展的，形成对"自由国家""自由社会""自由公民"和"自由精神"的理论建构与现实向往。但是由于资产阶级政治解放的局限性，青年马克思立足于"人的高度的革命"的视角，对政治解放所确立的"自由"悖谬展开深刻的批判和辩驳。

一是"自由国家"和国家唯灵主义的论辩。近代西方以黑格尔为代表的启蒙思想家在理性基础上企图建构一个以现代"自由国家"为基础的"逻辑学"。

---

① 中共中央马克思恩格斯列宁斯大林著作编译局．马克思恩格斯文集：第2卷［M］．北京：人民出版社，2009：42.
② 中共中央马克思恩格斯列宁斯大林著作编译局．马克思恩格斯全集：第3卷［M］．北京：人民出版社，2002：170.

马克思早期也受到这一观点的影响,强调国家"必须实现法律的、伦理的、政治上的自由";然而"物质利益"带来的困惑,将马克思带入了批判的立场。在马克思看来,资产阶级政治解放将国家从宗教中解放出来,摆脱了文化、职业、等级、出身等多方面的非政治差别,从应然层面将国家规定为管理人民事务的委员会,实现了资产阶级"自由国家"对封建专制和神权国家的取代,这是社会历史的一大进步。但是,从英、法、美等国家的资本主义实践中我们也不难发现理想与现实前提之间的矛盾。建立在自由、平等、博爱基础上的理性政治国家,在现实中却以私有财产为基础,客观承认了人与人之间的不平等状态。而理想形态作为"抽象"如同天国和尘世的作用,成为一种新的宗教和唯灵论的最后阵地,在其现实性上沦为市民社会的工具,具有资产阶级的阶级统治本质。因此,资产阶级构建的"自由国家"不过是统治者为人民虚构的理想国家状态。

二是"自由社会"与利己主义的论辩。政治解放不仅将国家从宗教政治中解放出来,也隔离了政治国家与市民社会,将市民社会中的政治要素从经济生活中独立出来,将市民社会看作一种基于劳动和分工来满足市民社会成员的"需要的体系"。但是,马克思对此并不认同。在他看来,资本主义实现市民社会的解放不过是一种"假象",因为赋予市民社会的所谓"自由、平等、财产、安全"等权利是建立在实现利己主义和保护私有财产自由占有的基础之上的,"自由这一人权的实际应用就是私有财产这一人权[1]……私有财产这一人权是任意地(àson gré)、同他人无关地、不受社会影响地享用和处理自己的财产的权利;这一权利是自私自利的权利。"[2] 在市民社会中,一个个相互独立的个人追求自己异化的生命要素的自由,是对他人不自由的体现,是人的自我异化的最高表现。马克思所倡导的自由强调"每个人的自由发展是一切人的自由发展的条件"[3],一个人在享受自由的同时不能侵犯他人的自由权利。但资本主义这种所谓的"自由社会"不过是建立在私有财产不受侵犯的基础之上的社会,并没

---

① 马克思恩格斯文集:第一卷[M].北京:人民出版社,2009:41.
② 中共中央马克思恩格斯列宁斯大林著作编译局.马克思恩格斯全集:第3卷[M].北京:人民出版社,2002:183.
③ 中共中央马克思恩格斯列宁斯大林著作编译局.马克思恩格斯文集:第2卷[M].北京:人民出版社,2009:53.

有真正实现"每个人的自由发展"。

三是"自由公民"与形式主义的辩驳。"政治解放一方面把人归结为市民社会的成员，归结为利己的、独立的个体，另一方面把人归结为公民，归结为法人。"① 青年马克思将"人"划分为具有现实性的、追求私人利益的"私人"和呈现抽象性、未来性、关注公共利益与事务的"公人"。其中公民作为"真正的人"是资产阶级政治革命中"自由公民"的重要指向。政治解放消除了人身上的非政治差别，赋予了公民以"政治意义和政治效能"，实现了政治和法律上的自由与平等。然而，从"林木盗窃法的辩论""摩塞尔记者的辩护"等事件中马克思将注意力转移到公民权利和人权上，认为建立在私有制基础上的资本主义国家和市民社会，只是借助于政治和法律形式建构了与现实生活分离的、具有"抽象普遍性"的、虚构的公民身份，公民的政治自由不过是具有法权意义的形式自由，"是并未在他们的活生生的现实中实现的规定"②。而资产阶级的人权在本质上是建立在利己主义、与他人相互分离的一种私权。因此政治解放在一定程度上导致了公民权和人权的二元分离，在法治的维护作用中产生资产阶级特权、剥夺人民权利的负面效应，具有严重的形式主义倾向。"只有当现实的个人把抽象的公民复归于自身"③，也就是人的解放得到真正实现的时候，汇聚在人身上的"公人"特质和"私人"身份的二元对立才能彻底消除，人才能真正获得基本的政治权利。

四是"自由精神"与虚无主义的辩驳。近代启蒙思想家不仅追求经济和政治上的自由，而且还倡导思想自由。该思想成为资产阶级政治革命的自由追求，形成了一系列的理论成果，其中以鲍威尔为代表的青年黑格尔派所倡导的"自我意识哲学"最为典型。在《论犹太人问题》《神圣家族》等文中马克思论证了鲍威尔的自我意识哲学理论，指出鲍威尔从宗教批判转向"群众"批判，将一切政治和社会运动看作自我意识的个别、不完全的表现，而把自由理解为少数具有"精神"批判能力的人不受任何约束和限制的思想与行动。对此马克思

---

① 中共中央马克思恩格斯列宁斯大林著作编译局. 马克思恩格斯全集：第3卷［M］. 北京：人民出版社，2002：189.

② 中共中央马克思恩格斯列宁斯大林著作编译局. 马克思恩格斯全集：第3卷［M］. 北京：人民出版社，2002：148.

③ 中共中央马克思恩格斯列宁斯大林著作编译局. 马克思恩格斯全集：第3卷［M］. 北京：人民出版社，2002：189.

揭示了鲍威尔的自我意识哲学"不承认任何有别于思维的存在、任何有别于精神自发性的自然力、任何有别于理智的人的本质力量、任何有别于能动的受动……任何有别于我的你"①，具有严重的个人主义和神秘的虚无主义倾向，并通过与卢格合办《德法年鉴》遏制和矫正德国自由主义传统中的虚无主义。此外，为了实现思想、写作和表达上的自由，呼吁"自由精神"的实现，马克思还批判了普鲁士书报检查制度和出版自由法等，揭露了资本主义的"自由精神"的限制，批判了资本主义法治作为"恐怖法""专制法"的实质性意义。

其次，资产阶级法治与"政治解放"的辩证影响。资产阶级法治的形成与发展与"政治解放"存在相互作用、相互制约的关系。其一，资产阶级法治是"政治解放"的必然要求，同时也承继了"政治解放"的价值局限性。资产阶级"政治解放"摆脱了封建专制，取消了等级特权，这就要求资本主义法治结合所谓的人权、自由、平等、民主等形式构建一个新兴的国家将革命胜利成果巩固起来，因此法治成为"政治解放"发展的历史必然。然而建立在私有制和利己主义基础上的"政治解放"，在"自由国家""自由社会""自由公民"和"自由精神"等层面呈现的"自由"悖谬同样也出现在资产阶级法治中，形成了法治实然与应然的二元对立。正如马克思在《论犹太人问题》中所表述的："在政治国家真正形成的地方，人不仅在思想中，在意识中，而且在现实中，在生活中，都过着双重的生活——天国的生活和尘世的生活。"② 资产阶级作为统治者，在政治上通过分权原则赋予人民平等自由的权利、在宪法和法治层面赋予了人民普选权和劳动权等保障公民在法律意义上的权利平等，为民众勾画了一个虚构的、理想的民主制国家。然而，在现实生活中，法律意义上的权利和平等承认私有制的差异化存在，承认保障利己主义的权利的存在，不过是统治者披上了一层伪善的政治外衣，并未在现实层面真正实现人的解放和发展，其根本性质是为资产阶级私人利益而服务的。正如马克思在《关于爱尔兰问题的发言提纲》中对英国法令的批判一样，英国人对"人身保护法"的否定就是其虚伪性的现实体现。其二，资产阶级法治对政治和社会生活二元分化的进一步

---

① 中共中央马克思恩格斯列宁斯大林著作编译局. 马克思恩格斯文集：第1卷［M］. 北京：人民出版社，2009：345.
② 中共中央马克思恩格斯列宁斯大林著作编译局. 马克思恩格斯全集：第3卷［M］. 北京：人民出版社，2002：172.

巩固和促进，容易激化社会矛盾。如前所述，资本主义社会中的人被划分为
"政治国家"中的抽象公民和"市民社会"中的现实市民，资本主义法治建构
了一种官僚政治，形成了与国家的关系，只借助于形式上的平等表明个人在政
治生活中的普遍平等，但却忽略了人在私人领域中由于潜在的私人等级而产生
的实质不平等。由此来看，法治的确立在制度层面加深了政治生活和社会生活
的二元对立，进一步强化了资产阶级作为特权阶级对无产阶级的压迫和剥削，
从而导致两大阶级矛盾的不断深化。

第四章

马克思法治思想的建构之维

　　立足于马克思主义的立场和观点，批判和建构的思维方式是相辅相成、对立统一的。马克思法治思想的建构理论是资本主义法治虚伪性的逻辑结果。在马克思看来，只有在共产主义第一阶段，生产资料公有制代替资本主义社会的私有制，人民在政治上真正实现主体地位时，法治才能真正摆脱其虚伪和形式化特点而走向实质。《哥达纲领批判》中马克思首次提出了共产主义两个发展阶段学说，即"在资本主义社会和共产主义社会之间，有一个从前者变为后者的革命转变时期。同这个时期相适应的也有一个政治上的过渡时期，这个时期的国家只能是无产阶级的革命专政"①，这一过渡阶段在马克思和恩格斯看来是共产主义第一阶段，后来被列宁称为"社会主义"。这一阶段的法治摆脱了资本主义法治的虚伪性和狭隘性，成为人民发挥主体作用和享有基本权利义务的政治保障。因此，马克思法治思想的理论建构也可以理解为对共产主义第一阶段法治的建构。本书以马克思散落在各个阶段关于法治的零碎思想为基础，从主体保障、法律支持、运行机制和价值导向四个层面，系统总结和构建了马克思法治的思想体系，探析了法治发展的必然性规律及实现路径，实现了形式法治和实质法治的统一。

---

①　中共中央马克思恩格斯列宁斯大林著作编译局．马克思恩格斯全集：第25卷［M］．北京：人民出版社，2001：28.

113

第一节　主体保障：执政党、
国家和人民在法治运行中的协调统一

在马克思的政治经济学理论中，其逻辑起点是"现实中的个人"。法治作为政治建设的重要一环，无论是法律制度的制定、法治机制的运行乃至在法治驱动下实现人的自由全面发展目标，都离不开主体的能动性，即参与政治活动的"人"的作用。所谓法治主体，不仅包含法治的受众群体，还包括担任政治任务、享有法治权利的公职人员等，对法治的运行和发展起到关键性作用。在马克思看来，无产阶级执政党、国家和人民作为不同的权利（权力）主体，在共产主义第一阶段的法治建设中发挥着不同作用，只有保证三者在意志上的协调统一才能切实保障法治的平稳运行。

一、"人民主权"是历史唯物主义法治的核心要义

按照马克思的观点，无产阶级开展工人阶级革命、打碎资产阶级旧的国家机器后，并不能直接进入共产主义社会，由于资本主义社会的"旧痕迹"还没有彻底消除，因此社会必然要经历一个"政治上的过渡时期"①，而这一时期是无产阶级建立自己的政治统治，实现人民当家作主，掌握人民主权的关键时期。人民作为法治的主体，关乎法治的性质和运行成效，因此共产主义第一阶段法治致力于保障人民的主权和根本利益的实现。

工人阶级革命实现资本主体性向人民主体性的转化，奠定了未来社会民主政治的基调。如前所述，在资本主义社会中，受到商品、货币、资本拜物教以及异化劳动和雇佣劳动的遮蔽，工人阶级及其内在的劳动关系始终处于被压迫、奴役和剥削的境况。原本作为"客体"的资本异化为资本主义社会的绝对存在和唯一主体，将人的主体性下降为资本的"客体"，为了生计，以出卖自身劳动力的形式进入工厂并成为受资本雇佣的劳动者，受到资本的剥削和奴役，完全

---

① 中共中央马克思恩格斯列宁斯大林著作编译局. 列宁全集：第31卷［M］. 北京：人民出版社，1985：161.

失去主体性。这样就产生了资本主义社会的现代性。

马克思一生都致力于对现代性的批判，认为该任务的核心是破除无产阶级的压迫，实现资本主体性向人民主体性的转化。想要达到这一目标，需要做到以下四点：其一，通过无产阶级革命废除以雇佣劳动为基础的私有制，解除资本对人的压迫；其二，扬弃异化劳动和社会分工，实现无产阶级对劳动的自由自觉；其三，借助生产力发展的物质力量为自己服务；其四，超越资本逻辑的限制和对人的支配，充分显现人的自由个性。

通过对资本主义现代性的批判，马克思将实现人民主体性的重担落到了无产阶级身上。无产阶级作为被压抑的人性主体，除自身劳动力之外没有任何可以保护的东西，对于消灭社会存在的全部生产资料私人占有方式是完全的、彻底的。因此，只有在无产阶级的领导下，才能为人民主体性的现实性提供可靠的组织保障。无产阶级革命是为"绝大多数人谋利益的独立的运动"①，以消灭一切阶级及其压迫人民的"政治权力"为阶段性目标，以实现共产主义和"自由人联合体"为最终指向。

当然，还要说明一点，即人民主体性的指向和范围。在唯物史观视域中，"人民"是一个历史性的概念，在不同的历史时期其具体指向和范围也有所不同。恩格斯在《共产主义者与卡尔·海因岑》一文中曾根据当时德国的现实条件将"人民"概括为"无产者、小农、城市小资产者"②的集合体，深刻揭示了人民作为被压迫者、革命力量的特有属性；而马克思在《法兰西内战》中，在总结巴黎公社革命经验时，为了强调工农和其他非无产阶级联盟的重要性，在承认无产阶级主导力量的基础上，还将小资产阶级、中等资产阶级、农民以及外国工人等都纳入了"人民"的范畴。可见，"人民"的特性随着特定条件的变化具有一定的历史性。虽然马克思和恩格斯都未对"人民"做出明确的定义，但从他们的字里行间我们可以从质、量、地位功能以及主体意蕴等层面总结出"人民"概念的典型特征：对社会历史发展起推动作用的人们；在社会生活中占据绝大多数的那部分人；"在历史的进程中以群体力量发挥作用，未留下

---

① 中共中央马克思恩格斯列宁斯大林著作编译局. 马克思恩格斯文集：第 2 卷 ［M］. 北京：人民出版社，2009：42.

② 中共中央马克思恩格斯列宁斯大林著作编译局. 马克思恩格斯全集：第 4 卷 ［M］. 北京：人民出版社，1958：301.

自己的姓名和打上个人意志印记的人们"①；始终从事物质资料生产的工人和农民是其主体构成。当然，随着社会自由程度的日益加深，"人民"的指向和范围只会越来越大，在人的自由全面发展的高级阶段，最终会指向全人类。因此，从资本主体性向人民主体性的转化，也是一个长期发展的过程，需要在共产主义第一阶段通过民主政治和法治规律不断完善。

人民主权的核心要义在于人民是国家一切权力的正当性基础。关于人民主权的学说并非马克思的首创，最早源于资产阶级启蒙思想家。然而，马克思在资本主义发展实践中逐步认清启蒙者关于人民主权背后的阶级实质，指出他们的思想不过是为资产阶级统治辩护的工具，只要阶级差别和私有制存在，人民主权就只能成为头脑中的"幻想"。于是，马克思在巴黎公社民主制度建立的基础上，创造性地改造了这一人民主权思想，形成了为无产阶级服务的、真正的民主思想。在马克思看来，真正的人民主权强调国家所有权力都属于人民，未经人民授权的权力将不具有正当性，同时国家职能和人民的根本利益相一致，是保障人民权利、自由和平等的重要工具，真正体现人民的意愿和要求。其中，法国巴黎公社的政权建设就是对真正的民主制度的实践，为马克思的人民主权学说提供了现实依据和理想蓝本。

一是就国家事务的管理而言实现社会自治。马克思总结到：巴黎公社真正实现了人民当家作主，普通劳动者参与国家事务的管理成为一种普遍现象，"公社一举而把所有的公职——军事、行政、政治的职务变成真正工人的职务"②，并通过俱乐部和集会等形式鼓励人民建言献策，各项政策和措施的制定都直接或间接地来源于人民、体现人民意志，实现人民自下而上管理国家，凸显人民当家作主的民主精神。

二是就公职人员来说，实行普选制和民主监督。在马克思看来，以民主选举的方式产生公职人员的经验值得发扬和借鉴。同歧视工人民主权利的旧选举法不同，公社中实行的民主选举采取由上而下，上到国家委员会机关代表、下到工厂负责人，都由参与其中的直属的人民选举产生，充分彰显了民主的广泛性，间接实现了人民管理国家的目标。公职人员接受民主选举的同时，还要接

---

① 肖前．马克思主义哲学原理：下册［M］．北京：中国人民大学出版社，1994：434．
② 中共中央马克思格斯列宁斯大林著作编译局．马克思恩格斯文集：第3卷［M］．北京：人民出版社，2009：197．

受人民的监督。无产阶级民主制中人民作为正当性基础，要求公职人员坚持为人民服务，成为人民的社会公仆，并接受人民群众的切实监督。公社通过关于公职人员的薪金法令以及具体制度时刻防止无产阶级公职人员出现剥削阶级中徇私舞弊、贪赃枉法的不法现象。针对失职的公职人员，共产主义第一阶段法治还赋予了人民随时撤换权，正如公社公民阿尔都尔·阿尔努在公社会议中所言："每个有不正当的行为的人，都要立即撤职。"① 在这样的民主制度的影响下，"所谓国家事务的神秘性和特殊性这一整套骗局被公社一扫而尽"②，真正实现了人民当家作主管理国家的政治局面。

人民群众是历史的主人，共产主义第一阶段的法治以保障人民主权为出发点和核心要义，人民主体性、创造性和实践性力量的充分发挥，才是法治建设的最终目标。

二、法治与执政党、国家和人民意志的协调统一

马克思曾这样说道："在这种关系中占统治地位的个人除了必须以国家的形式组织自己的力量外，他们还必须给予他们自己的由这些特定关系所决定的意志以国家意志即法律的一般表现形式。"③ 这一论述中马克思深入浅出地表达了经济基础、统治阶级、国家同法之间的辩证关系。从政治层面来看，执政党、国家、人民以及法治等都属于上层建筑的基本要素，受到经济基础的作用和影响。在共产主义第一阶段，一方面旧社会的经济关系依然存在，故而仍需要国家和法治的强制作用为无产阶级专政服务；另一方面，生产资料的公有制使得国家、执政党在法治建设中的阶级属性产生质的变化，开始为绝大多数的人民群众服务。因此，无产阶级想要构建和谐稳定的政治环境，应科学处理法治与执政党、国家和人民的关系。

其一，无产阶级执政党与法治的意志统一性。在阶级对立和阶级斗争日益

---

① ［苏］莫洛克. 巴黎公社会议记录：第1卷［M］. 何清新，译. 北京：商务印书馆，1961：451.
② 中共中央马克思恩格斯列宁斯大林著作编译局. 马克思恩格斯选集：第三卷［M］. 北京：人民出版社，1995：96-97.
③ 中共中央马克思恩格斯列宁斯大林著作编译局. 马克思恩格斯全集：第3卷［M］. 北京：人民出版社，1960：378.

尖锐的资本主义社会，无产阶级作为"真正革命"的阶级为谋求绝大多数人的利益展开革命运动。革命实践证明，无产阶级想要真正实现这一目标，必须有先进理论的指导和先进组织的领导，因此无产阶级政党在运动中应运而生，共产主义者同盟就是世界上第一个国际性的无产阶级政党。政党组织的建立和成熟是工人阶级力量不断强化和革命胜利的关键性因素，在无产阶级革命中发挥了至关重要的作用。随着革命胜利后建立无产阶级国家，共产党作为先进性政党，承载着无产阶级的根本利益，承担着实现共产主义和人类解放的历史使命，成为新政治形式的实际领导者和统治者。作为无产阶级国家的实际统治者，共产党也成为共产主义第一阶段法治的领导者和实施者，同法治的制定和实施有着千丝万缕的联系。

在立法层面，法律制度的制定是统治阶级意志的表现。在经济基础决定上层建筑的基本原理的现实指导下，法治作为上层建筑的重要组成部分，是生产关系中处于统治地位的阶级意志的表现。"每一既定社会的经济关系首先表现为利益。"① 在所有制关系中处于主导地位的阶级必然通过社会各个层面以法治的形式将其进一步确认和巩固下来，以保障个人利益。由此，法治不过是维护统治阶级经济关系和利益的工具。同理，在共产主义第一阶段，法治也是为统治阶级而存在的。但不同的是，共产主义第一阶段的统治阶级是在民主政体运行下的占绝大多数的无产阶级。共产党作为革命斗争的历史必然，成为由无产阶级代表组成、代表无产阶级根本利益的先锋队组织，在共产主义第一阶段发展为执政党继续表达和维护人民的共同意志。国家在共产党执政下，将广大无产阶级的共同利益上升为国家意志的法治，一方面对敌对分子和敌对势力展开镇压和专政，另一方面也发挥着社会管理职能，既维护无产阶级的根本利益又保障社会的运行秩序。因此对共产主义第一阶段法治的制定也离不开人民作为统治阶级的共同意志。

在执行层面，执政党发挥领导职能需要运用法治制约和规范权力，消除"民族躯体上的寄生赘瘤"②。马克思对资本主义社会的官僚专制、贪污腐化等

---

① 中共中央马克思恩格斯列宁斯大林著作编译局．马克思恩格斯文集：第3卷［M］．北京：人民出版社，2009：320.
② 中共中央马克思恩格斯列宁斯大林著作编译局．马克思恩格斯文集：第3卷［M］．北京：人民出版社，2009：156.

行为表示深恶痛绝。在他看来，建立在政治上的贪欲以及封建官僚专制等"卑劣事物"基础上的政府制度是导致德国远远落后于其他国家的重要原因，并强调应"向德国制度开火！一定要开火！"① 以摧毁这种政治缺陷带来的障碍。马克思还指责了法国政府苛捐杂税、沉迷于金钱和权力交易的腐败行为，认为资产阶级的国家政权不过是社会一切丑恶东西、一切腐败事物的温床，资产阶级法治则成为资产阶级执政党谋取私人利益的有力武器。马克思表示，想要摆脱资产阶级社会带来的"民族躯体上的寄生赘瘤"，无产阶级政党在获取政权后必然要建立体现人民意志的、先进的法律体系，并在执行和实施过程中确保自身权力在法治轨道中运行。衡量一个政党真正体现人民意志、具有纯洁性、廉洁性特征，其中一个重要指标就是"必须绝对保持党的纪律，否则将一事无成"②。而这一纪律的首要条件就是严格遵守法律，正如恩格斯所评价的："这种纪律是一个有成效的和坚强的组织的首要条件，是资产阶级最害怕的。"③ 只有将公共权力置身于法治范围内，无产阶级政党才能避免物欲主导下的贪污、腐化乃至官僚专制带来的不利影响，真正做到廉洁为公、务实为民，为无产阶级的共同利益而服务。

其二，无产阶级国家与法治的内在一致性。在马克思的研究视角中，国家和法是不可分割的一体。在批判黑格尔法哲学时，马克思认识到国家制度、审判权、王权等"都建立在私有财产的基础上"④，而资产阶级法治的构建都是以承认并维护这一私有财产为根本目的。"市民社会的一切要求（不管当时是哪一个阶级统治着），也一定要通过国家的意志，才能以法律形式取得普遍效力。"⑤生产力的发展推动与之相适应的生产关系的形成和发展，在不同的经济关系中社会逐渐形成了占优势地位的阶级和劣势地位的阶级之间的对立。获得优势地

---

① 中共中央马克思恩格斯列宁斯大林著作编译局. 马克思恩格斯全集：第3卷［M］. 北京：人民出版社，2002：202.

② 中共中央马克思恩格斯列宁斯大林著作编译局. 马克思恩格斯全集：第29卷［M］. 北京：人民出版社，1972：413.

③ 中共中央马克思恩格斯列宁斯大林著作编译局. 马克思恩格斯全集：第36卷［M］. 北京：人民出版社，1975：540.

④ 中共中央马克思恩格斯列宁斯大林著作编译局. 马克思恩格斯全集：第1卷［M］. 北京：人民出版社，1956：381.

⑤ 中共中央马克思恩格斯列宁斯大林著作编译局. 马克思恩格斯全集：第28卷［M］. 北京：人民出版社，2018：360.

位的阶级取得政治上的统治权，从而借助于国家的愿望将自己阶级的利益转化为国家的意志，并在法律上将这一意志规定下来。由此国家同法的性质一样，作为阶级统治的政治表现形式，具有典型的阶级属性和专制属性。

在马克思看来，国家与法治的关系密不可分，互为前提和中介，为统治者管理社会和巩固政权提供了政治平台和政治形式。一方面，法治作为治理方式，其遵循的法律条文是国家意志的表现，是规定和确立国家权力的具体形式。法治并非统治阶级所有的意志表现，统治阶级只有掌握了国家政权，通过国家权力这一中介，按照一定程序将阶级意志客观化、系统化、条文化，获得社会的普遍认可和服从，才能真正上升为国家的意志。因此，国家权力是法治存在和运行的权力基础，但也需要强调一点，国家权力一旦被法律化、制度化，就会形成对自身的制约和规范力量，要求其在法治范围内履行统治和管理职能。另一方面，国家作为管理社会共同事务的"委员会"，为法治运行提供政治平台，助推法治政治统治和社会管理职能的发挥。法治的运行是"以国家为中介的"①，法治只有凭借国家权力的强制性因素，才能充分发挥其具有"纯属压迫性质"的政治统治职能和具有"社会性质"的管理职能。国家"是一个阶级用以压迫另一个阶级的有组织的暴力"②，法治为其实施"暴力"提供了"组织性"和"纪律性"，而国家则通过法治形式对敌对分子实施镇压和对本阶级实施社会管理。

国家和法治相互作用、相互制约的关系要求我们处理好国家与法治的关系。在西方法学的发展史中，围绕着国家与法治，尤其国家制度与立法权的关系，存在着一个"二律背反"问题总是得不到解决，即立法权从确立国家权力的层面来看，高于国家制度，但从作为国家意志的表现形式来看，却又从属于国家制度。马克思认为，国家制度和立法权之间的冲突在共产主义第一阶段将得到彻底地解决。在他看来，"国家在立法权中获得了自己最高的发展"③，黑格尔仅仅将立法权看作国家制度组成部分的狭隘观点是对立法权的贬低和对阶级矛

---

① 中共中央马克思恩格斯列宁斯大林著作编译局．马克思恩格斯文集：第1卷［M］．北京：人民出版社，2009：584.

② 中共中央马克思恩格斯列宁斯大林著作编译局．马克思恩格斯文集：第2卷［M］．北京：人民出版社，2009：53.

③ 中共中央马克思恩格斯列宁斯大林著作编译局．马克思恩格斯全集：第3卷［M］．北京：人民出版社，2002：116.

盾的掩盖，剥夺了立法权对国家制度和国家权力的规定性任务。只有从人民主权视角才能真正解决国家制度和立法权的"二律背反"。

在共产主义第一阶段，人民是立法的主体，而立法权从根本上表达了人民的意志。从这层意义来看，需要将人民看作国家的主体，即"使国家制度的实际承担者——人民成为国家制度的原则"①，切实发挥人民的创造作用，将人民的立法与现实的国家制度联系起来，表达人民意志，发挥人民的主体作用，这样就解决了这两种政治形式之间的理论困境。因此，在现实的共产主义第一阶段，国家的建构要切实推行"人民主权"原则，保障人民的政治主体地位，以确保国家同立法以及法治之间在遵照社会客观规律运行下的协调发展。

其三，无产阶级民主法治的相向发展性。法治和民主作为政治制度的表现形式，是共产主义过渡时期国家建构的"一体两翼"。如前所述，想要解决国家同立法权及其法治之间的矛盾冲突，需依赖于人民主权。因此，建立共产主义第一阶段的民主制度对法治运行发展的意义不言而喻。在《共产党宣言》中，马克思就曾强调："工人革命的第一步就是使无产阶级上升为统治阶级，争得民主。"② 在他看来，无产阶级的首要任务是明确"民主是什么"，只有确定了民主的真正含义，我们才能做进一步的工作。

总的来看，马克思从三个层面阐释民主的含义。一是从制度形式上来看，"民主制"是人民的自我规定。在民主制国家中，全体人民掌握国家权力、创立国家制度，法律为人的存在而存在并呈现人民的意志，人民成为国家全部政治生活的中心环节，这样的国家制度是民主制。二是从核心要义上来看，"人民主权"赋予了民主以逻辑主线和政治实质。从《莱茵报》时期的思想表达到晚期的《哥达纲领批判》等文，"人民主权"思想作为一条逻辑主线贯穿马克思民主思想的始终。尤其是在巴黎公社的实践经验中，马克思认识到只有坚持人民当家作主原则，才能保障人民享有最广泛的人的权利。"人民主权"主张主权归人民所有，人民成为决定国家制度的主体，并承担亲自参与管理国家的职能。三是从发展形态上来看，人的解放始终是马克思民主理论的现实关切。在马克

---

① 中共中央马克思恩格斯列宁斯大林著作编译局．马克思恩格斯全集：第3卷［M］．北京：人民出版社，2002：72.
② 中共中央马克思恩格斯列宁斯大林著作编译局．马克思恩格斯文集：第2卷［M］．北京：人民出版社，2009：52.

思看来，民主程度决定了人类自由和幸福的发展程度，民主的发展过程也是对人的自由和全面发展的逐渐深入、拓展和延伸的过程。但从民主的阶级本质来看，它仍然是统治阶级实行国家管理的政治形式，随着人的自由和全面发展的完全实现，民主也会随着国家的消亡而走向消亡。因此，民主的实质目标是实现人的自由全面发展，将自由和解放看作民主制度发展的价值理想。

从马克思对民主概念的界定来看，民主作为国家的政治形式，是法治运行的重要因素；法治作为民主的法律化和制度化形式，是民主发展的重要手段。一方面，民主是法治的政治形式。正如马克思所言："在民主制中，国家制度、法律、国家本身……都只是人民的自我规定和人民的特定内容。"① 民主制为法治的运行和发展提供了政治载体，切实承载公权力和公民权利的运行，此外，民主监督也防止了法治执行的虚伪性和形式性，为法治的有效运行提供了科学的方法。另一方面，法治是民主的政治手段。国家从合法性意义上确立了人民主权原则，保障人民主体地位，将公民权利法律化、制度化，切实运用法治机制推行民主的平稳化、现实化运行。针对公职人员，法治还通过选举、监督、撤职等法律程序限制和督促公权力的规范执行，保障公职人员切实代表人民利益、为人民利益服务，实现公职人员的"社会公仆"性质。马克思表示，民主和法治都是依附于政治国家而存在的，国家制度的运行，使得这两者之间的关系越来越紧密。因此，共产主义第一阶段法治的构建和运行还必须以建立真正的民主制度为前提。

此外，马克思以巴黎公社的实践经验为基础，深刻揭示了真正民主制度的政治方向、建设手段以及保障力量等。就政治方向而言，实现人民当家作主是未来社会民主制度的政治目标。巴黎公社通过确立"公社"这种政权组织形式，开展经济、政治等多层面的国家计划，并通过普选制、监督制度、罢免制度以及防范公职人员特权等一系列制度保障人民民主地位，为后世建立社会主义民主和法治国家提供了可借鉴的经验。就建设手段而言，共产主义第一阶段推行的民主并不是西方学者提出的"全民民主"，而是民主与专政相统一的政治形式。在这里，马克思提出新型民主的概念，即无产阶级民主概念，从这一意义上说，无产阶级民主和无产阶级专政就不再是对立的关系，实现了现实形态上

---

① 中共中央马克思恩格斯列宁斯大林著作编译局. 马克思恩格斯全集：第3卷 [M]. 北京：人民出版社，2002：41.

的统一。巴黎公社所建构的民主是真正的民主制度，但从其实质意义上来说，也是"工人阶级的政府"。公社不仅以选举制、撤换制和工人工资制等规范公职人员的人民属性，保障公职人员表达人民意志、维护人民利益的根本职责，还建立国家专政机构，运用国家权力对占少数的被统治阶级施以专政。无产阶级作为"最大多数人"成为政治国家的主体，在人民内部行使民主权利，对少数被统治阶级实行专政。因此，在这一社会基础上，无产阶级民主和专政作为"消灭一切阶级和进入无阶级社会的过渡"①，实现了实质上的统一。就保障力量而言，正如前文所述，无产阶级执政党发挥了助推作用。在马克思看来，"无产阶级的运动是绝大多数人的，为绝大多数人谋利益的独立的运动"②。无产阶级政党将人民的根本利益看作党的利益，以领导集体的身份发挥着"人民公仆"的身份属性，助推共产主义民主政治的真正实现。上述经验印证了马克思的那句话："公社给共和国奠定了真正民主制度的基础。"③

三、无产阶级民主专政是法治主体协调运行的政治平台

无产阶级革命打碎了资产阶级旧的国家机器，应首先建立自己的政治统治，争得民主，以巩固革命成果和进一步实现自身的解放，这就需要首先经历一个政治上的过渡时期，即无产阶级民主专政时期。结合巴黎公社的经验，马克思在《法兰西内战》一文中深刻剖析了无产阶级民主专政的政治形式，突出了无产阶级民主专政与法治主体间的相互协调、相互作用。

无产阶级民主专政为法治主体和法治运行提供了制度载体。正如《哥达纲领批判》所述："在资本主义社会和共产主义社会之间，有一个从前者变为后者的革命转变时期。同这个时期相适应的也有一个政治上的过渡时期，这个时期的国家只能是无产阶级的革命专政。"④ 无产阶级专政时期虽然脱离了资本主义

---

① 中共中央马克思恩格斯列宁斯大林著作编译局.马克思恩格斯全集：第49卷［M］.北京：人民出版社，2016：81.
② 中共中央马克思恩格斯列宁斯大林著作编译局.马克思恩格斯文集：第2卷［M］.北京：人民出版社，2009：42.
③ 中共中央马克思恩格斯列宁斯大林著作编译局.马克思恩格斯文集：第3卷［M］.北京：人民出版社，2009：157.
④ 中共中央马克思恩格斯列宁斯大林著作编译局.马克思恩格斯全集：第25卷［M］.北京：人民出版社，2001：28.

社会，但是仍遗留有旧社会的痕迹，资产阶级仍然存在，资本主义法权关系仍然未被消除，两大阶级之间的对立斗争仍然存在，因此无产阶级需要掌握政权，利用国家的专政手段实现对少数资产阶级反动派的镇压，在潜移默化的斗争中彻底消灭阶级的存在，也逐渐消除政治权力对人的束缚和压迫。这样无产阶级专政的构建就十分必要。所谓无产阶级专政，作为一个国家概念，强调无产阶级从被统治阶级转化为统治阶级，建成由暴力维持的无产阶级国家政权，为谋求全人类的解放运动而奋斗的政权体制形式。马克思表示，从巴黎公社的基本经验来看，无产阶级解放的政治形式表现为"公社"。

建立在公社政权之上的无产阶级专政国家，从其政权主体来看，注重无产阶级的政治地位，以民主制、普选制等形式确保人民当家作主、管理国家政治权力的主体地位，并通过法治的建构实现民主形式的制度化和法治化；从其结构形式来看，作为无产阶级专政国家的公社是单一的民主共和制，"民族的统一"也借助于公社制度进一步组织起来，而这种单一制符合现代化大工业带来的高度集中的经济发展趋势，是无产阶级民主的正确选择；从专政形式来看，"无产阶级专政的首要条件就是无产阶级的军队"①，公社在废除常备军的基础上，形成国民自卫军，建立人民的军队，在同各种反共产主义和人类解放的斗争基础上实现人民对自己社会生活的掌握。依据无产阶级政权国家的基本形式和特点，想要推动国家的稳定运行、无产阶级执政党的为民服务以及无产阶级和人民的主体地位，不可避免地需要凭借法治过渡到共产主义高级阶段。

无产阶级民主专政为法治主体和法治建设提供了广泛的政治平台，无论是民主与专政模式的制度化规定，还是经济、政治、文化、社会的运行和发展，都离不开宪法、法律法规等的制度确立和依法运行，无产阶级专政赋予了法治以广阔的运行空间，推进法治效能的全面渗透和发展。

共产主义第一阶段法治具有巩固和发展无产阶级民主专政的基本职能。无产阶级民主专政为法治提供发展空间，不可否认的一点在于共产主义第一阶段法治有利于推动和发展无产阶级专政。从其基本职能来看，法治对无产阶级专政中的政治、经济、文化和社会层面都产生了巨大的推动作用。

一是政治职能。在马克思看来，共产主义第一阶段法治不仅以法定形式明

---

① 中共中央马克思恩格斯列宁斯大林著作编译局. 马克思恩格斯全集：第17卷［M］. 北京：人民出版社，1963：468.

确了人民的主体地位和民主权利，还以刑法、惩罚等措施对极少数敌对阶级的反抗依法实施镇压，实现民主职能和专政职能的双效结合。前文已经提到，无产阶级专政时期法治的核心要义是保障人民主权，争得人民民主，此处不再赘述。另一方面是专政职能，即强调对国内敌人的反抗镇压和对国外侵略领土和主权的保卫。从马克思的观点来看，巴黎公社在革命斗争史上仅存72天而最终走向失败，除了共产主义发展的条件不成熟，还有一个极为重要的原因：没有及时对反动派展开暴力镇压，彻底扫荡凡尔赛政府的反革命巢穴，从而给了资产阶级以可乘之机，导致1872年引发了震惊全世界的巴黎"流血周"，巴黎公社在资产阶级的反革命镇压中销声匿迹。当然，他们也用血的事实告诫后人：阶级斗争仍然存在，境外势力的国内渗透、分化等图谋仍然没有改变，因此利用国家和法治实施镇压职能是社会发展和稳定的必然要求。然而，需要说明一点，这里的专政同资本主义国家存在本质的不同，实行专政的"敌人"是极少数进行反抗的剥削阶级分子，占绝大多数的无产者站在专政镇压的对立面，成为实施镇压敌对分子的主体。

二是经济职能。法治作为上层建筑的重要组成部分，对经济基础具有能动的反作用。从经济主体来看，共产主义第一阶段法治进一步稳固了人民在生产资料中的主体地位，根据共产主义第一阶段的生产资料公有制从法治上确立了其所有权形式，并借助一定的法制措施将原有生产关系中的私人资料收归无产阶级手中，凝聚社会生产力的总量，从客观上推动生产力的发展。例如，马克思在《共产党宣言》中提出以10项具体的法律措施剥夺资产阶级的全部资本，并将其地产和生产工具等都纳入无产阶级手中，"尽可能快地增加生产力的总量"①。巴黎公社颁布《关于将逃亡业主所遗弃的工厂转变为工人协作社的法令》等政策正是法治主体转化及强化的最好实践。从经济秩序来看，共产主义第一阶段法治推动经济规律的法律化发展，国家和社会以法治的强制性手段规范"经济人"的行为，对于营造一个健康、稳定的经济秩序具有积极的影响。从经济效率来看，共产主义第一阶段法治以经济中的节约为准则，马克思表示：

---

① 中共中央马克思恩格斯列宁斯大林著作编译局.马克思恩格斯文集：第2卷［M］.北京：人民出版社，2009：52.

"社会发展、社会享用和社会活动的全面性，都取决于时间的节省"①，这是生产的首要经济规律，因此法治依据经济规律的决定性作用，对社会经济领域的生产、分配、消费和交换等展开全面的统计和监督，借助于法律合理调控经济，有效缓解经济现象中的利益冲突，合理分配经济时间，提高经济效率。从经济的可持续发展来看，针对资本主义经济利益追逐的背后对生态环境的破坏，马克思逐渐认识到生态环境法治的重要性，主张"社会化的人，联合起来的生产者，将合理地调节他们和自然之间的物质变换，把它置于他们的共同控制之下"②，在生态环境的自然法则与制定法规相契合的条件下实现生态环境法治的合理构建，推动人与自然、经济发展与环境保护的可持续发展。诸如《关于林木盗窃法的辩论》一文对林木法治与国家义务如何有效推行的论证，就充分肯定了生态环境法治在"良法"体系中的重要作用。

三是文化职能。共产主义第一阶段法治进一步提高了文化在社会中的地位，助推全民教育、公平教育，其文化职能从巴黎公社法治实践中具体表现出来。在公社中，无产阶级以法定形式确立了初等教育的普及路径，简化入学手续，提高儿童的入学率，并实行免费教育，强调"一切教育机构对人民免费开放"③，与此同时还通过提高薪金的方式改善教师的物质待遇和政治地位，激发教师的积极性。

四是社会职能。在马克思看来，共产主义第一阶段法治对社会治安的稳定具有决定性作用，以严厉的刑法制度和人民法庭惩治扰乱社会治安、破坏国家稳定的人民公敌。还是以巴黎公社为例，公社建立国家政权，在政治、经济、文化等各项措施中反映和代表了人民的根本利益，这在一定程度上触犯了少数资产阶级和反革命分子的不满，从而引起破坏、颠覆、反抗公社等行为。对此，法治将凭借暴力机关依法对其进行镇压，保卫无产阶级革命的成果。

① 中共中央马克思恩格斯列宁斯大林著作编译局. 马克思恩格斯全集：第30卷［M］. 北京：人民出版社，1995：123.
② 中共中央马克思恩格斯列宁斯大林著作编译局. 马克思恩格斯全集：第46卷［M］. 北京：人民出版社，2003：928.
③ 中共中央马克思恩格斯列宁斯大林著作编译局. 马克思恩格斯文集：第3卷［M］. 北京：人民出版社，2009：155.

第二节 法律支持："真正的法律"之三维建构

马克思关于法治的理论建构，既包含了"真正的法律"的确立，也表达了良善施治的意义。然而，"真正的法律"是实现良善施治的前提，正如马克思所说："如果认为在立法者偏私的情况下可以有公正的法官，那简直是愚蠢而不切实际的幻想！既然法律是自私自利的，那么大公无私的判决还有什么用处呢？法官只能一丝不苟地表达法律的自私自利，只能无所顾忌地运用它。"① 因此，法律的性质对法律实施过程的公正与否具有决定性影响，想要确保法治运行的人民性、公正性，首先要建构"真正的法律"。所谓"真正的法律"，是在符合社会物质条件和事物本质的基础上对人的生活的自觉反映，是以理性、自由、实质正义为实体标准，表达人民意志的"自由的肯定存在"②。马克思在对资本主义国家中"恶法""恐怖法"批判的基础上，构建了"真正的法律"体系，即以宪法为核心，刑法、民法、婚姻法、国际法、环境法、出版法等法治协调统一的法律制度，为法治的平稳运行和自由、平等、人权、正义的价值取向奠定了法律基础。

一、国家层面："真正的法律"凸显国家权力与公民权利的统一

马克思在《〈科隆日报〉第179号的社论》中指出："哲学是阐明人权的，哲学要求国家是合乎人性的国家"③，因此，从国家维度确立的共产主义第一阶段法律制度，应该以调整人和国家之间的关系为出发点和落脚点，凸显国家作为管理者和被管理者的"双重身份"，实现维护国家利益、限制公共权力的法律。这方面的法律制度主要包括宪法及其相关法、刑法、诉讼法等。

---

① 中共中央马克思恩格斯列宁斯大林著作编译局. 马克思恩格斯全集：第1卷［M］. 北京：人民出版社，1995：287.
② 中共中央马克思恩格斯列宁斯大林著作编译局. 马克思恩格斯全集：第1卷［M］. 北京：人民出版社，1995：175.
③ 中共中央马克思恩格斯列宁斯大林著作编译局. 马克思恩格斯全集：第1卷［M］. 北京：人民出版社，1995：225.

首先，以共产主义第一阶段宪法为例，马克思从国家和公民权利义务层面明晰了人与国家的关系。马克思充分肯定了宪法在国家法治中的根本地位，不仅规定了共产主义第一阶段国家机构的性质、作用和组织活动原则，还明确了公民权利与义务的制定和保障。马克思认为，"相反，这次的宪法却不是批准了什么社会革命，而是批准了旧社会对于革命的暂时胜利"①，宪法通过胜利的一方确立以保障自身的利益，充分展现了阶级力量的对比关系。因此，无产阶级革命推翻资产阶级旧宪法，维护社会革命成果和本阶级的利益，必然要在社会实践中建立以人民的共同利益为基础的宪法。

一方面，宪法规定国家机构的性质与原则。在马克思看来，共产主义第一阶段宪法的内容总是由占统治地位的阶级，即无产阶级所决定的，因此宪法现实地反映了无产阶级的意志，以宪法为根本的法律是"共同利益所决定的这种意志的表现"②，是国家意志的一般表现形式。因此宪法的人民意志也客观地规定了国家机构的人民性。在这里，国家作为镇压的武器，彰显无产阶级的共同意志，只是对少数敌人实施压迫，对占绝大多数的无产阶级构成的人民群众实行民主，为人民利益而服务。此外，恩格斯还进一步补充了无产阶级国家的民主特性。在《〈法兰西内战〉1891年版导言》等文中，恩格斯明确指出，无产阶级国家机构的民主性质在宪法中应做出明确规定，为了保持这一特性应采取一系列防范措施，对国家权力进行制约和监督。例如，人民享有对公职人员的随时撤换权，实行普选制，颁布薪金限令，赋予人民监督职责，防止特权现象等，以此来维护无产阶级国家机构的人民意志和民主特质。

另一方面，宪法明确并保障公民的基本权利和义务。马克思揭示了资产阶级公民权和人权"二元分立"的虚伪弊端，明确了共产主义第一阶段国家实现真正的公民权利与义务的宪法原则。马克思表示，资产阶级宪法一再重复的这一原则，即"对人民的权利和自由（例如，结社权、选举权、新闻出版自由、教学自由等等）的调整和限制将由以后的组织法加以规定"③，企图通过取消自

---

① 中共中央马克思恩格斯列宁斯大林著作编译局. 马克思恩格斯全集：第 10 卷［M］. 北京：人民出版社，1998：165.
② 中共中央马克思恩格斯列宁斯大林著作编译局. 马克思恩格斯全集：第 3 卷［M］. 北京：人民出版社，1960：378.
③ 中共中央马克思恩格斯列宁斯大林著作编译局. 马克思恩格斯全集：第 10 卷［M］. 北京：人民出版社，1998：692.

由的方法实现对被允诺的自由，运用宪法冠冕堂皇地宣扬"自由""平等""人权"，其实质是建立在资产者和无产者不平等的基础上的，体现的是公民权利的虚置。无产阶级想要改变这一现状，需要借助于无产阶级革命夺取政治统治，构建"不分肤色、信仰或民族"① 的社会关系，保障公民权利的真正实现。共产主义第一阶段宪法明确保障公民的普选权利、自由权利（如人身、新闻出版、结社、机会、教育和宗教自由等）、社会平等权利即"消灭阶级本身"等等，并提出"劳动权"也是国家公民的权利，实现生产资料的工人阶级支配。在马克思看来，"没有无义务的权利，也没有无权利的义务"②，权利和义务两者相辅相成，相互统一，公民权利的履行应该建立在不妨碍他人自由、平等的义务之上，这是共产主义第一阶段宪法的首要原则之一。同时，共产主义第一阶段宪法还应该避免资产阶级宪法的虚伪性，决不能"在一般词句中标榜自由，在附带条件中废除自由"③，切实保障公民的社会平等和自由。

其次，合乎人性的刑法充分发挥国家管理职能调整人类行为、维护国家秩序的有效手段。资产阶级刑法理论具有泯灭人性的意蕴，马克思从唯物史观的立场和观点出发系统阐释了刑法和犯罪的本质及原因，明确了共产主义第一阶段刑法在立法与实施过程中的基本原则。在马克思看来，刑法和刑罚的产生不过是国家和社会为了对付"违犯它的生存条件"④，也就是犯罪行为而采取的一种法律手段。在资本主义私有制条件下，法学家的刑法理论建立在泯灭人性（如鲁道夫）或抽象人性（如康德、黑格尔）的基础之上，人受到社会剥削和奴役，处于不平等和不自由的社会环境中，个人的需求无法在社会的统治关系中得到满足，从而导致犯罪现象的产生。从唯物史观立场和观点出发，个人反社会的犯罪行为的根源在于其生存的社会环境，因此，想要预防和减少犯罪行

---

① 中共中央马克思恩格斯列宁斯大林著作编译局．马克思恩格斯全集：第21卷［M］．北京：人民出版社，2003：17.

② 中共中央马克思恩格斯列宁斯大林著作编译局．马克思恩格斯全集：第21卷［M］．北京：人民出版社，2003：17.

③ 中共中央马克思恩格斯列宁斯大林著作编译局．马克思恩格斯全集：第11卷［M］．北京：人民出版社，1995：145.

④ 中共中央马克思恩格斯列宁斯大林著作编译局．马克思恩格斯全集：第11卷［M］．北京：人民出版社，1995：618.

为，首先应该消灭其社会根源，即"整个现代资产阶级社会的基本条件"①，建立合乎人性、实现真正的平等和自由的社会活动场所。在这里，马克思虽然没有指明，但从其对社会环境的基本描述来看，他所设想的没有犯罪行为的场所就是"共产主义"社会。

然而，资本主义社会向共产主义转变的第一阶段，仍然存在资本主义社会的旧痕迹和旧阶级关系，由于国家和法的政治形式的存在，社会的不平等、不自由现象也依然存在，因此在这种社会环境下，仍然不可避免地需要刑法惩治和预防人与社会的冲突而导致的犯罪现象。但马克思明确指出，共产主义第一阶段的刑法同资本主义存在本质的差异，在立法和实施过程中具有共产主义第一阶段的特定原则。

其一，预防犯罪以赋予权利的立法原则为出发点。马克思批判了资本主义国家立法者限制权利、公开执行死刑等刑罚感化恐吓的方式，认为这一行为在现实生活中只会适得其反，因为每次公开死刑事件后就会发生许多"自杀事件，或上吊死亡事故"②，是对人性的泯灭和权利的侵蚀。共产主义第一阶段预防犯罪的最有效手段是"给法提供实际的活动领域"③，满足人民的习惯权利和社会需求，在立法中明确否定法律、危害社会的犯罪界限，不应将因社会环境造成的过错纳入犯罪行为中。

其二，犯罪的行为现实是刑罚的标尺。惩罚作为犯罪的必然后果，应该依据犯罪行为本身去衡量，坚持罪行相适应原则。"我的行为就是法律在处置我时所应依据的唯一的东西"④，刑罚的对象只能是行为，是事物本身的客观规律即对刑罚的客观规律的本质规定。针对普鲁士王国颁发的追究思想的书报检查令，马克思认为这不是法律，消除了公民在法律面前的平等地位，是一种特权，以行为之外的其他因素衡量刑罚，是对非法行为的法律认可。

---

① 中共中央马克思恩格斯列宁斯大林著作编译局．马克思恩格斯全集：第11卷［M］．北京：人民出版社，1995：619.

② 中共中央马克思恩格斯列宁斯大林著作编译局．马克思恩格斯全集：第11卷［M］．北京：人民出版社，1995：616.

③ 中共中央马克思恩格斯列宁斯大林著作编译局．马克思恩格斯全集：第1卷［M］．北京：人民出版社，1995：254.

④ 中共中央马克思恩格斯列宁斯大林著作编译局．马克思恩格斯全集：第1卷［M］．北京：人民出版社，1995：121.

其三，坚持罪行相适应的量刑原则和罪刑法定原则。在资本主义社会刑罚制度中，很多领域都不实行量刑惩罚的方式，而不考虑犯罪行为的轻重，一律采取相同的惩戒方式。例如，马克思在《林木盗窃法辩论》中提到的莱茵省议会将"拾捡枯树枝"和"盗窃林木"统归"盗窃"罪、在《新莱茵报》发表的《逮捕》一文中刑法典对侮辱和暴力行为的同等划分等，就是最典型的案例。对此，马克思以历史和犯罪事实证明："不考虑任何差别的严厉手段，会使惩罚毫无效果，因为它会取消作为法的结果的惩罚。"① 合乎人性的刑法要坚持罪行相适应的量刑原则和罪刑法定原则。惩罚不仅要根据犯罪的"实际的罪行"获得相应的界限，而且还应"受到法的原则的限制"，② 在法律规定的范围内实施惩戒行为，如此才能真正将惩罚看作"真正的犯罪后果"，发挥其法的效果。

其四，"自由的公开审判程序"是刑罚作为实体法内容落实到实际的必要诉讼形式。在马克思看来，如同动物的外形和血肉之间的关系一样，诉讼作为法律的生命形式和内部生命，同法律之间有着密不可分的联系。因此，诉讼法在法治体系中具有不容忽视的作用，遵循一定的诉讼程序，可以在一定程度上保障犯罪嫌疑人的人身权利，同时也为社会审判的公平和公正奠定法律基础。在当代，社会主义国家利用其专政职能，在确保人民习惯权利的基础上，对危害国家和社会秩序、否定法律的犯罪行为实施惩罚，是处理人与国家和社会冲突的有效暴力手段。

二、社会层面："真正的法律"明确社会利益保障的权利与义务

从维护社会利益的角度来看，马克思所处的时代是市场经济的自由竞争时代，社会不公平和两极分化导致阶级斗争和对抗成为当时社会的主题，人们尚未意识到国家利益和私人利益之外的社会利益问题，即所谓的未成年人、劳动者、贫困者等弱势群体的权益。然而，正是在对资本主义法治批判的基础上，马克思逐步关注到维护人类生存利益的环境法和以生存权为保障对象的经济法等在维护社会利益中的重要作用，进而在理论探索和建构中提出了符合共产主

---

① 中共中央马克思恩格斯列宁斯大林著作编译局.马克思恩格斯全集：第 1 卷［M］.北京：人民出版社，1995：245.
② 中共中央马克思恩格斯列宁斯大林著作编译局.马克思恩格斯全集：第 1 卷［M］.北京：人民出版社，1995：247.

义第一阶段的基本原则。

其一，环境法保障人类社会的生存利益，是调整人与自然和谐相处的法制必然。资本主义社会拥有着对利润、金钱以及利益的无限欲望，对物和资本的贪欲支配着资本所有者的心理、观念和行为。在物欲的统治下，资本面对人和自然的关系也仅仅从价值，即"有用性"来审视自然万物，"把物质生产变成对自然力的科学统治"①。如此，资本所有者将自然界看作单一化的交换价值，成为扩大再生产物质生产资料，并从国内扩张到全球，实现资本对自然的统治掠夺和过度利用，导致世界自然资源的衰减以及人与自然的矛盾关系不断加深。马克思对生态的破坏、资源的锐减深感关切，积极探索消除人和自然对峙的现实路径。马克思在《巴黎手稿》中表示，共产主义社会是"人和自然界之间、人和人之间的矛盾的真正解决"②。想要实现这一目标，首先应该"对我们的现今的整个社会制度实行完全的变革"③，这一处理人和自然关系的社会制度就是环境法。

环境法的建构应该遵循以下基本原则：首先，应该尊重自然界这一客观规律，以减少或避免自然界对人类社会的报复；其次，坚持"人类同自然和解"的原则，即"人同自然界的完成了的本质的统一，是自然界的真正复活，是人的实现了的自然主义和自然界的实现了的人道主义"④，推动任何自然之间的相互作用，保障未来社会物质交换过程中不以牺牲环境作为发展的代价，实现人与自然协调发展；再次，针对林木盗窃法案中立法者以主观善恶作为立法依据、抛弃平等原则和人本精神的行为，马克思强调环境立法应注意内部体系和外部体系的协调和沟通，从公共利益出发，吸纳和遵循贫民林木习惯法，推动科学立法、民主立法和以法立法的生态文明法治的实现；最后，环境法也要遵循"罪行相适应"的原则，依据犯罪行为展开有差别的量刑惩罚，以实现自由、民

① 中共中央马克思恩格斯列宁斯大林著作编译局．马克思恩格斯全集：第1卷［M］．北京：人民出版社，1995：773.
② 中共中央马克思恩格斯列宁斯大林著作编译局．马克思恩格斯全集：第3卷［M］．北京：人民出版社，2002：297.
③ 中共中央马克思恩格斯列宁斯大林著作编译局．马克思恩格斯全集：第26卷［M］．北京：人民出版社，2014：770-773.
④ 中共中央马克思恩格斯列宁斯大林著作编译局．马克思恩格斯全集：第3卷［M］．北京：人民出版社，2002：301.

主、平等、人权与法治的有机统一。环境法的构建，是实现人类社会发展的理想状态之一，即人与自然和谐发展的可行方法和必要法律，为共产主义社会高级阶段"自由联合体"的建立奠定了社会基础。

其二，经济法积极调整经济领域中的社会关系，是个人从事经济活动和劳动行为的基本准则。所谓经济法，是介于国家利益和个人利益之间，为维护社会的普遍利益而展开的立法。在马克思看来，经济法是由现实的经济条件所决定的，用来"表明和记载经济关系的要求而已"①，凸显了国家对经济活动的管理、调控职能的法律规范，是以保障私人利益和公共利益的统一为出发点促进经济发展的良法。马克思对经济法的关注集中体现在劳动法和银行法上，强调合理的劳动法和银行法对社会经济发展的积极作用。

就劳动法而言，马克思在《资本论》等书中通过对英国工厂立法的历史探究，深刻探索和揭示了劳动法的起源、发展形态以及实现形式。

首先，关于劳动法的起源。在马克思看来，劳动权就是"支配资本的权力"②，资本主义社会对剩余价值和资本增殖的无限欲望，使得资本本身不可能去关心工人阶级的健康和寿命，完全突破了工人的道德极限和人的身体极限。如此这般导致了资本与劳动力之间的矛盾激化。一方面，资本在榨取剩余价值过程中"吮吸的活劳动越多，它的生命就越旺盛"③；另一方面，劳动力在无限地被使用的过程中，身体、精神、伦理、文化上的限度受到现实的挤压。资本和劳动之间这种有限和无限的对立在长期的剥削和压迫中日益尖锐。也正是在这样的环境下，工人阶级日益成长为一支可以同资产阶级分庭抗礼的无产阶级，在社会的暴力运动驱使下，使资产阶级被迫在工资、工作日以及儿童劳动等法律制度中妥协，颁布并执行早期劳动法的雏形——工厂法。马克思表示，虽然这一时期的工厂立法仍然具有阶级局限性，但却是"社会对其生产过程自发形

---

① 中共中央马克思恩格斯列宁斯大林著作编译局. 马克思恩格斯全集：第 4 卷［M］. 北京：人民出版社，1958：122.

② 中共中央马克思恩格斯列宁斯大林著作编译局. 马克思恩格斯全集：第 10 卷［M］. 北京：人民出版社，1998：165.

③ 中共中央马克思恩格斯列宁斯大林著作编译局. 马克思恩格斯全集：第 43 卷［M］. 北京：人民出版社，2016：237.

式的第一次有意识、有计划的反作用"①，是工人阶级利用法权形式谋求自己福祉的一次伟大创举，对工人阶级劳动环境的改善、工作日的缩减以及各种劳动权利的获得提供了法律保障。

其次，关于劳动法的发展形态。马克思对无产阶级国家劳动法的基本设想源自其对资产阶级劳动法的批判和分析，从英国工厂立法实践中获取保障劳动权的法治构建。一是针对劳动者的工资和劳动时长，马克思表示，国家应该颁布合理的法律形式，将工作日缩减到合理的范围内，并提高工资到"不仅和被勒索的剩余时间成比例而且还要超过这一比例"②，以保障劳动者的权利。二是马克思对英国工厂立法中的卫生条款采取肯定态度，指出这些条款虽然在当时社会中十分缺乏，但在一定程度上可以改善工人的劳动环境，减少安全事故，降低工人生病和死亡指数，保障工人阶级的健康和寿命。三是英国工厂法的教育条款规定 14 岁以下的孩子要接受初等教育，才能成为进入工厂做工的条件，在一定程度上也受到马克思的关注。在他看来，这一条款虽然涉及儿童的初等教育，但也证明了"体力劳动同智育和体育相结合的可能性"③，在一定程度上保障了儿童受教育的权利。

最后，关于劳动法的实现形式。马克思表示，资本主义国家中无产阶级虽然靠自己的力量获得一定的劳动权利，但从其本质来看，这一时期的劳动权不过是资产阶级为了缓解社会矛盾而采取的一定妥协措施，在绝大多数情况下劳动法不过是一纸空文，劳动者并没有从根本上获得支配资本的权力。想要保障劳动权利的真正实现，最根本的方式就实现劳动者对生产资料的占有，"也就是消灭雇佣劳动、资本及其相互间的关系"④。想要达到这一目的，无产阶级需要组织起来，通过暴力革命推翻资产阶级私有制，彻底打破资产阶级国家机器，建立生产资料公有制，实现工人阶级和劳动群众对生产资料的共同占有。

---

① 中共中央马克思恩格斯列宁斯大林著作编译局 . 马克思恩格斯全集：第 42 卷［M］. 北京：人民出版社，2016：497.

② 中共中央马克思恩格斯列宁斯大林著作编译局 . 马克思恩格斯全集：第 21 卷［M］. 北京：人民出版社，2003：204.

③ 中共中央马克思恩格斯列宁斯大林著作编译局 . 马克思恩格斯全集：第 43 卷［M］. 北京：人民出版社，2016：509.

④ 中共中央马克思恩格斯列宁斯大林著作编译局 . 马克思恩格斯全集：第 10 卷［M］. 北京：人民出版社，1998：165-166.

就银行法而言，马克思主张克服资产阶级国家银行立法的弊病，充分发挥银行在共产主义初级阶段经济发展中的调节作用。

以 1844 年英国银行法为例，马克思首先从其立法的指导思想和阶级实质揭露了资产阶级银行法的弊病。自 1825 年到 1844 年，英国先后爆发了三次规模庞大的商业危机，面对这场风暴，资产阶级学者企图从货币流通流域寻求危机根源及其解决方法，即通过英格兰银行改革法，实现国家对银行的经济干预。这一银行改革法将李嘉图的货币数量学说直接生搬硬套地运用到银行券的流通领域，认为在通货膨胀的情况下，将银行券成比例地从流通流域抽走，反之将其成比例投入流通，就可以免除经济危机。对此，马克思表示"银行券的发行不是完全按照金属流通的规律来调节的"①，这种"通货学派"的立法理论依据本身就是错误的。经济危机一般都发生在金属货币向国外大量流出的阶段，这时就需要银行的金属储藏作为补偿。然而在如此迫切地需要大量金属的时候，银行遵循所谓的法律将流通手段中金属货币的量减少了，只会进一步加速经济危机。因此，1844 年银行法并不能从根本上解决问题，其实质是银行资本家谋取私利的法律工具。针对资本主义的经济危机，马克思认识到"不是通过'改造'银行或建立合理的'货币制度'所能消除的"②，需要从经济上实行彻底的变革，从根本上废除价格和交换价值。然而，在这里马克思并不是彻底否认银行法的作用。在马克思看来，银行"事实上有国家的信用作为后盾，它们的银行券在不同程度上是合法的支付手段"③。在无产阶级夺取政权后，国家作为社会管理的职能单位，仍然需要通过银行立法将信贷集中在自己手中，实现对货币支付和银行管理的调整和规范，以充分发挥其经济职能，保障经济的发展、市场的稳定。

三、个人层面："真正的法律"规范社会交往的利益关系

如前所述，经济法是介于国家和个人利益之间的社会利益的法律规范，凸

---

① 中共中央马克思恩格斯列宁斯大林著作编译局 . 马克思恩格斯全集：第 46 卷 [M] . 北京：人民出版社，2003：621.

② 中共中央马克思恩格斯列宁斯大林著作编译局 . 马克思恩格斯全集：第 30 卷 [M] . 北京：人民出版社，1995：82.

③ 中共中央马克思恩格斯列宁斯大林著作编译局 . 马克思恩格斯全集：第 46 卷 [M] . 北京：人民出版社，2003：454.

显国家公权力在经济关系中的调控职能。那么民商法则与之相辅相成并行存在但又具有一定的差异性。它是从个人维度出发，对商事活动、社会生活、家庭关系中不涉及公权力渗透的物权关系、债权关系、继承关系以及夫妻关系等的法律规定，是维护个人利益的具体体现。从个人维度出发，马克思不仅从整体层面揭示了共产主义第一阶段民商法的性质和作用，还以典型案例明确了这一阶段的所有权关系、商品交换关系、婚姻家庭关系等法治形态。

　　整体来看，民商法作为人与人之间的法律规范，是对私人之间公权力不直接介入的"经济关系"的规范和调整。从马克思的观点来看，民法根源于物质的生活关系，是"所有制发展的一定阶段，即生产发展的一定阶段的表现"①，堪称经济领域人民权利的"圣经"。而商法主要是针对商品交换关系之间的平等主体及其普通商事关系的法律调整，隶属于包含财产和人事关系的民事关系范畴，因此法律制度发展到今天，不再细分所谓的民法、商法，而是坚持民商合一。这也迎合了马克思的那句话，"在进步的状态下，每个人都是商人，社会则是商业社会"②，随着社会文明的不断进步，"商"的范畴也不断扩大到整个经济领域，因此民商合一是社会历史发展的必然。在社会发展的某个阶段，为了满足人们对于"产品生产、分配和交换"而产生的共同规则约束的需求，民商法应运而生。

　　作为社会经济生活条件的法权表现，这一法律制度在不同的生产形式中服务于不同的法的关系、统治形式等。然而民商法是否能如实反映不同物质生产条件下的社会经济生活，还要取决于立法者的能力。在资本主义条件下，马克思恩格斯将民商法看作一种"私法"，"是与私有制同时从自然形成的共同体的解体过程中发展起来的"③，被归结为"私有者的权力"，服务于"单个人之间"的经济关系。在私有制的驱使下，这种法的关系形式仍表现出一种强权，存在于它们的"法治国家"中，促进生产的发展。因此，资产阶级的民商法是以保护私有制和剥削阶级的私有权利为前提的。作为同私有制共同发展起来的民商

① 中共中央马克思恩格斯列宁斯大林著作编译局. 马克思恩格斯全集：第4卷［M］. 北京：人民出版社，1958：87.

② 中共中央马克思恩格斯列宁斯大林著作编译局. 马克思恩格斯全集：第3卷［M］. 北京：人民出版社，2002：357.

③ 中共中央马克思恩格斯列宁斯大林著作编译局. 马克思恩格斯文集：第1卷［M］. 北京：人民出版社，2009：584.

法，在私有制完全消失后也将失去其存在的价值。但是在私有制向公有制过渡的无产阶级专政时期，民商法仍具有维护无产阶级作为主体的私人利益之间的经济关系的功能，以保障经济生活的平稳运行。总而言之，共产主义第一阶段民商法仍然具有存在的现实价值，真实反映这一时期商品生产和交换中的客观经济关系以及民事领域中人与人之间的关系，保障共产主义第一阶段经济关系中公民权利的自由、平等和人权。

具体来说，共产主义过渡时期典型范式的民商法构建，为社会交往的权利义务提供衡量依据，也为人民的自由平等奠定法律保障。针对人与人之间经济关系和人身关系，诸如所有权关系、商品交换关系、婚姻家庭关系和继承关系等，马克思认为都需要民商法予以规范和调整。但基于当时正处于资本主义发达时期，马克思无法对未来民商法的细则给予深入、具体的研究，只能从宏观层面对上述几对民事关系的法律制度提出基本的立法设想。

一是所有权关系。所有权是所有制的法律形式，涉及财产、占有、使用、收购、处分等在法律上确认的不受他人干涉的权利。在马克思看来，所有权作为一种社会关系，综合了"分工和所有其他范畴"①，是特定时期生产力和生产关系的外在表现。他并不热衷于将所有权看作一种抽象的永恒的定义确定下来，认为这不过是形而上学的幻想。因为作为所有制的法律表现形式，所有权受到不同历史时代的社会关系的影响，在不同时期呈现出不同的法权模式。正如资产阶级所有权是把以私有制为基础的资产阶级生产的全部社会关系描述一番，共产主义第一阶段的所有权则是将这一阶段的生产关系以法律的形式描述一番，实质是生产资料公有制在法律上的表现。在公有制基础上的共产主义所有权，其生产资料是由土地和资本等组成的、为满足劳动人民物质文化生活需求的"自由的和联合的劳动的工具"②，这些生产资料的所有权归全体劳动者共同享有；而这些劳动者是直接参与生产的劳动者，在生活资料上进一步使"个人所有制"成为现实。在无产阶级建立政权的阶段，为了进一步将资产阶级生产关

---

① 中共中央马克思恩格斯列宁斯大林著作编译局. 马克思恩格斯全集：第47卷［M］. 北京：人民出版社，2004：444.

② 中共中央马克思恩格斯列宁斯大林著作编译局. 马克思恩格斯文集：第3卷［M］. 北京：人民出版社，2009：158.

系和所有权收归到无产阶级的手中，达到"剥夺剥夺者"①的目的，则需要依靠国家与法的强制性力量的干涉，推动资产阶级掌握的社会化生产资料转化为公共财产，实现劳动人民对全部劳动工具和全部工业的"实际占有"。当然，这里的"剥夺"并不是剥夺所有人占有社会产品的机会，而是消除其奴役和剥削的本性。法律仍然赋予了劳动人民以占有、使用、享有的权利，使生产资料真正成为"受联合起来的个人的支配"②。

二是商品交换关系。商品交换作为经济活动中最基础的关系形式，商品的所有权及其建立在契约基础上的法的形式的确立，对商品经济的平稳运行、公民权利的保障产生巨大的助推作用。正如列宁所言："马克思屡次说明，商品生产者的关系是法治国家公民权利平等和自由契约等原则的基础。"③那么，共产主义第一阶段法治，首先应该确立保障公民权利平等的商品所有权关系。商品之所以具有交换的可能，除了其内在的价值属性外，还存在一个外在的前提条件，即交换的双方形成了一种契约式的法的关系，彼此承认双方都是商品的占有者。这种法的关系"是由经济关系本身决定的"④，是对商品交换事实上的公认。在以生产资料公有制为经济基础的共产主义第一阶段，我们也需要准确把握经济现实，利用法律客观反映商品经济的事实，明确商品的所有权问题，确保公民权利在商品交换关系中的平等和自由。此外，马克思还强调，这种契约式的法的关系是商品交换的基本前提，无论市场上交换数量及其场合发生多大的变化，这种前提总是存在的。"先有交易，后来才由交易发展为法制……这种通过交换和在交换中才产生的实际关系，后来获得了契约这种的法的形式。"⑤建立在契约基础上的法的关系正是随着商品交换的发展而建立起来的，并日益发展成为稳定的法律制度，对生产要素所有者的行为形成指导和约束作用，保

① 中共中央马克思恩格斯列宁斯大林著作编译局. 马克思恩格斯文集：第3卷［M］. 北京：人民出版社，2009：158.
② 中共中央马克思恩格斯列宁斯大林著作编译局. 马克思恩格斯文集：第1卷［M］. 北京：人民出版社，2009：574.
③ 中共中央马克思恩格斯列宁斯大林著作编译局. 列宁全集：第1卷［M］. 北京：人民出版社，2013：121.
④ 中共中央马克思恩格斯列宁斯大林著作编译局. 马克思恩格斯全集：第21卷［M］. 北京：人民出版社，2003：375.
⑤ 中共中央马克思恩格斯列宁斯大林著作编译局. 马克思恩格斯全集：第19卷［M］. 北京：人民出版社，1963：422-423.

障商品交换呈现法治化、秩序化、稳定化发展。

三是婚姻家庭关系。婚姻家庭关系是人与人之间最基本的关系模式。马克思针对人类社会发展各个阶段相适应的各种婚姻家庭状态展开考察，科学预见了只有通过共产主义社会的立法才能保障婚姻自由、妇女解放以及家庭稳固的真正实现。针对婚姻关系，马克思指出，婚姻关系具有合乎伦理道德的本质，"如果立法者认为婚姻是牢固的，足以承受种种冲突而不致受到损害，那他就是尊重婚姻"①。对此，恩格斯进一步强调婚姻只有建立在爱情的基础之上才是合乎道德的，并指出共产主义第一阶段社会生产资料归社会所有，将妇女从金钱和雇佣劳动中解放出来，为妇女自由和解放提供了社会基础。资本主义社会中建立在经济和物质关系上的婚姻异化和不平等现象逐渐消失，代之以男女平等基础上的婚姻自由。马克思推想，随着社会的不断发展，共产主义第一阶段将真正达到两性之间的平等，实行一夫一妻制。婚姻的实质就是一种道德和法的制度，表现为契约式的法律行为，建立在合乎道德伦理基础上的婚姻立法，是实现婚姻自由的重要保障。然而婚姻自由不仅包含结婚的自由，还具有离婚自由。马克思表示，法律应该保障离婚的权利。判断婚姻是否结束取决于"事物的本质"，立法者有权利也有义务根据最无可怀疑的征象判断伦理关系，以此来保障人民的离婚权利。当然，这里还要强调一点，离婚自由建立在"婚姻的本质"基础上，而不是将任性上升为法律随意泛滥。针对家庭关系，"每日都在重新生产自己生命的人们开始生产另外一些人，即繁殖"②，这样，家庭在历史发展过程中就衍生为夫妻、父母、子女之间的关系。在马克思看来，女性的社会地位成为衡量社会进步的一个重要因素，夫妻之间想要真正摆脱丈夫对妻子统治的独特性质，首先应该需要让所有女性回归到公共事业中，从法律上保障男女双方的完全平等，而这一事实上的平等只能依赖于共产主义第一阶段法治的实现。同样，对于子女的保护，马克思也认为社会有责任通过"由国家政权施行的普遍法律"来保护那些没有能力保护自己的人，这个问题也就是现代社会常谈到的未成年人保护法。当家庭在公有制下不再成为社会的经济单位，转为

---

① 中共中央马克思恩格斯列宁斯大林著作编译局. 马克思恩格斯全集：第1卷［M］. 北京：人民出版社，1995：349.

② 中共中央马克思恩格斯列宁斯大林著作编译局. 马克思恩格斯文集：第1卷［M］. 北京：人民出版社，2009：532.

社会劳动部门的时候，对子女的抚养和教育问题也就从私人的事务转化为社会公共事业。这就要求共产主义第一阶段法治能够合理审视未成年人保护的关键问题，切实保障儿童的合法权益。

四是继承关系。调整和规范继承关系的继承法建立在私有制基础上，是现实经济组织的法律结果。只有当财产属于私人所有，神圣不可侵犯，才会赋予其占有者死后传给他人的权利。因此，继承权和继承法也会随着生产资料私有制的消除而走向消亡。然而，以圣西门和巴枯宁为代表的唯心主义者，主张将废除继承权作为社会革命的出发点。这是典型的唯心主义看法，颠倒了经济基础和现代法学的关系，没有看到继承权对生产关系的强烈依赖性，反而将法学看作现代经济状况的基础。马克思认为，这种主张是"多么愚蠢的行为"，即使社会革命取得初步胜利，在共产主义第一阶段，我们仍然需要继承法。因为在那样一个时期，"一方面，现今社会的经济基础尚未得到改造"①，继承法的经济基础，即生产资料私有制仍然存在，这就需要继承法对其进一步调节。另一方面，这一时期的私有制与资本主义占主导地位的所有制形式不同，它面临着工人群众的社会改造。废除生产资料私有制不是一蹴而就的事情，需要通过循序渐进的社会改造，继承权的消亡则是循序渐进的自然结果。但在这一改造过程中，公有制和私有制混合，仍然需要在继承方面制定相应的过渡性措施（继承法）确保继承权的规范运行。对此，马克思从两个层面提出预想：第一，广泛征收遗产税，将获得的资金用于"社会解放"的目的；第二，对遗嘱继承权采取限制措施，因为在马克思看来，这一方式是"私有制原则本身的恣意的和迷信的夸张"②，运用法律制度调整继承权，实现法定和遗嘱的结合。如此，在法律的调节和规范作用下，限制和弱化继承权内含的私有性质，为社会的彻底改造和完全解放而服务，直至继承权完全消失。

---

① 中共中央马克思恩格斯列宁斯大林著作编译局．马克思恩格斯文集：第3卷［M］．北京：人民出版社，2009：89.

② 中共中央马克思恩格斯列宁斯大林著作编译局．马克思恩格斯文集：第3卷［M］．北京：人民出版社，2009：90.

第三节　运行机制：法治实施的"五位一体"

党的十八届四中全会指出，法律是治国之重器，良法是善治的前提。实行善治必然要求良法，但良法是善治的必要条件却不是充分条件，只是为善治提供了现实可能性。想要在社会实践中真正实现法治的有效运行，仅仅依赖于"真正的法律"体系远远不够，还需要进一步规范和完善法律制度的"治理"效用，搭建良好的运行机制。法治的运行机制，指法治运行过程中的行为要素，即在法律制度范围内活动和依法办事，实现立法、司法、执法、守法和监督等程序各司其职、协调发展。马克思虽然没有专门的法治、法律专著，但在其零散的语言和片段中，对立法、司法、执法、监督和守法等运行环节提出了宏观的设想和原则性要求，尤其对立法和司法制度有着深刻的见解，形成了较为完善的"五位一体"法治运行机制。从法律制度的制定到法的运行，这一机制保障了国家权力和社会公民权利的发展完善，推动了共产主义第一阶段法治体系付诸实践。

一、立法环节应该表达"人民意志"

法律制度的优劣是关系法治运行效果的首要环节，社会运行在很大程度上可能"由于错误的立法或多或少地被导致极端"[1]，因此，构建内外兼修、形式完善和内容良善的法律制度，是法治平稳运行和科学发展的前提和基础。对此，马克思对立法的性质、形式和内容等都做了具体的原则要求。

其一，性质上，立法"只披露和表述法律"[2]。按照经济基础决定上层建筑的基本原理分析，法律制度是对一定的、客观存在的物质生活条件和社会经济关系的集中反映，即在一定的市民社会中会存在与之相适应的政治国家和法。

---

[1]　中共中央马克思恩格斯列宁斯大林著作编译局. 马克思恩格斯全集：第46卷［M］. 北京：人民出版社，2003：584.

[2]　中共中央马克思恩格斯列宁斯大林著作编译局. 马克思恩格斯全集：第3卷［M］. 北京：人民出版社，2002：74.

"法律只是事实的公认"①，是反映客观经济关系这一事实的政治产物。因此，立法者应根据事物的本质，深入现存的客观关系和具体社会条件之中表述和披露法律，而不是在主观的个人意志基础上随意创造、规定法律。资本社会农民贫困现象重生，就是"现实和管理原则之间的矛盾"导致的结果，以林木盗窃法为例，立法者以主观善恶为立法依据，对不涉及私人利益的法律情节不加区别和进一步确定，是典型的资产阶级等级制度的法律，成为农民贫困的典型案例。立法应该切实以物质条件为基础，体现广大人民的根本意志。

其二，形式上，立法要既"确定"又"普遍"。所谓确定性，意指"对于同样的法律问题，所有受过法律训练的人，借助于正常的推理程序，最终都能够得出同样的答案"②。虽然法律随情景、时间、地点的转移会产生一定的变化，但一定程度的确定性对法治的平稳运行和社会稳定具有十分重要的意义。马克思从具体的立法案例中证实了这一点。以马克思对书报检查令的批判为例，该法令第 2 条规定："书报检查不得阻挠人们对真理作严肃和谦逊的探讨，不得使作者受到无理的约束，不得妨碍书籍在书市上自由流通。"③ 从其字面意义来看，这一法令具有保障出版自由的意味，但在马克思看来，所谓的"严肃和谦逊"却是一个不固定、相对的概念，无法准确界定其外延和内涵，这种可以随意引申的概念实质上为统治者剥夺出版自由提供了可乘之机，是一种专制的法律。此外，法令中诸如"轻佻的、敌对的方式""地位和品格""学术才能"等词句在法典中肆意运用，本身应该以出版内容作为客观评价标准的法令却将所谓的"人身关系"看作关键因素，为统治者随意解释法律提供了方便，法律则失去了其标准、尺度、界限乃至稳定性。由此，法律不应该存在含糊的概念和凌驾于其之上的主观臆断的意志自由，想要真正实现法律的自由属性，首先应该具有确定性特征。与此同时，立法也要具有普遍性。"甚至最优秀的立法者也不应该使他个人凌驾于他的法律之上"④，法律不是特权阶级的法律，应该是针

① 中共中央马克思恩格斯列宁斯大林著作编译局．马克思恩格斯全集：第4卷［M］．北京：人民出版社，1958：124．
② 梁治平．法律解释问题［M］．北京：法律出版社，1998：97．
③ 中共中央马克思恩格斯列宁斯大林著作编译局．马克思恩格斯全集：第1卷［M］．北京：人民出版社，1995：110．
④ 中共中央马克思恩格斯列宁斯大林著作编译局．马克思恩格斯全集：第1卷［M］．北京：人民出版社，1995：264．

对普遍的人和事而做出的规定，不应该存在以服务私人利益为目的的立法。

其三，内容上，立法是"人民意志的自觉表现"①。前文已述，立法应该遵从事物的本质，这被马克思称为"人类理性"。那么在现实生活中如何实现具有理性的法律呢？其根本途径在主体上表现为"人民直接立法"。"人民意志"应该成为立法的基础和法律成立的依据，只有如此才能客观评价现实的伦理关系是否符合事物本质的条件，判断其是否合乎伦理并且合法而形成科学的判断，为法治的权威性和合理性奠定了坚实的法律基础。马克思强调，资本主义制度下的"私人立法"不过是为了谋取劳动工人剩余价值和资本利润而服务的，造成法律本性的根本扭曲。立法应切实反映社会利益而非私人利益，"毫不犹豫地为了代表全省而牺牲代表特殊利益的任务"②。此外，人民意志在价值上凸显对自由的追求。因此，立法内容应该遵循"自由的肯定存在"的价值原则，切实维护人民自由，对践踏、限制人性自由的行为进行强制干涉。

二、司法环节需要保障人民主权和法治公正

司法作为调整社会关系及其秩序的总开关，是法治运行与实施的核心环节。司法的公正与否是社会公平正义能否切实维护的最关键环节，因此立法后的司法环节则成为法律条文转化为惩治罪犯、调节关系、维护正义的社会工具。马克思在批判资产阶级司法制度和陪审法庭的基础上，确立和发展了司法独立、司法公正和司法解释等思想，为保障人民主权和维护法治正义权威奠定了科学的理论基础。

首先，司法独立思想。司法独立作为公正性的首要因素，最早是由17世纪英国哲学家哈林顿提出的。马克思虽然没有明确提出司法独立的原则，但在其著作中隐晦地表达了这一思想。在马克思看来，司法独立首先表现为法官的独立，即"法官除了法律就没有别的上司……独立的法官既不属于我，也不属于

---

① 中共中央马克思恩格斯列宁斯大林著作编译局. 马克思恩格斯全集：第1卷［M］. 北京：人民出版社，1995：349.
② 中共中央马克思恩格斯列宁斯大林著作编译局. 马克思恩格斯全集：第1卷［M］. 北京：人民出版社，1995：289.

政府"①。在实际的司法运行中，法官仅服从于法律，在法律应用到个别场合的时候，抛开所谓的个人情感、利益、教育等因素，以及国家和政治上的强制性因素，利用对"法律的真挚"客观、公正地判断、分析和解释法律。随后，恩格斯在《集权和自由》等文中发展了这一论点，进一步提出了"司法权"独立的观点。恩格斯在批判法国基佐内阁政府集权统治的过程中，提出了"自由主义纲领"的四个原则，其中一个原则就是"有陪审员参加的独立的司法权"②，肯定了司法在分权原则中的独立行使、相互监督对人民自由实现的积极意义。

其次，司法公正思想。司法公正强调司法在判定和实施过程中要坚持体现人民意志，切实实现法律面前人人平等和法治实施的公平正义，以维护人民根本利益、保障人的自由全面发展为现实目标。想要达到这一点，一方面要求在司法实体即立法环节保障公正和体现人民意志，还要实现司法程序的公正，在合法的程序上保障人民自由。马克思根据巴黎公社的司法经验，主张建立完善的司法程序。在起诉法庭的工作程序上，马克思强调以人民的名义发表一切判决，主张国家依据"人人平等的法庭、法官的选举制、辩护自由"三项原则，从陪审的选举产生到法官的数量形式，从被告的权利选择到法庭判决的审查和宣告条件，建立囊括司法审判全过程的起诉法庭条例。在逮捕和审讯程序上，共产主义第一阶段可以借助于公社经验，采取审慎的态度，规范逮捕程序，如在24小时内向相关行政机关提出申请，成立委员会立即调查、允许逮捕人申辩，等等。在死刑的判决和执行程序上，马克思强调需经执行委员会签署判决书才能执行。只有实现司法程序的透明公开，才能切实保障实体法的公正运行以及公民自由的合法维护。另一方面，司法公正的实质是人的自由和全面发展。自由是人生来具有的普遍权利，法律必须保障人的自由才能使人类服从于它的理性，真正达到国家、法律和个人的统一。

最后，司法解释思想。马克思明确指出，法官的主要责任就是"根据他在

---

① 中共中央马克思恩格斯列宁斯大林著作编译局.马克思恩格斯全集：第1卷［M］.北京：人民出版社，1995：180-181.
② 中共中央马克思恩格斯列宁斯大林著作编译局.马克思恩格斯全集：第41卷［M］.北京：人民出版社，1982：392.

认真考察后的理解来解释法律"①。立法权的结果必然形成系统的、明确的、普遍的法律条文，但法律的社会化不能依赖于法律条文本身的自动运用，需要通过司法实践将现实的个别现象归结为法律条文的普遍现象，这就要求法官对法律进行接受、解释和运用，将法律的真理回归社会，服务于社会实践。马克思强调司法解释要体现人民意志，这就要求作为司法主体的法官应首先遵循人民意志。想要实现这一目的，未来社会的法官应"由选举产生，随时可以罢免，并且对选民负责"②，接受人民群众的监督。与此同时，司法还应利用合理的制度体系积极调动人民参与的积极性和主动性，认真对待人民对司法的监督职责，充分加强人民主权在司法中的展现。

三、执法环节要求公权力的依法运行

执法是法律工作职责付诸实践的重要支撑，是法治实施的关键。在马克思看来，行政权力的职能"指由于国家的一般的共同的需要而必须执行的职能"③，因此具有行政权的政府则成为执法过程中的行为主体。

在资本主义社会中，执法的行为主体将自身凌驾于社会之上，以私人利益为根本出发点，随意滥用公权力，将资产阶级法治的执法行为变为其剥削压迫无产阶级的工具和手段。正如普鲁士王国林木盗窃案中对拾捡枯树枝的"过错"行为的法律惩罚，就是典型维护资产阶级利益的重刑主义法律。同样，马克思亲手创办的《莱茵报》因发表《摩塞尔记者的辩护》为穷人发声而引起了普鲁士政府的不满，普鲁士政府以其"挑起对现有法定程序的不满"为由将其查封，这正是政府执法维护私利的典型案例。对此，未来社会执法行为想要真正保障公民权利，体现人民意志，完全脱离剥削压迫的工具理性，马克思认为应该从法律层面加强对公权力的限制。"法律的用处通常是限制政府的绝对权力"④，

---

① 中共中央马克思恩格斯列宁斯大林著作编译局．马克思恩格斯全集：第1卷［M］．北京：人民出版社，1995：181.

② 中共中央马克思恩格斯列宁斯大林著作编译局．马克思恩格斯文集：第3卷［M］．北京：人民出版社，2009：222.

③ 中共中央马克思恩格斯列宁斯大林著作编译局．马克思恩格斯全集：第3卷［M］．北京：人民出版社，1995：121.

④ 中共中央马克思恩格斯列宁斯大林著作编译局．马克思恩格斯全集：第12卷［M］．北京：人民出版社，1962：576.

以法律的正确性和确定性为前提，政府应该服从议会监督，禁止随意地破坏法律。

针对这一问题，马克思十分推崇 1831 年德国黑森革命颁布的"黑森宪法"。黑森宪法从法律制定和执行层面赋予司法极为广泛的监督权，将管理任免职的最后决定权和纠纷仲裁权全部赋予高等法院，同时具有对行政执行机关一切活动的决定权；同时议会还设立常任委员会，对政府的实施行动展开全面监督，并将执法过程中违反公民权利和宪法原则的官员交由法院处理，完全将行政的执法行为做了严格的控制，对未来社会严格执法提供了科学的、可行的权力制约途径。共产主义第一阶段执法应该以人民利益为根本出发点，多方位协调其他权力部门的监督职责，切实保障公民权利和公职人员权力的协调统一发展。

四、监督和守法是人民的基本权利和义务

人民群众作为政治行为的主体，在法治建设和运行中必须履行相应的权利和义务，才能真正保障法治的公平正义性和人民意志性。只有赋予人民以权利和守法义务，才能切实保障公权力的有效运行，并借助法治的规范作用保障自身行为的合法性和依法性。

监督是人民合法权利的充分体现，也是法治平稳运行的有利推手。人民群众只有切实发挥监督职能，才能保障法治不走弯路、法治立法和执行不脱离群众以及法治价值的公平正义。

马克思十分重视法治运行中人民的监督职能，认为"一个审判团，也许比一个无人监督的审判官能做出更为公正的裁判"[1]，在他看来，法治公正的前提在于监督。在《西方强国和土耳其》一文中，马克思对乌尔卡尔特的演说予以肯定态度。在乌尔卡尔特看来，"英国的国王没有权力，政府没有制度，议会没有监督权，人民一无所知"[2]，英国的国家和社会制度缺乏宪法规定的约束手段、缺乏失职与犯罪的制裁、缺乏制度的指导和对人民负责的态度，从根本上导致了人民走入歧途、政府执行机关的腐化乃至国家遭遇不可预知的危险。俄

---

[1]　中共中央马克思恩格斯列宁斯大林著作编译局 . 马克思恩格斯全集：第 33 卷［M］. 北京：人民出版社，2004：326.

[2]　中共中央马克思恩格斯列宁斯大林著作编译局 . 马克思恩格斯全集：第 13 卷［M］. 北京：人民出版社，1998：13.

罗斯、美国乃至奥地利等国正是从不同权力主体加强监督职权,才得以在国家内部和世界霸权道路中占据一席之地。因此,法治监督对国家发展的命运和趋向具有举足轻重的作用。

守法是人民的基本义务,是法治发挥作用的首要前提。没有守法意识,国家的法治就难以运行。守法是一切良好的法律制度、优秀执法队伍以及公正的司法环境的法治价值呈现,是实行法治建设的行为起点和归宿。马克思针对资本主义法治的立法缺陷,揭示了公民守法和法律效力的现实矛盾冲突。

在资本主义社会中,"有人要求我们的行为合乎法律,要求我们尊重法律,同时我们又必须尊重那些把我们置于法律之外而以任性取代法的制度"①。一方面,资产阶级统治者要求民众尊重法律,行为合乎法律,另一方面,他们又制定了一系列与现有法律制度相违背的社会制度和准则,诸如书报检查制度等,推翻原有法律制度的效力,要求人民无条件地尊重和执行。这种要求从法律和制度本身来看,就是自相矛盾的,因此在现实社会中也会造成守法依据的混乱不清和朝令夕改,削弱公民的守法意识。

由此,在共产主义第一阶段,人民群众作为守法主体,首先应判断和分析所要遵循的法律制度的明确性和科学性,只有体现人民意志、保障人民利益的法律制度才是公民遵守的义务。其次,马克思强调人民必须履行守法的义务,但这一义务必然建立在统治阶级或公职人员守法的基础之上。"任何人,甚至最优秀的立法者也不应该使他个人凌驾于他的法律之上。"② 晚年恩格斯专门研究守法义务的问题时,也继承和发展了马克思这一思想,进一步将该问题置于无产阶级阶级斗争的总战略中进行考量,强调守法和合法斗争一样,都是无产阶级在革命不成熟阶段的斗争手段。

---

① 中共中央马克思恩格斯列宁斯大林著作编译局. 马克思恩格斯全集:第 1 卷［M］. 北京:人民出版社,1995:123.

② 中共中央马克思恩格斯列宁斯大林著作编译局. 马克思恩格斯全集:第 1 卷［M］. 北京:人民出版社,1995:264.

第四节　价值导向：法治价值的实质追求

西方传统伦理学普遍以抽象的、片面的、脱离现实的人性为出发点，将伦理诉诸欲望、激情或者纯粹理性，构建了一个超越一切历史条件的、永恒不变的伦理系统。马克思突破了传统伦理学方法论，从唯物史观出发，将所谓的"自由""平等""公平""正义"等伦理准则置于人的社会现实物质条件和实践活动中理解，构建了科学的、理想的政治伦理内容。法治作为政治领域不可或缺的治理模式，其伦理价值在共产主义社会发展的整体视域中同样不可或缺。就马克思的观点来看，共产主义第一阶段法治应坚持以廉洁自律为伦理底线、以实质平等为价值诉求、以人的自由全面发展为目标指向。

一、廉洁自律是法治实施的伦理底线

马克思政治伦理的逻辑起点是"现实的个人"。无论是政治制度的制定还是法律条文的运行都离不开政治主体，即参与政治活动的"人"的能动作用。所谓政治主体，既包含参与政治运行的受众群体，还包括政治主导和执行的公职人员，尤其后者对政治与国家的运行和发展起到关键性作用。在马克思看来，共产主义第一阶段通过对旧国家机器的解构，"人民群众把国家政权重新收回，他们组成自己的力量去代替压迫他们的有组织的力量"①。由此，共产主义第一阶段的公职人员是人民"组成自己的力量"的结果，而非少数人谋取私利的工具和途径。这就决定了公职人员的人民主体性，继而对其政治行为的廉洁自律提出了实质性的伦理诉求。从人民主体性出发，共产主义第一阶段法治要求政治主体以廉洁自律为伦理底线，尤其强调公职人员在廉洁用权、廉洁从政和廉洁修身层面的伦理价值。

公权为民是政治主体廉洁用权的伦理出发点。衡量一个国家政权是否廉洁为民，首要条件就是看它是否真正对人民负责。无产阶级夺取国家政权后，从

---

① 中共中央马克思恩格斯列宁斯大林著作编译局.马克思恩格斯文集：第3卷［M］.北京：人民出版社，2009：195.

被统治阶级上升为统治阶级,将国家政权的合理职能从凌驾于社会之上的资产阶级手中夺取过来,"归还给社会的承担责任的勤务员"①。共产主义第一阶段以民主选举的形式评选出为人民服务的社会公仆,代表无产阶级的共同利益管理国家和社会事务。然而,纵观世界各国的历史,在无产阶级革命时期"始终代表整个运动的利益"②、为绝大多数人谋利益的政治主体,在夺取政权后很容易从"公仆"转变为凌驾于社会之上的"主人",对社会和人民展开政治上的统治。恩格斯强调,由于受权力本身的强制性质和统治者特殊利益的影响,"这种现象在资本主义生产中是不可避免的"③。正如美国虽然实行两党制的民主制度,但其实质不过是用肮脏的手段为两大政权谋取私利的伪善工具而已。因此,共产主义第一阶段从法治层面承认人民主体的合法性,强调政治主体始终要坚持为人民负责的基本原则,坚持公权为民,保持高度的责任心,敬畏责任,防止从"社会公仆"转变为"社会主人"。共产主义第一阶段,以人民利益为根本出发点、充分发挥人民所赋予的权力服务人民,成为衡量这一时期政治主体廉洁自律的首要伦理评价标准。

民主反腐是政治主体廉洁从政的伦理诉求。"腐败"从来与"廉洁自律"都是背道而驰的。资本主义国家,生产资料私有制及其基础上的国家和官僚制度成为腐败产生的根源。在资本主义条件下,国家政权成为资本借以压迫劳动谋取私人利益的政治工具,其权力的大小直接由占有社会物质财富的多少来决定。占有生产资料的资产阶级作为国家政权的实际统治者,必然利用公权力谋取经济利益,从而导致政治权利的滥用和放纵,产生腐败现象。法国的梯也尔首相就是腐败的典型案例:"他第一次当路易·菲利浦的内阁首相时,穷得和约伯一样,而到离职时已经成了百万富翁。"④ 对此,马克思表示,为了防止这一丑恶行为的蔓延,最根本的出路是建立无产阶级民主制度,以法定形式赋予人

① 中共中央马克思恩格斯列宁斯大林著作编译局.马克思恩格斯文集:第3卷[M].北京:人民出版社,2009:156.
② 中共中央马克思恩格斯列宁斯大林著作编译局.马克思恩格斯全集:第10卷[M].北京:人民出版社,1998:744.
③ 中共中央马克思恩格斯列宁斯大林著作编译局.马克思恩格斯全集:第46卷[M].北京:人民出版社,2003:584.
④ 中共中央马克思恩格斯列宁斯大林著作编译局.马克思恩格斯文集:第3卷[M].北京:人民出版社,2009:138.

民以民主选举、民主监督以及罢免职权，确立民主反腐的廉洁从政思想。针对法国资产阶级政府的腐败行为，马克思主张建立"公社"来代替凌驾于社会之上的国家政权，并建立一系列的民主制度，以防止腐败的滋生和权力的滥用。一是民主选举。公社对旧选举法加以改革，赋予人民以广泛的普选权。普选制在私有制社会也是存在的，但却成为一种欺骗人民的手段来维护阶级统治。与之不同的是，公社中的"普选权已被应用于它的真正目的：由各公社选举它们的行政的和创制法律的公职人员"①，并将选举这一权利从上至下，广泛、普遍地应用于各个权力机关中。例如，公社委员会的代表作为最高权力机关均由各区人民代表选出，国民自卫军的指挥官由战士选出，企业厂长、主任以及负责人等由工人民主选举产生等等，充分展现人民管理国家的民主精神。二是民主监督。在马克思看来，保障公务人员的廉洁，仅仅依赖于民主选举远远不够，还需要辅之以民主监督。公社以各种渠道，如《公社报》、群众集会以及俱乐部等形式公布各项决议及各项工作，公开听取群众的批评和建议，答复群众的质询，以确保人民群众进一步了解公职人员的工作情况而防止腐败现象的产生。三是罢免制度。法律赋予人民对公职人员以随时裁撤权，针对权力运行过程中存在官僚行为、腐败现象或徇私舞弊等失职行为的公职人员，人民有权检举并要求公社随时撤换，以保障公职队伍的纯洁性和服务性。以民主制约和消除腐败，成为政治主体廉洁从政的关键。

勤廉节约是政治主体廉洁修身的伦理品格。勤廉节约是政治主体消除腐化、廉洁自身必不可少的道德准则和伦理品格，也是考察政治主体生活的重要指标之一。私有制社会的权力阶级为谋取经济利益势必要"制造大批的国家寄生虫和巨额的国债"②，从而产生贪污腐化的现象。为了从根本上解决这一问题，公社一开始就不仅要进行政治改造，而且还主张厉行节约。马克思对公社这一勤廉节约的措施给予高度的肯定和赞赏，并强调通过节约国家开销和废除高薪制两种途径建立"廉价政府"，保障政治主体以勤俭节约的伦理准则达到廉洁修身。一方面，节约国家开销。公社为防止巨额国民财产浪费在国家政权的维护

---

① 中共中央马克思恩格斯列宁斯大林著作编译局.马克思恩格斯文集：第3卷［M］.北京：人民出版社，2009：196.
② 中共中央马克思恩格斯列宁斯大林著作编译局.马克思恩格斯文集：第3卷［M］.北京：人民出版社，2009：192.

和私人利益的牟取上，采取机构精简、免除农民沉重的赋税等形式，取缔国家压在人民尤其是农民身上的沉重负担。以法令形式取消常备军和管理的开支，取消公职人员使用豪华轿式马车，对以权谋私、侵占、盗窃的公职人员交由军事法庭审判和惩处，并对其伙食费用予以法律的明确限制，"从根源上杜绝把巨量国民产品浪费于供养国家这个魔怪"①。正如洛克所言，虽然政治主体需要从人民财产中拿取一部分用于政权运行的相应费用，但必须经过人民或人民选出的代表大多数人的代表同意，否则就"违背了保护财产权的基本规定"②，无法达到政治主体保护财产的这一目的。另一方面，废除高薪制。巴黎公社通过颁布了《废除国家机关高薪法令》，强调公职人员不论职位高低，都只领取同工人同等的工资报酬，并提出兼职不加薪的决议，取缔从前国家政治主体所享受的一切特权和公务津贴。由此，废除高薪制不仅可以保障工人的实际收入，而且还从根本上阻断了公职人员猎取肥缺和高官厚禄以实现"升官发财"的途径，为公职人员达到公而无私、克勤克俭的伦理品格提供了现实可能性。马克思的勤廉节约思想为无产阶级政权优化权力组织模式、降低权力运作成本、提高权力运作效率提供了科学的价值指引，为共产主义第一阶段政治主体的民众性基础奠定了理论共识。

二、实质平等是法治运行的价值诉求

正如政治学家威尔·金里卡所言："任何一种具有一定可信度的政治理论都分享着同一种根本价值——平等"③，平等是政治哲学和政治伦理的核心议题。在马克思看来，诉诸权利和人与人之间关系的平等，是共产主义第一阶段法治的根本价值诉求。与蒲鲁东超越阶级和人类的"永恒平等论"不同，马克思强调平等的物质生产资料制约性，否认离开经济基础和阶级基础空谈平等的做法。在此基础上，他还从政治伦理层面揭示共产主义第一阶段法治与平等之间的相互关系，为实现实质平等和人类解放的理想目标提供了现实路径。

---

① 中共中央马克思恩格斯列宁斯大林著作编译局．马克思恩格斯文集：第3卷［M］．北京：人民出版社，2009：198.
② ［英］约翰·洛克．政府论：下篇［M］．叶启芳，翟菊农，译．北京：商务印书馆，1996：88.
③ 威尔·金里卡．当代政治哲学：上［M］．刘莘，译．上海：上海三联书店，2004：7.

首先，平等具有社会历史性，存在形式平等和实质平等之分。马克思对平等的认识起源于对自由主义平等观的批判。平等的政治伦理一直是启蒙时期自由主义者极为关注的话题，他们以自然权利学说为逻辑起点形成了共同的理论预设，主张"一切具有同样的共同天性、能力和力量的人在本性上都是生而平等的"①，但在具体的政治结论中存在一定的差异。如霍布斯主张自然状态中人人享有同等权利的权利平等观点；而洛克则批判了这一观点，提出保护人们自然权利的契约平等；罗尔斯主张平等的价值优先性；诺奇克宣扬自由权利的神圣不可侵犯；等等。在马克思看来，这些自由主义者的平等观，都是建立在抽象的人性基础上的抽象平等和形式平等，完全脱离了社会基本结构及其经济基础。

从社会存在决定社会意识的基本原理出发，"物质生活的生产方式制约着整个社会生活、政治生活和精神生活的过程"②。平等作为一种观念或者制度原则，归根结底都是由现实的经济基础决定的。就物质生产方式的发展脉络而言，平等在具体的历史时期具有不同的形态和特点，在此基础上形成的平等观念和平等关系则是一定历史阶段的产物，是随着私有制和社会不平等现象的肆意蔓延而产生的。诸如在奴隶制社会的奴隶成为自由民的私有财产被看作平等的状态；封建制则否认了奴隶制时期的平等观念和关系，主张"上帝的选民的平等"；资本主义社会则认为平等是私有财产的神圣不可侵犯、资本对劳动力的平等剥削。由此，对每个时代的平等应进行清晰界定和考察，决不能脱离其社会现实，始终结合由其生产力发展而形成的经济基础和上层建筑。

马克思并不认同以私有制为基础的平等观念，在他看来，人类社会从古至今的社会形态最多体现形式平等，即借助于抽象的普遍性形成的平等。以资本主义为例，该历史阶段平等观念和平等关系的抽象性和形式性主要表现在：一方面，资产阶级统治者以抽象理性为基础，从制度层面赋予了全体人民以公民权，保障公民政治权利的合法性，但在现实的、市民社会的私人领域，公民的权利并没有得到实质的呈现，并且法治还积极维护以保护私有财产、利己主义

---

① ［英］约翰·洛克. 政府论［M］. 叶启芳，翟菊农，译. 北京：商务印书馆，1982：57.
② 中共中央马克思恩格斯列宁斯大林著作编译局. 马克思恩格斯全集：第31卷［M］. 北京：人民出版社，1998：412.

观念为基础的人权，从而产生了应然与实然、公民权和人权的二元对立，造成抽象化的形式平等；另一方面，经济领域的法律制度仅仅保障商品流通领域的平等，却将资本家以雇佣劳动的形式攫取剩余价值看作天然的合法行为，忽视了生产领域中有产者和无产者的实质不平等。由此，这种建立在权利平等基础上的形式平等在现实生活中表现为实质的不平等，私有制则成为其经济根源。

想要真正达到实质平等，最根本的解决路径是消灭阶级，废除私有制。只有建立以物质生产资料公有制为基础的共产主义，扬弃异化，达到人的彻底解放，实现"人向自身、向社会的即合乎人性的人的复归"①，才能真正保障人们对于物的共同占有和对平等的实质享有。此外，还有需要强调一点：实质平等并非平均，平均诉诸不考虑个体之间任何差异的完全等同，但实质平等强调的是一种趋势，强调差异的趋同，并不在于完全消除差异。因此，追求实质平等要采取正确的方式和态度，只有在生产资料公有的基础上实现"各尽所能、按需分配"的分配原则，才可以实现。

其次，共产主义第一阶段法治是平等的外在保障，但这种法治仍然表现为形式上的平等。同资本主义法治维护私人利益的性质不同，共产主义第一阶段法治则尽可能扩大平等的权利与范围，在所有权、分配权和人身权等层面尽可能保障人们的平等权利。

其一，从所有权来看，共产主义第一阶段法治确立了生产资料社会所有的合法性基础，实现了占有权的平等。共产主义第一阶段在废除资本主义生产资料私有制的基础上将社会发展为全部生产资料的主人，实现"协作和对土地及靠劳动本身生产的生产资料的共同占有"②，摆脱了人们被生产资料奴役的现状，为社会平等奠定了制度和法治基础，实现了全体公民人人共同占有的真正平等。其二，从分配权来看，马克思将"劳动"看作共产主义第一阶段实现平等的唯一尺度。在这一阶段，个人生产者的劳动量成为可以被计算出来的、领取消费份额和报酬的"证书"，以等量的劳动获得等量的生活资料作为分配原则，实现以劳动尺度分配生产和生活资料的分配权平等。其三，从人身权来看

---

① 中共中央马克思恩格斯列宁斯大林著作编译局．马克思恩格斯全集：第3卷［M］．北京：人民出版社，2002：297.

② 中共中央马克思恩格斯列宁斯大林著作编译局．马克思恩格斯全集：第44卷［M］．北京：人民出版社，2001：874.

共产主义第一阶段法治不仅保障人在经济和政治上的平等权利，还诉诸人与人的平等关系。这一阶段的法治建设确立了无产阶级革命成果，消除了阶级特权及其阶级本身的差别，突破了个人在资产阶级法权、政治权利意义上的平等，将其扩大到社会地位上。消除私有制的现实物质运动，就是阶级的消灭。私有制是利益对抗和资本争夺的现实经济根源，因此，消除不同身份、利益集团和阶级的经济基础，也就从根本上消灭了阶级差别，为人的经济关系和社会关系的全面平等奠定现实基础。

然而，共产主义第一阶段法治虽然保障平等的内容和范围不断扩大，但从其发展形态和衡量标准来看，这一阶段的平等仍然是一种形式意义上的平等。就平等的发展形态来看，共产主义第一阶段阶级差别仍未彻底消除，生产力还未得到充分发展，虽然社会已经普遍实行生产资料公有制，但私人占有形式依然存在，如此也就决定了人和人之间的社会身份、利益集团等形成的内在不平等现象仍然无法完全消除，共产主义第一阶段的平等仍然是不完全、不彻底的平等。从平等的衡量标准来看，以劳动尺度为社会分配计量的平等标准，其内在权利仍然"被限制在一个资产阶级的框框里"[1]，默认了劳动者不同等的工作能力是一种天然特权，凸显了事实上的不平等。虽然劳动在表面上是公平的，但究其实质来看，存在体力或智力的差异性，即使面临同等的劳动，也会受到结婚与否、子女数量等因素的影响，造成社会消费品分配在事实上的不平等。此外，共产主义第一阶段的"按劳分配"原则所体现的平等权利仍然是"资产阶级的法权"，即"一种形式的一定量劳动同另一种形式的同量劳动相交换"[2]的原则，并未摆脱剥削劳动者的权利性质，因此其实质仍然是一种形式上的平等。

最后，实质平等是共产主义第一阶段法治的内在要求，表现为对理想目标的价值追求。如前所述，《哥达纲领批判》中马克思表达了只有共产主义才能达到事实平等的思想。在他看来，未来共产主义从低级阶段走向高级阶段，旧式分工必然消除，脑力劳动和体力劳动之间的差异也逐渐消失，实现了农业与工

---

① 中共中央马克思恩格斯列宁斯大林著作编译局 . 马克思恩格斯全集：第25卷 [M] . 北京：人民出版社，2001：19.

② 中共中央马克思恩格斯列宁斯大林著作编译局 . 马克思恩格斯全集：第25卷 [M] . 北京：人民出版社，2001：18.

业、城市与乡村的进一步融合，"劳动已经不仅仅是谋生的手段，而且本身成了生活的第一需要"①。这时，生产力将高度发展，社会分配的标准也将完全突破共产主义第一阶段时期劳动者的"天然特权"，按照"各尽所能，按需分配"的原则，真正地实现人们在分配层面上的平等权利。在按需分配的经济前提下，人的需要和生产力的发展将达到相互统一，人也会从异化中彻底解放出来，真正实现自由全面发展和事实上的平等。虽然共产主义第一阶段法治条件下的平等仍然是一种形式上的平等，但作为共产主义的第一阶段，始终以共产主义阶段的实质平等为价值追求，为这一伦理目标的实现提供基础和保障。

一方面，从共产主义第一阶段平等的主体和权利范围来看，这一阶段的法治规定的权利主体范围具有一定的广泛性，保障的是多数人的法律权利。正如马克思所言："无产阶级平等要求的实际内容都是消灭阶级的要求"②，尽可能消除人与人之间的利益差别，除被剥夺权利的人之外，尽可能将全体公民都囊括在平等主体的范围之内，实现同等地享有权利并履行相应的义务，有力推动政治权利的平等向事实平等的转化。

另一方面，从上层建筑的相对独立性来看，上层建筑对经济基础具有能动的反作用，因此共产主义第一阶段法治作为政治上层建筑的重要组成部分，对经济的发展具有巨大的助推作用。共产主义第一阶段法律制度，尤其凭借经济法和商法等规范这一阶段的经济体制改革和改造活动，推动生产资料公有制的实现，保障经济形式的和谐运行和发展，为"按需分配"原则的实现铺平经济道路，为尽可能快地达到事实上的平等提供良好的经济环境。当社会真正形成"生产者自由平等的联合体"③，影响社会平等的国家、阶级乃至法治等因素都将失去其现实存在的基础，造成社会不平等的社会根源也将不复存在，这时才能从根本意义上形成社会的实质平等。

① 中共中央马克思恩格斯列宁斯大林著作编译局.马克思恩格斯全集：第25卷［M］.北京：人民出版社，2001：20.
② 中共中央马克思恩格斯列宁斯大林著作编译局.马克思恩格斯全集：第26卷［M］.北京：人民出版社2014：113.
③ 中共中央马克思恩格斯列宁斯大林著作编译局.马克思恩格斯全集：第28卷［M］.北京：人民出版社2018：202.

三、人的自由全面发展是法治发展的目标指向

"自由"自古以来就是西方哲学家区分人与动物结构性差异的根本立足点，哲学人类学奠基人舍勒便是将精神的"存在的无限制、自由"① 看作人本质地区别于动物的第一规定性。马克思也不例外，他立足人的本性，将人看作自由的存在物，确立了自由之于人的最高价值属性。然而，自由作为人固有的东西，并不是随心所欲的任性，也不具有"天然的独立性"，而是借助于社会领域的现实化"自由地实现自由"。而"自由的实现"具备一定的外在条件，即理想的国家和公开的法治。马克思表示，真正的法律是"自由的肯定存在"，是对自由的确证和实现。实现个人自由与社会自由的统一，必不可少地需要现实的、真正的法律制度的制定和实施予以保障；同时法治也要以人的自由全面发展为终极关怀，才能真正发挥法律的自由实质和社会意义。

"真正的法律"表达了人关于自由的本质，也规定了自由的界限。一方面，真正的法典是人们自由的"圣经"，表达事物的法理本质，保障了人的自由。马克思在批判黑格尔国家观的同时，将国家和法置于社会物质关系中，从唯物史观的角度重新阐释了这一问题，"认为它不是自由精神逐步展开的问题，而是一种需要，即要让自由成为现实的自由和社会的自由"②。因此，从现实社会来看，自由与法律并非处于个人的、抽象意义上的孤立存在物，需要辩证地看待。在马克思看来，自由是普遍存在的，只是表现形式不同，有时表现为一种特权的自由，有时表现为普遍的权利，这也就揭示了法律依据自由程度的差异而产生不同的性质。"事物的法律本质"的反映，即对自由的认可和对人的发展的保障程度，足决定法律能否成为真正法律的检验标准。"因为法律只是在自由的无意识的自然规律变成有意识的国家法律时，才成为真正的法律。哪里法律成为实际的法律，即成为自由的存在，哪里法律就成为人的实际的自由存在。"③ 这

① ［德］马克斯·舍勒. 人在宇宙中的地位［M］. 李伯杰，译. 贵阳：贵阳人民出版社，2000：26.
② ［英］韦恩·莫里森. 法理学［M］. 李桂林，等译. 武汉：武汉大学出版社，2003：271.
③ 中共中央马克思恩格斯列宁斯大林著作编译局. 马克思恩格斯全集：第1卷［M］. 北京：人民出版社，1995：176.

就要求立法者以客观现实为前提，不应制造和发明法律，而仅仅是依据事实表述法律，以此为基础切实保障人的自由和发展。对此，马克思严厉批判了资本主义法治的形式存在性，通过对摩塞尔记者、流浪者乃至乞丐的贫困窘境以及书报检查制度对自由限制的描述，揭露了"形式上的法律"是对阶级特权肯定的实质，指出这样的法律"不是国家为它的公民颁布的法律"①，取消了公民在法律面前的平等权利，是对自由和发展的现实压制。

真正的法律不应该成为压制自由的措施，而是以法律形式存在的对人走向全面而自由发展的保障。正如马克思所言，真正的法律应该成为肯定的、明确的、普遍的规范，这种规范既规定了适用于所有公民所允许和禁止的权利和义务的界限，同时"在这些规范中自由获得了一种与个人无关的、理论的、不取决于个别人的任性的存在"②，是真正自由的外化呈现。以马克思的观点而言，想要达到真正的法律，必须使法律切实成为人民意志的体现，实现人民立法，唯有如此，才能在更广泛意义上把握人的自由本性，保障人的自由权利，推动人在现实社会中走向自由王国。

另一方面，法治规定的自由的界限。自由并非抽象的孤立存在物，不仅受到现实的生产力和生活条件的制约和限制，还受到法律的限制。法律在一定程度上具有强制性意义，但正如德国学者赫费所言："自由的限制换得了自由的保障，对自由的放弃回报以对自由的权利的要求。"③ 真正的法律只是对人的随心所欲的限制而非对真正自由的限制，是对国家权力的限制而非对个人自由权利和行为的限制，真正的法律以保障人的内在创造性的积极发挥为落脚点，是自由现实化的根本途径。在马克思看来，"自由是可以做和可以从事任何不损害他人的事情的权利。每个人能够不损害他人而进行活动的界限是由法律规定的，正像两块田地之间的界限是由界桩确定的一样"④。法律正是起到了"界桩"的

---

① 中共中央马克思恩格斯列宁斯大林著作编译局. 马克思恩格斯全集：第1卷 ［M］. 北京：人民出版社，1995：121.
② 中共中央马克思恩格斯列宁斯大林著作编译局. 马克思恩格斯全集：第1卷 ［M］. 北京：人民出版社，1995：176.
③ ［德］奥特弗利德·赫费. 政治的正义性 ［M］. 庞学铨，李张林，译. 上海：上海译文出版社，2005：272.
④ 中共中央马克思恩格斯列宁斯大林著作编译局. 马克思恩格斯全集：第3卷 ［M］. 北京：人民出版社，2002：163.

作用，实现自由的权利化发展，明确自由的权利界限。所谓权利，是个人自由与他人自由之间的普遍法则的调和，是自由的现实化模型。然而，并非所有的自由都可以转化为权利，真实的自由是建立在客观现实基础上、符合社会利益并受社会规则许可的自由，这样的自由才可以称为权利。

法律规定的是自由的行为而非自由意志，强调的是法律允许或禁止他人做或不做某种行为。由此，以真正法律运行的共产主义第一阶段法治不仅规定和限制了个人行动自由的基本界限，防止自身在追求自由过程中做出妨碍他人自由的行为，确保社会秩序平稳运行；也保障个人自由在一定范围内得到充分的实现，为人们提供了自由选择的机会，利用明确而肯定的法律修辞设定了各种预设条件下的行为模式和法治后果，从而减少了人们选择的盲目性，强化了自由选择的效能。此外，法治还限制了国家相关机构的权力，以防止权力对公民自由权利的侵犯和干扰。因此，法治对自由限制的实质是在最大限度上实现个人自由。但也要注意一点，法治对自由并非任意的、无条件的限制，法律本身应遵循一种原则和尺度，即以"事物的法理本质"为根本出发点，如此才能实现和保障真正的自由。

人的自由全面发展成为共产主义第一阶段法治的终极关怀。在马克思看来，人的自由全面发展是共产主义理想的最高准则。马克思自中学时期就十分关注人和自由的发展问题。从历史唯物主义的角度出发，自由受到物质生产方式的影响，在不同的历史时期呈现出不同的自由程度。

马克思从人对生产力的掌握程度上，将人的自由划分为三个阶段，即人的依赖关系、以物的依赖性为基础的人的独立性和个人全面而自由发展。"人的依赖关系"是人的发展的第一阶段，这一时期人的生产能力还处在不发达阶段，人的行为受自然影响较大，"在一切本质方面是和动物本身一样不自由的"①。由于生产力水平低下，面对庞大的自然体系，人与人之间必须相互依赖才能生存下去，如原始社会的氏族、奴隶制社会的农奴和领主、封建社会的君王和诸侯等，都是以人身依附为基本特征的。因此这一时期人的独立性极为缺乏，依附于血缘、地缘乃至宗教伦理关系，自身的自由和发展程度甚为有限。"以物的依赖性为基础的人的独立性"是人的发展的第二阶段，与之相对应的是资本主

---

① 中共中央马克思恩格斯列宁斯大林著作编译局. 马克思恩格斯全集：第26卷［M］. 北京：人民出版社，2014：121.

义社会。社会分工和商品交换的发展，打破了过去人的依赖纽带、血统乃至教育的差别，人与人之间的关系逐渐发展成为金钱和交换的关系，在一定程度上实现了人的活动尤其是劳动力的自由发展。资本主义社会的人借助于"物"，如货币的力量获得了更多的独立性，从而丰富和发展了自己的社会关系和需要，提升自身的能力，形成以强烈的物的依赖性为基础的人的自由。但这一时期人对物的依赖表现为物凌驾于人之上统治着人，人的本质被物欲所遮蔽，从根本上制约着人的自由和发展，因此人的自由仍然是有限度的自由。

"个人全面而自由的发展"是人的发展的第三阶段，也是马克思所设想的共产主义阶段的最高准则。在马克思看来，只有在生产力极为发达、社会物质财富极大丰富的共产主义才能真正建构这样一个自由联合体，"在那里，每个人的自由发展是一切人的自由发展的条件"①。在这一阶段，人们通过劳动可以不断满足自己的需求，丰富自己的个性，在社会关系、需要、能力和个性上得到充分的、全面的、自由的发展。在社会关系上，人将得到社会关系的极大丰富，突破人身的和地域性的限制，"地域性的个人为世界历史性的、经验上普遍的个人所代替"②，以进一步推动人的全面发展。在能力上，马克思将体力和脑力合称为人的劳动能力，未来共产主义社会必然突破旧生产资料的限制，在物质生产活动的同时也进行着精神活动，实现客观与主观世界的改造在人的全面发展过程中的统一。在需要上，劳动从谋生的手段转化为第一需要，人们可以自由地安排和转换自己的工作身份，而社会产品的极大丰富进一步满足了物质需求基础上形成的对精神的需要，进一步彰显人的自由和本质力量。在个性上，人将摆脱所谓血缘、地缘乃至宗教等伦理关系的束缚，个人特有的气质、性格、素质等自由个性将得到极大的呈现。在马克思看来，无产阶级以暴力革命"消灭集中表现在它本身处境中的现代社会的一切非人性的生活条件"③，其实质就是要建构这样一个自由人联合体，实现每个人的自由全面发展。而现实社会作为构建和实现共产主义的政治媒介，法治同样以保障人的自由为根本特征和价

① 中共中央马克思恩格斯列宁斯大林著作编译局. 马克思恩格斯文集：第2卷［M］. 北京：人民出版社，2009：53.
② 中共中央马克思恩格斯列宁斯大林著作编译局. 马克思恩格斯文集：第1卷［M］. 北京：人民出版社，2009：538.
③ 中共中央马克思恩格斯列宁斯大林著作编译局. 马克思恩格斯文集：第1卷［M］. 北京：人民出版社，2009：262.

值目标。

人的自由自觉本性决定了共产主义第一阶段法治以人的自由全面发展为价值目标和终极关怀。从人的发展三阶段论来看，人的社会发展过程就是最大限度实现自由的过程，也是实现共产主义阶段人的自由全面发展的过程。法治的产生和发展是基于人的对自由和秩序的需要而形成和发展起来的，内在地表达了对自由的向往。哈耶克曾这样说："自由不只是诸多其他价值中的一个价值……而且还是所有其他个人价值的渊源和必要的条件。"① 在法治的众多价值中，自由是其他价值，如公平、正义、平等、秩序等的源泉和母体，成为法治所追求的永恒主题。共产主义第一阶段必然以共产主义为最高理想和实现目标，而法治作为推动社会运行和发展的手段，也成为实现共产主义崇高理想的政治手段。

综合观之，人的自由全面发展作为共产主义的最高准则，势必成为共产主义第一阶段法治的根本目标和价值取向。从马克思构建的共产主义第一阶段法治的体系和机制来看，无不体现人的自由全面发展的目标取向：在体系层面，无论是国家维度中的宪法、刑法，社会维度中的环境法、经济法还是个人维度中的民商法、婚姻法、继承法等，都尽可能地确立人民当家作主的地位，从根本上保障公民在财产关系和人身关系上的不平等地位，拓展人们的自由活动空间，保障人民的安全，扩大人民在法律面前平等的权利和范围，以满足人民最大限度的自由；在运行机制层面，共产主义第一阶段法治保障立法、司法、执法、守法的公平正义，利用法治监督规范法治的运行和实施，同时还不断扩大民主范围，保障人民在政治、经济、文化等方面的平等权利，保障国家治理过程中民主与法治的协调统一。由此观之，共产主义第一阶段法治服务于人的发展，其根本宗旨是保障人类自由的充分实现。

此外，需要指出的是，马克思认为人的自由全面发展同人类解放具有内在的一致性，以人类解放为实现途径。在马克思看来，资产阶级革命仅仅将人们从宗教中脱离出来，实现了政治解放；但这种解放对人的发展来说是一种不彻底的解放，在资本主义社会中的大多数无产者仍然受到物的压迫和制约，成为资本增殖的奴役品和牺牲品。"只有当人认识到自身'固有的力量'是社会力

---

① ［英］哈耶克．法律、立法与自由：第1卷（中译本代译序）［M］．邓正来，译．北京：中国大百科权属出版社，2000：13.

量，并把这种力量组织起来因而不再把社会力量以政治力量的形式同自身分离的时候，只有到了那个时候，人的解放才能完成。"① 换句话说，只有当现实的个人将公民权复归于自身，实现现实的人权同公民权的统一，外在的约束力内化为人的本质的时候，人自身的自由自觉的活动状态才能够真正实现。

总的来说，共产主义第一阶段法治作为消灭国家、阶级乃至法治自身的存在，以符合国家和人民普遍利益的政治形态，为实现人的彻底解放和人的自由全面发展而服务。

---

① 中共中央马克思恩格斯列宁斯大林著作编译局. 马克思恩格斯全集：第3卷［M］. 北京：人民出版社，2002：189.

第五章

马克思法治思想的当代解读与争议

马克思法治思想作为特定历史条件的产物，历经近 200 年的历史沉淀，在社会主义国家和西方马克思主义的传播与发展过程中不可避免地产生争议、受到质疑。由于缺乏专门的法律、法学和法治著作，马克思法治理论在实际推行过程中困难重重。国内外学界针对马克思关于法治思想的整体性认知、核心要义、发展走向和价值归宿等问题产生诸多争议：从整体性来看，在社会主义法治实践探索中出现了诸如马克思法治思想的"非存在论""过时论"等谬论，严重削弱和淡化了马克思主义的现实指导效能；从法治的核心要义来看，法治首要的乃至最核心的任务就是规定并保障公民权利的平稳运行，但就西方马克思主义法理学的研究来看，马克思关于社会主义权利概念至今学界仍然存在不同见解；从法治的发展走向来看，马克思以阶级工具论为前提，提出的共产主义"法律消亡"理论亦遭到社会的质疑；从法治的价值归宿来看，马克思关于正义概念的多元化见解引发了正义"在场"与"空场"的对立观点，同时学界对法治与正义关系的认识也存在诸多解释。以上议题都是当前国内外学界关注和争论的热点议题，有些甚至辩论多年至今无所定论。本书将立足经典文本和马克思历史唯物主义方法论，在国内外泰斗对上述核心议题的当代解读和激烈争论中获取灵感并表达一些拙见。

第一节 马克思法治思想"非存在论""过时论"谬误的辩驳

随着工人运动在全球的展开和无产阶级革命的相继胜利，各国纷纷建立社会主义国家，在开展政治建设和法治建设的过程中对马克思相关理论的需求日渐高涨。然而，马克思法治思想的形成建立在资本主义发达的特殊历史时期，受历史和时代的影响，对未来社会的未知性导致其建构的共产主义第一阶段法治理论的某些认识和见解具有一定的局限性。据此，国内外一些学者提出了马克思法治思想的"非存在论""过时论"等，企图以此来否定马克思的理论成果和法治贡献。对此，我们将立足唯物史观的科学方法论，从"理论联系实际"、一切从实际出发的哲学视角揭示马克思法治思想的强大生命力。

一、以马克思法治的理论构成批驳"非存在论"

长期以来，马克思法哲学在国内外受到多方质疑和批判，难以占据主流。尤其是马克思法哲学理论不存在的观点似乎流行于世，以当代法哲学家阿图尔·考夫曼为典型代表。在他看来，"马克思的法哲学理论确实没有留下什么，尽管马克思作为哲学家无疑将与世长存"①。还有人认为马克思法治思想是一个伪命题，虽然马克思接触过关于法治的专著和论述，但在其文本中并不存在有关"法治"的论述，马克思法治思想是不存在的，因此对这一主题的研究也就失去了任何价值。总的来说，国内外学界关于马克思法治思想"非存在论"的观点主要表现为以下三个方面。

一是从"法治"的文本缺席否认马克思法治思想的客观存在。从经典文本来看，无论是马克思的书信、著作还是文章都很少甚至基本没有提及"法治"字眼，因此许多学者认为"法治"在马克思经典著作文本中是缺席的，也就根本不存在所谓的"法治"思想。在经典文本中，马克思对法律制度的研究有很多，如早期的《关于林木盗窃法的辩论》《黑格尔法哲学批判》以及晚期对梅因《古代法制史讲演录》一书的摘要等，经历了从新理性批判主义向历史唯物主义的转变，形成了科学、系统的法律和法制思想，涉及宪法、新闻出版法、工厂法、经济法、民商法等多维法律制度的制定和实施等，深刻揭示了法的本质、功能、历史演进等内容。这一点国内外学界并不否认。但是在他们看来，这些思想隶属于马克思法律或法制思想，前文已对法律、法制和法治等词的内涵和实质展开辨析，因此这些思想都不能称为"法治"思想。马克思在其论著

---

① ［德］阿图尔·考夫曼，温弗里德·哈斯默尔. 当代哲学和法律理论导论［M］. 郑永流，译. 北京：法律出版社，2002：106.

中就连"法治"的字眼都没有提到，也就无从说所谓的马克思法治思想了。此外，国内学者对马克思法治思想的研究成果甚少，更加深了有些人对马克思法治"非存在论"的认可。

二是从马克思法治研究成果的牵强附会论证马克思法治思想的"非存在论"。近年来，随着我国"依法治国"理念的提出，学界为丰富和完善马克思主义的理论指导作用，以"马克思法治"或"马克思主义法治"等关键词命名的期刊或著作逐渐崭露头角，但数量也极为有限。有学者指出这些有限的学术成果虽然从经典文本中肯定了马克思法治思想的客观存在，但是从其内容来看同法治的基本内涵相差甚远，导致内容和题目牵强附会。诸如以"马克思主义法治"命名的成果多以发展中的马克思主义为研究重点，侧重于列宁或中国的马克思主义者的法治理论。以"马克思法治"命名的成果倾向于将"法""法律制度""法律"等同"法治"概念混淆，过多地阐释马克思的法律观点或法制观点，而非其题目所要表达的"法治"思想。在他们看来，这些学者之所以会出现这样的"错误"认识，根本原因在于没有系统把握"法治"的理论内核，马克思法治思想是不能同其法制、法律思想画等号的，两者虽然一字之差，却谬以千里。因此，就"马克思法治虚无论者"的观点来看，到目前为止系统的、完善的马克思法治理论研究仍然寥寥无几，客观印证了马克思法治思想的"非存在论"，仅有的为数不多的法治成果不过是后人附加的结果。

三是从法治的理论内核和思想体系否认马克思法治思想的客观存在。从理论内核和思想体系来看，"法治"可以被拆分为两部分，一个是"法"，一个是"治"，按照亚里士多德的观点来说，"法治应包含两重意义：已成立的法律获得普遍服从，而大家所服从的法律又应该本身是制定得良好的法律"①。从中我们也可以概括出法治的本质特征，即"良法"和"善治"。从法治的整体内核来看，有观点强调马克思只存在法律、法制思想，隶属于"良法"思想，却不存在所谓的"善治"，而其"良法"理论也并不能构成思想体系，在牛津大学的休·柯林斯（Hugh Collins）看来："马克思主义分析的着力点直接指向了经济结构和权力组织……法律并非马克思主义者关注的重心。"② 从具体内容来看，

① ［古希腊］亚里士多德. 政治学［M］. 吴寿彭，译. 北京：商务印书馆，2002：199.

② MILOVANOVIC D，Weberian and Marxian Analysis of Law［M］. London：Avebury，1989：1.

针对学界将马克思法治思想看作对资本主义法治的批判和对共产主义第一阶段法治的构想的观点，有学者表示反对。他们认为在马克思数百条关于法的问题的论断中，法律常常被看作批判和否定的对象，并不能构成所谓的理论体系。而且根据其所处的资本主义繁盛时期，马克思对共产主义第一阶段法的认识不过是一种"假说"，没有经过实践的检验成为科学的基本原理，因此更无谓谈对资本主义法治的批判和对共产主义第一阶段法治的构建问题。此外，以学科体系为视角，有观点认为，马克思所处的19世纪正是政治学从哲学中分离出来的时期，而法学作为独立的学科从政治学中分离仍然处于早期萌芽阶段，因此这一时期并没有真正意义上的法学家和真正意义上的马克思主义法学。正如伊利诺伊大学的Dragran Milovanovic所言："不幸的是，马克思没有提供一个系统的法律理论；有关法律的论述散见于他的著作中，有兴趣的研究者不得不努力地去破译他所说的究竟意味着什么。"① 由此，法治思想作为法学理论体系的核心模式，在那个时代也是不存在的。面对学界对马克思法治思想客观存在的否定，我们将根据"法治"的构成要件和理论体系予以辩驳和分析。

从构成要件来看，马克思法治思想是客观存在的，隐藏于"法律""法制""人权""阶级"等字眼和理论之中。

追溯"法治"的词源，在前文概念辨析中我们已经对"法治"的构成要件做出明确的指向，"法治"内含了法的地位、法律制度、法治运行和法治价值等多重因素。从动态意义上来看，法治不仅包括法律的统治意蕴，还内含依法办事的治国准则；不仅有"良法"的实体要件，还存在"善治"的行为要求；不仅存在治理层面的运行机制要求，还离不开外部的国家机器和制度形式的辅助；不仅建构良法善治的运行实体，还追求共产主义理想的价值取向。由此，我们认识到，马克思对法律、法治以及人权、阶级本质等思想的认识，都内含了对法治的见解，构成了马克思法治思想的核心要素。

纵观经典文献，马克思虽然对"法治"一词论述得很少，但其思想却蕴含于其法制、阶级斗争、人权等思想之中，为后人的理论研究和挖掘提供了广阔的思维空间。因此，并不能因为经典文本中缺少"法治"字眼就可以完全否认马克思法治思想的存在。但是有一点我们也要清楚，这一思想并不是其法律、

---

① MILOVANOVIC D, Weberian and Marxian Analysis of Law [M]. London: Avebury, 1989: 1.

法制、人权、阶级斗争等思想的简单相加，而是建构在其理论内核之上的、通过加工和重构的科学理论体系。马克思从批判和建构两个层次深刻、系统地揭示了法治作为治国方略和价值追求的社会运行和发展形态。

马克思对资本主义法治的批判，不仅注重静态意义上的法律制度在利益保护和民权保障等问题上的虚伪性和狭隘性，而且从民主的运行机制层面批判了伪善的民主政治和不彻底的政治解放对法治公正、平等运行的阻挠。从这一点来看，马克思对资产阶级法治的认识是在物质生产条件基础上的事实表达，是对资产阶级法制、人权和民主、自由、公正等法治价值的综合分析。

针对共产主义第一阶段法治的建构，有学者评价共产主义第一阶段法治并不属于科学的基本原理，而是一种预测和假说，对此本书并不敢苟同。马克思所处时代虽然并不属于共产主义第一阶段，但仍然没有脱离社会实践。一方面，马克思对共产主义第一阶段法治的建构以资本主义法治现实和实践的批判为基本依据，尖锐地表达了现实社会法治实践的缺陷和不足，揭示了资产阶级公民权和人权二元分立的法治实质，明确了无产阶级公民权的现实要求，从实然与应然的关系中提出了共产主义第一阶段法治的基本形态，从这一层意义上来看，马克思关于法治的理论构建并未脱离事实基础；另一方面，马克思共产主义第一阶段法治的构建建立在巴黎公社法治经验基础之上。巴黎公社是典型的无产阶级政权，虽然因其自身原因仅维持 72 天，但却为马克思建构未来的社会形态提供了实践经验和教训。马克思的《法兰西内战》一文是对巴黎公社经验教训的科学总结，而马克思法治思想的共产主义第一阶段法治构建体系，诸如实现共产主义第一阶段法治的基本路径、法治与民主的相向发展、建立完善的司法制度以及无产阶级革命法治的社会效用等的大部分思想都出自这里。由此，学界关于共产主义第一阶段法治建构是假说的言论即可不攻自破。

从理论体系来看，马克思法治思想由"历史唯物主义方法论"的红线联结，形成完整的、系统的理论体系。

马克思并没有专门的法治或法律著作，从马克思法治思想的发展历程来看，其核心观点贯穿其从早期到晚期的著作、书信、笔记和文稿的始终。很多学者由此认为马克思关于法的思想分散、断断续续，甚至还存在明显的交叉，不能构建完整的理论体系。在笔者看来，并不能因为文本论述的分散性就可以否定该理论的系统性和整体性。马克思关于法治的论述虽然零散，但是始终贯穿

"历史唯物主义方法论"。正如法治作为政治上层建筑的不可或缺的一部分,《德意志意识形态》中阐明的"经济基础与上层建筑的关系以及社会存在与社会意识的关系都一般地适用于法与经济的关系"①。除了早期的新理性批判主义法治思想受黑格尔理性主义的影响,自《莱茵报》时期转向物质利益的思考和研究之后,马克思无论是对资本主义法治的批判还是对共产主义第一阶段法治的建构,都未曾脱离建立其上的经济基础的决定作用,始终以物质生产方式和社会现实为根本出发点,以人的自由和全面发展为根本落脚点,逐步勾勒出法治思想的基本轮廓。

然而,有学者承认马克思有"良法"思想,却不承认其有"善治"思想,有这种观点的主要原因在于没有完全理解所谓"善治"的根本内涵,也没有深入挖掘文本资料。所谓"善治"强调的是法与国家动态治理的最优模式,并非简单的法律之治,更强调善法之治。正如习近平总书记所言:"治国理政,必须'立治有体,施治有序'。"② 这就要求法律和道德都必须"在场"。马克思对法律和制度的阐释我们毋庸置疑,但也不能忽视其对法与国家、与民主、与人的自由全面发展、与平等、与秩序、与人权等的关系论述,这些都是我们理解马克思"善治"思想的重要理论基础。因此,"善治"并未缺席,有待我们深入挖掘。

此外,针对国内外学界关于马克思法治的研究成果屈指可数,中国知网的核心期刊检索结果不超过20篇的研究现象,我们并不能因此就否定马克思法治思想的客观存在。马克思的经典文本不仅涉及哲学、政治经济学和科学社会主义,而且马克思多以"法律""法律制度""法制""人权"等字眼隐晦表达其丰富的法治观点和思想,为我们挖掘深层次的理论内涵增加了研究难度。正所谓认识是一个由浅入深、由表及里的过程,对马克思法治理论体系的研究亦是一个长期的、艰难的但却有深厚意义的重大工程。由此现阶段学界有关马克思法治研究数量极少的现象亦属情有可原。况且,并非所有研究成果都属牵强附

---

① 谢鹏程. 马克思主义法学经济分析方法的形成和发展［J］. 烟台大学学报(哲学社会科学版),1993(04):73-80.
② 习近平. 习近平关于社会主义政治建设论述摘编［M］. 北京:中央文献出版社,2017:18.

会，正如《马克思恩格斯法治思想及其当代价值》① 一书就被吉林大学韩喜平教授称为"系统阐释马克思、恩格斯法治思想的佳作"②，《民族地区马克思法治思想及其当代价值研究》③《试论马克思的法治思想》④ 等文也从多维视角建构马克思的法治理论体系，为我们进一步深入研究提供可能的研究思路和理论体系。

二、以马克思法治阶级性和社会性的辩证统一拒斥"过时论"

随着马克思、恩格斯相继逝世，第二国际内部素有"马克思主义理论家"称号的爱德华·伯恩斯坦开始向马克思主义发难。资本主义社会在 19 世纪末 20 世纪初逐步进入相对稳定和发展的状态，在这一历史背景下，伯恩斯坦提出了马克思主义已经过时的主张走上了修正主义路线，他否认了马克思关于资本主义矛盾普遍存在的观点，认为应该完全"顺着资本主义"，正视资本主义社会的新变化。自此，有不少学者打着马克思主义已经"过时"的言论走上淡化、否定和"修正"马克思主义的道路。而对马克思法治的"过时"言论最早源自对马克思主义法学的质疑。伴随着苏联社会主义法治探索的巨大挫折和社会环境的变化，国内学术界也一度产生马克思主义法学已经过时的思想倾向，从而淡化马克思主义法学乃至马克思法治思想对中国法治实践的理论指导作用，这一现象值得我们高度注意。

纵观学术界对马克思主义法学和马克思法治思想的评价，他们集中从法治的本体意义，即"法是统治阶级意志的表现"层面来论述"过时论"。以唯物史观为方法论基础，马克思曾指出，统治阶级为了维护自己的统治地位，"除了必须以国家的形式组织自己的力量外，他们还必须给予他们自己的由这些特定

① 李颖．马克思恩格斯法治思想及其当代价值研究［M］．北京：中国社会科学出版社，2017.
② 韩喜平．系统阐释马克思、恩格斯法治思想的佳作［J］．四川理工学院学报（社会科学版），2018，33（04）：2.
③ 王呈琛．民族地区马克思法治思想及其当代价值研究［J］．贵州民族研究，2019，40（02）：12-15.
④ 梁梁．试论马克思的法治思想［J］．科学社会主义，2017（06）：61-66.

关系所决定的意志以国家意志即法律的一般表现形式"①，由此揭示了法是上升为国家意志的统治阶级意志的本质。而法律、法治等作为法的具体表现形式，亦是对统治阶级意志的反映。随着我国无产阶级推翻资产阶级革命的胜利，社会主义国家的逐步建立和发展，两极分化和对立现象发生了巨大的改变，世界已经从"蒸汽时代"走向"计算机时代"，和平与发展也已成为世界的主题。面对社会的发展变化，有学者认为马克思关于破坏旧世界、建立在阶级斗争和革命专政学说基础上的马克思主义法学和马克思法治思想已经无法适应当下的社会环境。还有学者强调我国早期以坚持马克思主义关于阶级社会的法是统治阶级意志的利益体现的观点，实质上是"以阶级斗争为纲"的法学理论，以此论证了马克思主义法学和马克思法治的"过时论"。此外，随着西方所谓"先进"的自由主义法治理论对我国法治研究的冲击，以及东欧剧变形势下世界上第一个社会主义国家的覆亡对我国的打击，不少学者加深了对马克思主义"过时论"的认识，认为马克思对资本主义法治的批判和对共产主义第一阶段法治的建构与当前资本主义国家新出现的情况不相适应，也同我国社会主义法治建设不相适应。

然而，系统分析马克思法治的阶级性和社会性辩证关系，是上述马克思法治思想"过时论"的破解之道。

就法治的阶级性而言，我们不能将其简单地理解为对敌人的专政和镇压。阶级是一个极为广泛的概念，以统治阶级的物质生活条件为决定性因素，反映着统治阶级利益诉求与处理一切政治事务的主张。在阶级国家出现以前，人们受到共同生产和分配过程中的习惯、风俗的影响和制约。然而随着私有制的产生，人与人之间的阶级矛盾和冲突日益激烈，原有的氏族社会规范和习惯已经不能约束人与人之间的行为和社会关系。如此，统治阶级则需要借助于新的约束体系，也就是阶级社会出现的军队、监狱、警察等强制体系和法律、法治体系来维护社会的统治秩序和阶级的统治地位。由此，法和法治的深厚阶级根源就凸显出来，成为维护统治阶级统治地位的政治工具。

就社会性而言，法治在阶级界限之外还具有社会公共管理的职能。正如恩

---

① 中共中央马克思恩格斯列宁斯大林著作编译局. 马克思恩格斯全集：第3卷［M］. 北京：人民出版社，1960：378.

格斯所言："政治统治到处都是以执行某种社会职能为基础，而且政治统治只有在它执行了它的这种社会职能时才能持续下去。"① 无论是资本主义法治还是共产主义第一阶段法治，都存在稳定社会秩序、维护社会环境、保障食品卫生的法律制度，以全社会公共利益为出发点协调社会的平稳运行和发展。

在马克思看来，法和法治是阶级性和社会性的辩证统一。一方面，法治的社会性同阶级性是相互对立的矛盾关系，在社会发展中呈现此消彼长的态势。阶级性和社会性力量的对比变化在一定程度上取决于民主程度，民主程度越高，阶级差异性则逐渐弱化，法治的专制和镇压属性也就会逐渐削弱，对社会的管理职能和公共意志的呈现相应地越来越多。另一方面，法治的社会性和阶级性又是互为前提、相互包含的关系。社会性和阶级性术语都是相对而言的，没有所谓的阶级性，社会性也就无从说起，反之亦然。马克思曾指出："法的关系正像国家的形式一样，既不能从它们本身来理解，也不能从所谓人类精神的一般发展来理解，相反，它们根源于物质的生活关系。"② 由此我们可以看到，统治阶级的国家意志及其法治形式从本质上来说是对特定社会历史时期的经济关系和与之相适应的社会关系的反映。同时，法治的社会性也脱离不了其经济根源，法治调整的社会关系也必然是特定经济关系基础上的社会关系，如奴隶制社会的法治调整的是自由民和奴隶主之间的社会关系、资本主义法治调整的则是资产阶级和无产阶级的关系，而从公共利益出发以维护社会秩序、生态环境等的法律制度，从其内在来看也不过是符合统治阶级利益而展开的，并未超越阶级意志的基础，因此并不具有"超阶级性"。而法治作为维护统治阶级利益的工具，也脱离不了其所处的特定的社会环境，需要依赖法治的社会性保障社会的和谐秩序。

现代社会中之所以存在马克思法治思想"过时论"，从其本体论意义上来看是只承认法和法治的阶级性，忽视了其社会性。在社会主义（共产主义第一阶段）国家，随着阶级的消失，法治作为统治阶级意志的表现也应该随之消亡。按照这一说法，马克思主义法学和马克思法治思想无法解释现代社会主义国家

---

① 中共中央马克思恩格斯列宁斯大林著作编译局．马克思恩格斯全集：第26卷［M］．北京：人民出版社，2014：188.

② 中共中央马克思恩格斯列宁斯大林著作编译局．马克思恩格斯全集：第31卷［M］．北京：人民出版社，1998：412.

依然存在法与法治的现象，因此是"过时"的。

这种说法是错误的。首先，被称为"社会主义"的共产主义第一阶段，在马克思看来只是一个过渡阶段，是从资本主义向共产主义、从阶级社会向无阶级社会过渡的历史时期，阶级之间的激烈对立虽然有逐渐消失的趋势，但仍不能否认资产阶级残余势力和敌对分子的存在，因此国家和社会仍然需要法治对这部分人实施专政和镇压职能。其次，社会主义国家虽然消除了阶级差别，但与资产阶级残余和敌对分子相对而言，占绝大多数的人民上升为国家的主人，实现了阶级性与人民性的融合，因此社会主义法治呈现的是占绝大多数的人民的公共意志。从这一意义上来看，法是统治阶级意志的表现并没有过时，在社会主义国家仍然适用。最后，社会主义国家随着民主化进程的不断推进，民主程度越来越高，法治的阶级意志标志性特征有减弱趋势，更多地在公共意志基础上发挥法治治理国家和管理社会的职能和手段。但不能因法治的阶级意志性减弱就断定马克思法治思想已经"过时"，这是不科学的臆断。

因此，从法治的阶级性和社会性辩证统一的角度来看，即使社会处于不断变化和发展的状态，马克思法治思想仍然具有强大的生命力，对其他国家的法治建设具有重要的指导意义。毛泽东曾说："马克思主义仍然必须在斗争中发展。马克思主义必须在斗争中才能发展，不但过去是这样，现在是这样，将来也必然还是这样……这是真理发展的规律，当然也是马克思主义发展的规律。"① 马克思法治理论也不例外，在现实斗争中必须坚持一切从实际出发，具体问题具体分析，以社会经济发展和政治发展形态为事实依据，不断丰富和发展马克思主义理论成果，如此才能真正发挥其理论效能。

第二节　马克思社会主义权利理念的分析法哲学解读及辩论

从法治的"合目的性"而言，共产主义第一阶段法治的建构是对权利的保障和权力的制约，并且后者是为前者而服务的。因此，法治的核心要义在于权利。社会主义权利理念的产生可以追溯到马克思对权利的分析上，尤其是在共

---

① 毛泽东. 毛泽东文集：第 7 卷［M］. 北京：人民出版社，1999：230-231.

产主义第一阶段法治建构环境下的社会主义权利勾勒。然而，缺乏共产主义第一阶段（社会主义）的事实基础，马克思把权利分析的重点放在资本主义社会的权利批判上，对社会主义权利理念阐释较为笼统，导致了西方马克思主义的分析法哲学流派对社会主义是否存在权利等问题产生激烈的争议。所谓分析的马克思主义法哲学，诞生于20世纪70年代末的英美，是分析的马克思主义和现代分析法哲学两股学术思潮相互交融的产物。善用分析哲学的工具和方法研究马克思主义法学。该领域的主要代表人物有：英国哲学家G. A. 科恩，美国哲学家艾伦·布坎南、英国法学家休·柯林斯以及汤姆·坎贝尔等。对马克思的社会主义权利概念的评议，主要代表人物有以革命派为首的艾伦·布坎南和以改良派为首的汤姆·坎贝尔，他们形成了两种截然不同的权利主张。对此，我们将以文本为依据，对分析法哲学的不同见解进行挖掘和分析，深入揭示社会主义权利的存在性及其走向法定化的内蕴和路径，为保障平等、自由的社会主义人权奠定理论基础。

一、艾伦·布坎南对马克思权利批判思想的重构

艾伦·布坎南作为革命派的主要代表，在《马克思与正义——对自由主义的激进批判》中以自己的权利观为基础解读和重构了马克思的批判权利，揭示了法律权利存在的利己主义基础。

在布坎南看来，马克思的权利概念是资产阶级所特有的，私有制下自由被严重干预而导致阶级冲突的利己主义是法律权利存在的基础。按照布坎南的解释，马克思早期在《论犹太人问题》中，区分了人权、人的权利和公民权利三个概念。其中，"所谓的人权，不同于 droits du citoyen ［公民权］ 的 droits de l'homme ［人权］，无非是市民社会的成员的权利，就是说，无非是利己的人的权利，同其他人并同共同体分离开来的人的权利。"① 布坎南对此的理解是人的权利是同公民权相对立，包括财产权和信仰自由在内的民事权利，这里的人仅仅强调孤立于社会之外的利己主义者。而马克思的公民权指人的政治权利，集中强调政治参与权尤其是选举权，而人的权利和公民权共同构成"人权"。

---

① 中共中央马克思恩格斯列宁斯大林著作编译局 . 马克思恩格斯全集：第3卷［M］. 北京：人民出版社，2002：182-183.

在资本主义社会中，"市民社会把自己的政治存在实际设定为自己的真正存在，同时也就把不同于自己的政治存在的市民存在设定为非本质的存在；而被分离者中有一方脱落了，它的另一方，即对方，也随之脱落"①。由此可以看到，人的权利和公民权利是资本主义社会相互依存的两种不同的存在方式，体现了现实与理想的两种权利形态。在马克思看来，人的解放"只有当现实的个人把抽象的公民复归于自身"② 才能真正完成，也就是说只有当利己主义的人的权利复归于共同体的公共权利之时，即利己主义的、同他人乃至共同体分立开来的人的权利完全消失的共产主义才能真正实现人的彻底解放。而人的权利和公民权的相互依存也就决定了共产主义社会无论作为人的权利还是公民的权利都不再适用，因为一个领域遭到破坏，必然带动另一领域的消亡，共产主义社会的权利也就无从谈起。

根据布坎南的理解，马克思对权利的批判路径经历了四个阶段：其一，权利作为对自由的保障，只有在自由受到严重侵犯的时候才必要；其二，严重干预自由的现象仅产生于阶级利益冲突以及阶级冲突导致的利己主义的环境中；其三，共产主义社会不存在阶级及其引发的利益冲突和利己主义；其四，共产主义社会不需要用法律保障人的权利或公民权利。③ 按照布坎南的说法，阶级和私有制成为马克思权利产生的社会根源，权利只有处于存在阶级、利己主义的私有制社会才能有价值和意义。而共产主义社会将彻底消灭剥削和阶级，废除私有制，并没有权利产生和发展的土壤。此外，从国家层面来看，马克思人的权利和公民的权利都不过是以国家为后盾的法定权利，用以调节人际冲突的、有缺陷的社会，伴随着阶级的消亡，权利亦会随着国家和法的消亡而消失，因此人的权利和公民权利在共产主义社会也就失去了存在的意义。

布坎南对马克思权利批判的解读和重构，在一定程度上展示了马克思关于权利和正义思想的复杂性和丰富性，明确和再现了马克思关于社会和谐与冲突之源的观点，为我们进一步理解权利内涵和形态提供了一种解读路径。但是，

---

① 中共中央马克思恩格斯列宁斯大林著作编译局．马克思恩格斯全集：第 3 卷［M］．北京：人民出版社，2002：150.

② 中共中央马克思恩格斯列宁斯大林著作编译局．马克思恩格斯全集：第 3 卷［M］．北京：人民出版社，2002：189.

③ ［美］艾伦·布坎南．马克思与正义［M］．林进平，译．北京：人民出版社，2013：86-87.

布坎南将社会的冲突单一的看作阶级冲突，具有一定的历史局限性。正如马克思所言，"而在极端贫困的情况下，必须重新开始争取必需品的斗争"①。由此，丹尼尔·布鲁德尼评价道，马克思相信，"不论在任何社会，只要存在着物质的匮乏，该社会就避免不了基本的社会冲突"②。阶级并不是社会冲突的根本性因素，原始社会不存在阶级，却仍然有部落、氏族之间因物质利益引发的冲突甚至斗争。因此，在马克思看来，进入共产主义社会的必要前提就是解决物资匮乏的问题，实现社会物质财富的极大丰富。而布坎南将阶级社会的特殊性冲突看作普遍性的存在，把阶级利益冲突和由阶级冲突引发的利己主义作为马克思权利批判的根源，同马克思本人的思想具有一定的偏差，有待我们做进一步的考察。

此外，布坎南对马克思权利概念的认识也存在一定的局限性，主要表现在对强制性权利和非强制性权利观念的混淆。按照布坎南的观点来看，所有的权利都需要国家的强制力作为支撑，但却忽视了权利的非强制性。马克思对资本主义权利的批判意指对强制性权利的批判，并非全然否定非强制性权利，而共产主义旨在消除的也是强制性权利，并非所有的权利观念。

二、汤姆·坎贝尔以利益理论为基础的社会主义权利理念

以改良派为代表的汤姆·坎贝尔，在《左翼与权利——社会主义权利理念的概念分析》中揭示了社会主义权利理念的合理性原则。

与布坎南持相反观点，汤姆·坎贝尔作为社会主义改良派的代表，主张利用资产阶级权利概念的价值，服务于共同体以满足人类的普遍需求。在他看来，权利概念本身属于中性词语，不带有阶级性质与社会差别，并应该随着阶级社会的消亡而消失。社会主义或许会质疑和批判资产阶级权利观的虚伪性和狭隘性，但不会迁怒于权利概念本身，社会主义仍然依赖于权利来满足人的需求。此外，资产阶级自由主义权利观提出的经济权利、社会权利、福利权、劳动权、休息权等不仅在资本主义社会具有其内在价值，也可以剔除其内含的以个人为

---

① 中共中央马克思恩格斯列宁斯大林著作编译局. 马克思恩格斯文集：第 1 卷 [M]. 北京：人民出版社，2009：538.

② 丹尼尔·布鲁德尼. 罗尔斯与马克思：分配正义与人的观念 [M]. 张祖辽，译. 上海：上海人民出版社，2017：118.

中心的利己主义倾向，将其运用到社会主义社会中，服务于人类的普遍需求。坎贝尔以需求在最大限度上满足平等的原则证明了社会主义权利的合理性。他表示，社会主义社会的需求概念需要以人的自由全面发展为出发点赋予特定的内容，这些内容则通过社会组织的规范原则予以表达，而这些规范原则便决定了权利的范围。如分配原则，就可以确定所谓的自由、权利和权力等。因此，无论是何种形式的社会主义都避免不了以权威性的规则开展社会活动、实现需求的满足以及确定宪法权利，这就决定了权利在社会主义社会必然存在一席之地。①

坎贝尔的社会主义权利学说是在利益理论基础上形成的，在他看来利益理论涵盖了所有类型的权利，因此较之于其他权利理论来说是更为进步的。利益理论从目的性和功能性将权利看作对持有人利益的捍卫和保护，每一项权利对应一项法律予以保护，这种捍卫和保护功能不仅适用于特定的权利，还涵盖了整个权利机制。社会主义权利的实现以合作为基础，因此保障社会成员和谐相处的普遍利益。当然权利的实行必然需要强制性规则，但并不支持强制性制裁。②

此外，坎贝尔重点讨论和分析了社会主义权利中的表达自由权利、工人权利和福利权利，解释了社会主义权利的基本特点。在他看来，社会主义权利同义务不可分割，但不在于权利持有者自己对义务的履行，完全依赖于他人自觉履行相关的义务，如此法律权利仅需要明确他人的义务即可，权利成为义务的附属品。阐释社会主义权利的基本形态之外，坎贝尔还阐明了社会主义权利和自由主义权利之间的关系。坎贝尔表示，权利的利益理论是社会主义与自由主义政治分歧得以和平解决的中介。社会主义权利和自由主义权利体系并不存在内在的矛盾，其差异性根本表现为权利的理论假设的差异，而从利益的差异性来解释社会主义概念和自由主义概念，可以在一定程度上超越这种分析和争论。因此"权利"与"社会主义"在概念上的相容性一定程度上可以减少暴力行

---

① CAMPBELL T. The Left and Rights: A Conceptual Analysis of the Idea of Socialist Rights [M]. London: Routledge and Kegan Paul, 1983: 142.

② CAMPBELL T. The Left and Rights: A Conceptual Analysis of the Idea of Socialist Rights [M]. London: Routledge and Kegan Paul, 1983: 213.

为①，实现社会主义和自由主义的和平对话与沟通。

汤姆·坎贝尔建立在利益理论基础之上的社会主义权利理论，实现了社会主义与权利、社会主义与自由主义之间的相容，试图构建一个将所有权利类型都囊括的理论学说，形成一个与自由主义权利不同的、为全人类需求服务的社会主义权利理念。但是正如加拿大马克思主义学者克里斯蒂·希普诺维奇所言，权利不仅是义务的附属品，针对他人义务的性质产生的不赞同态度或分歧还具有协调作用，因此法律不能仅仅为他人设定义务，同样也要明确权利。② 因此，坎贝尔关于权利的利益理论对权利的认识过于简单化，存在一定的理论局限性。

三、马克思权利学说的文本探析与争议回应

以上布坎南与坎贝尔的争论，集中探讨了社会主义权利学说到底应该建立在哪一个理论基础之上？马克思界定的权利概念是否仅仅隶属于阶级社会？社会主义社会是否存在权利？权利与义务在现实生活中哪一个更为重要？对此，我们将立足于马克思主义经典著作和历史唯物主义方法论，全面探析马克思法治思想的权利要义，勾勒权利在社会主义国家的理想形态，明确权利与义务的辩证统一关系。

其一，马克思权利学说的理论基础。无论是布坎南将权利理念置于他自己的权利学说中还是坎贝尔将其放在利益理论中来考量，都是一种理论视域的创新。但是有一点不容忽视，那就是马克思权利学说的基础理论：历史唯物主义基本原理。

对于权利的思考，最早起源于资本主义，资产阶级为适应阶级统治的需要，提出了两种权利起源说，一种说法是天上掉下来的，另一种说法是人的脑子里固有的，从而形成了"天赋人权"说和"人类理性实现"说等。但是这些权利完全脱离了阶级归属，隶属于自然或心理现象，真实地切断了其与国家和法的正常关系，是一种不科学的理论体系。无论何时何地谈论权利，都离不开特定的社会现象及其与之相适应的生产关系。马克思正是认识到了这一点，将其理

① CAMPBELL T. The Left and Rights：A Conceptual Analysis of the Idea of Socialist Rights［M］. London：Routledge and Kegan Paul，1983：1.
② SYPNOWICH C. The Concept of Socialist Law［M］. Oxford：Clarendon Press，1990：163.

论基础根植于历史唯物主义基本原理中，以现实中的人和生产力为出发点，深入探讨了权利的起源及其发展等问题。

一方面，马克思权利学说的出发点和落脚点是"现实的个人"。在马克思看来，权利以历史唯物主义为基础，必然以构成人类社会的"现实中的个人"为基础。社会是人的社会，考察任何具体问题，都离不开现实的人，权利也不例外，"现实的个人"是权利的主体，脱离人存在的抽象意义上的权利是不存在的。人的现实性，体现在马克思对人的本质的规定性中。马克思指出："人的本质不是单个人所固有的抽象物，在其现实性上，它是一切社会关系的总和。"① 从这一规定性来看，马克思不仅将人拉进了现实的社会环境之中，不再任意夸大人的主体性和能动性以形成对权利的认识偏差，而且还揭示了社会关系对人的决定性作用，亦是将权利放在物质生产关系和社会变革的基础上进行考察和分析，有助于科学把握权利的现实问题。

另一方面，权利受到生产力发展和经济基础条件的制约，呈现社会历史性特点。马克思否定了资产阶级启蒙思想家关于天赋人权、自然权利等主张，提出人的权利是社会生产力发展的产物，在不同社会形态中呈现差异化的权利观和权利现象。在他看来，权利不是从来就有的，原始社会的人们根本不知道权利和义务是什么。权利和义务问题是社会文明发展的产物，是以阶级的产生和国家、法的形成为基础的。国家以法的形式将私有制生产方式固定下来，并将对立阶级之间的行为模式确立为权利与义务。正如马克思所言："作为纯粹观念，平等和自由仅仅是交换价值的交换的一种理想化的表现；作为在法律的、政治的、社会的关系上发展了的东西，平等和自由不过是另一次方上的这种基础而已。"② 经济基础决定上层建筑，权利的具体表现形态诸如民主、平等、自由等都是政治上层建筑得以发展了的东西，因此同政治上层建筑一样，必然脱离不了经济形式和内容的基础性作用。建立在国家和法基础上的权利代表了经济上占统治地位的阶级利益，成为社会生产和生活得以平稳运行的工具。

此外，社会生产发展的程度，进一步决定了权利的实现程度和基本形态。

---

① 中共中央马克思恩格斯列宁斯大林著作编译局. 马克思恩格斯文集：第 1 卷［M］. 北京：人民出版社，2009：505.

② 中共中央马克思恩格斯列宁斯大林著作编译局. 马克思恩格斯全集：第 30 卷［M］. 北京：人民出版社，1995：199.

生产力越发达，人民群众获得权利的程度则会越高，反之亦然。诸如资本主义社会创造了比过去一切时代的全部生产力还要多的巨大生产力，积极"采用机器生产以及实行最广泛的分工"，同过去相比，这次分工对无产阶级来说是更为普遍的分工。但不可避免的是，无产阶级获得的仍然是异化的权利，受到机器和资本的奴役和剥削，在这样的社会条件下，无产阶级仍然是不自由和不平等的。只有到了共产主义社会，"任何人都没有特殊的活动范围，而是都可以在任何部门内发展，社会调节着整个生产"①，只有生产力得到极大的发展，社会完全消除分工，人摆脱任何物的奴役和制约，资产阶级的权利实体才能真正走向消亡，社会实现真正的权利，达到人的自由和全面发展。在这样的社会中，如同资本主义国家和法的消亡，以阶级剥削为基础的权利也将完全消失。在这里，权利的消失并不代表权利本身的消亡，仅仅表示特定环境中的资产阶级权利的消失，针对私有制社会人权和公民权的二元分离，共产主义将真正推动以利己主义为基础的人权向公民权复归，享受"自由自觉的"劳动，每个人自由地按照社会的协调、分配和分工进行生产。如此，以历史唯物主义基本原理为理论基础的马克思权利学说，同布坎南和坎贝尔权利学说的理论基础形成差异，必然导致对社会主义权利解读的偏差和争论的迭起。这就要求我们，无论对何种理论观点展开解读，都不应离开它所依附的社会环境和理论基础。

其二，社会主义社会权利的理想形态。按照权利的社会历史性，共产主义社会的权利会随着国家和法的消亡而消亡，那么许多学者就产生了疑问：社会主义作为共产主义的低级的、不成熟阶段，是否还存在权利概念？如果存在，会以什么样的形式存在？毋庸置疑，权利是国家和法的产物，只要社会主义社会仍然需要国家和法的支撑，就必然会存在权利。这种权利与资产阶级国家的权利具有根本区别，权利范围更加广泛和普遍、权利内容更为丰富、权利形式更为民主，也只是一种形式上的平等和自由，具有社会的局限性，有外在的控制机制。

社会主义社会仍然保留和沿用部分"资产阶级权利"，需要以权利调度公民的工作和行为。同共产主义第一阶段法治的历史必然性一致，社会主义社会权利亦有其存在的客观基础。在经济上，国家虽然实行了生产资料公有制，但仍

---

① 中共中央马克思恩格斯列宁斯大林著作编译局. 马克思恩格斯文集：第 1 卷［M］. 北京：人民出版社，2009：537.

然存有旧社会的痕迹。调节按劳分配的原则和调节商品交换的原则同资本主义国家是相同的等价交换原则，其内在表现的"平等的权利按照原则仍然是资产阶级权利"①。在政治上，无产阶级革命虽然已经消灭了资产阶级，但仍然存在一定的与无产阶级对立的残余和敌对分子，以及由物质利益引发的社会冲突，因此仍然需要社会主义国家和法等政治形式保障社会秩序平稳运行，势必权利也会孕育其中。

　　然而，社会主义同资本主义权利存在着根本的区别。在范围上，社会主义权利摆脱了资本主义国家占少数的剥削阶级获得权利、广大劳动人民只能履行义务的权利模式，实现了占多数的无产阶级平等地位，达到了历史上前所未有的广泛性。在内容上，资本主义人权和公民权的二元分立现象将得到进一步的消除，保障人民群众不仅在经济上，而且在政治上的平等与自由权利，此外人民的生存权、劳动权、民主权等都在现实生活中得到实践保障。在形式上，权利的确立和实施不再凭借国家和法治单一的政治形式，还借助于科学技术推动生产力的发展、建立健全社会主义民主、提高公民权利义务的意识等等。从这一点来看，坎贝尔关于从概念的无阶级性弥合资产阶级自由主义权利和社会主义权利之间的矛盾冲突的观点，与马克思社会主义权利观是完全不同的。坎贝尔的权利观导致和平的过渡和改良，而马克思的权利对立则会导致直接的、残酷的暴力革命，从内容到结果都有着巨大的差异。

　　此外，针对马克思的社会主义权利学说，还要强调一点，马克思并不认为社会主义社会的人可以获得真正的权利。虽然社会主义社会的权利已达到了前所未有的广泛性，但仍然存在一部分犯罪和阶级敌对分子未能囊括其中，按劳分配原则中的劳动尺度作为人生来就有的权利也因身体因素、子女数量、家庭等因素的影响而导致差别的存在，"所以就它的内容来讲，它像一切权利一样是一种不平等的权利"②，由此看来，社会主义社会仍未实现真正的平等，其权利形态从根本上来说还是一种不平等的权利。

　　综上所述，马克思不仅揭示了社会主义权利存在的历史必然性，还进一步

---

①　中共中央马克思恩格斯列宁斯大林著作编译局．马克思恩格斯全集：第25卷［M］．北京：人民出版社，2001：19.

②　中共中央马克思恩格斯列宁斯大林著作编译局．马克思恩格斯全集：第25卷［M］．北京：人民出版社，2001：19.

表达了社会主义权利作为一种权利形态同资本主义权利的根本区别及其社会局限性，是在历史唯物主义基本原理基础上的科学认识。

其三，社会主义社会的权利与义务相统一。从上文可以看到，坎贝尔认为社会主义权利是义务的附属，然而从经典文本来看，马克思对权利和义务的探讨并未集中于谁是谁的附属问题上，而是强调两者的辩证统一关系。

在马克思看来，权利与义务是相互对立和相互依存的统一体，其统一性表现在："没有无义务的权利，也没有无权利的义务"①。一个人在享有权利的同时，必然要履行相应的义务，这是"权利平等"必不可少的两个环节，一旦其中一个脱节，平等也就不存在了。在阶级社会中，无论形式上的法治如何规定社会的权利与义务，但在市民社会中统治阶级享有权利和被统治阶级履行义务的对立本质受经济关系的影响永远不会改变，因此必然表现为实质上的不平等。社会主义社会的权利与义务则与之完全不同。社会主义消灭了剥削阶级，占多数的无产阶级和广大人民则改变了在旧社会的那种无权利状态。与此同时，社会受到阶级的消灭以及劳动者的观念等因素影响，已经不再依赖于其他人履行义务，依照权利平等的内在要求，社会主义的权利和义务统一在人民群众身上，其主体不再划分为对立的阶级，人在享受权利的同时也履行着相应的义务。

社会主义国家以法治确立无产阶级劳动者享有按劳分配权利的同时也要求履行和承担国家和社会公共需要的义务。在这里的人，没有只享受权利而不履行义务的上等人，也没有只尽义务的下等人，权利和义务都成为一种主动、自觉的行为，在法治层面走向了真正的统一，彻底消除了压迫和剥削的存在，有效推动了实质上的"权利平等"的实现。这也从根本上否定了坎贝尔关于权利是义务的附属品、法律规范只需强调公民义务的观点，要知道，权利与义务是相互依存的统一体，人们所遵守的是有权利界限的义务，也有拒绝超越义务界限负担的权利，权利与义务都有相应的界限，而非无限制地履行义务或享有界限，以此才能保持两者的平衡，维护社会秩序的稳定和发展。

---

① 中共中央马克思恩格斯列宁斯大林著作编译局. 马克思恩格斯全集：第 28 卷［M］. 北京：人民出版社，2018：652.

第三节 马克思"法律消亡论"的当代解读及必然性论证

　　法律是法治建设和实施的核心环节和治理依据，因此法律的消亡问题同时也昭示着法治的发展走向。马克思的"法律消亡论"是当前西方马克思主义法学的著名论题，同时也是马克思法治思想中最富有争议的话题。马克思虽然没有直接提出和论述"法律消亡"的命题，但在其著作中零星地表达了这一主张。在马克思看来，"法官和区长"是"缠绕在法国农民身上、上面伏着吸吮农民血汗的资产阶级蜘蛛的司法蜘蛛网"，① 法律作为阶级统治的工具终将随着阶级和国家的消亡而消失。然而，由于马克思缺乏专门的法律论著，对于法律消亡的问题，尤其是共产主义社会的秩序究竟如何维系等问题的论述较为模糊，从而引起了国内外对"法律消亡"问题的热议，在国外马克思主义学者中引发激烈的争论。围绕"共产主义法律在共产主义社会是否消亡"的问题，国外马克思主义者采取不同的方式解读马克思的"法律消亡论"，形成肯定性和批判性两种不同论域。对此，我们秉持着"回到马克思"的研究态度，围绕法律消亡的历史必然性，深入揭示马克思法律消亡论的真实含义，为中国特色社会主义法治的建构、贯彻和实施提供科学的理论指向。

一、马克思"法律消亡论"的肯定性论域

　　对马克思"法律消亡论"持赞成态度的典型代表有苏联马克思主义法学家列宁、叶夫根尼·帕舒卡尼斯、美国学者欧鲁菲米·太渥等人。在他们看来，马克思的法律消亡论具有一定的社会合理性，"法律消亡的问题是一块基石，用来衡量一个法学家与马克思主义的接近程度"②。共产主义是一个没有剥削和压迫的理想社会，不再需要法律等上层建筑的支持，法律体系在这一社会基础上的消亡将是社会和人走向真正自由和平等的基本特征。然而，虽然他们都主张

---

① 中共中央马克思恩格斯列宁斯大林著作编译局．马克思恩格斯文集：第3卷［M］．北京：人民出版社，2009：200.

② PASHUKANIS. Selected Writings on Marxism and Law［M］．ed. and intro. by Piers Beirne，Robert Sharlet；tran. by Peter B. Maggs. London：Academic Press，1980：268.

共产主义法律的消亡，但是在法律消亡的理论基色和解读路径上却存在一定的差异性。

一是以阶级工具论为理论基色的法律消亡论。持这一观点的主要代表是正统的马克思主义者列宁。马克思、恩格斯揭示了法律阶级工具的根本属性，并从国家消亡的逻辑意味中表达了阶级的消失必然导致共产主义社会法律的消亡，但在其字里行间并没有明确涉及"法律消亡"的论题。正如柯林斯所言，马克思和恩格斯对国家消亡和国有化的论证中，对共产主义社会的法律状态的"那个关键点保持沉默"①。真正明确法律在共产主义社会将要消亡这一论题的是列宁。在《国家与革命》一书中，列宁继承了马克思、恩格斯关于法律的阶级工具论基础，进一步提出长期形成的"公共生活规则"习惯是维系共产主义社会秩序的重要手段。在列宁看来，"群众受剥削和群众贫困"是人们采取极端行动的根本社会原因，共产主义社会物质财富的极大丰富和阶级的消失使得这种"极端行动就必然开始'消亡'"②，而作为暴力镇压和阶级压迫的特殊机器，诸如国家和法律体系也终将走向消亡。当然，列宁并不否认共产主义社会的冲突和失范，但这一时期普通公民的干预就可以阻止公民的越轨行为，不再需要刑事法庭和警察机制。

二是以商品交换论为解读路径的法律消亡论。这一论点以苏联法学家帕舒卡尼斯为典型代表。帕舒卡尼斯以朴素唯物主义为切入点，将法律解释为商品交换的反映，其最重要的功能在于证实个体的权利，形成商品交换过程中的特定权力相互认可的基本规范，权利相互认可的深层结构成为衡量规则体系是否归于法律的根本标准，与过去意识形态决定法律的普遍认知形成深刻对立。在他看来，依赖于商品交换而存在的法律是资本主义社会独有的规范，"只有当资本主义关系充分发展，法律才具有抽象的特征。每个人都成了抽象的人，所有的劳动都成了抽象的对社会有用的劳动。每个主体都成了抽象的法律主体"③。随着资本主义生产方式和趋利性商品交换关系的消失，孤立的、抽象的社会个

---

① ［英］休·柯林斯. 马克思主义与法律［M］. 邱绍继，译. 北京：法律出版社，2011：106.

② 中共中央马克思恩格斯列宁斯大林著作编译局. 列宁全集：第31卷［M］. 北京：人民出版社，2017：87.

③ 帕舒卡尼斯. 法的一般理论与马克思主义［M］. 杨昂，张玲玉，译. 北京：中国法制出版社，2008：73.

体之间的矛盾也将随之消失，法律也会如同价值、资本、利润等范畴在发达的共产主义社会走向消亡。在帕舒卡尼斯看来，资本主义社会以前的法律体系，如罗马法、欧洲法律体系不过是商业关系萌芽的法律规范表现，而无产阶级革命后俄国残留的法律也被他合理地解释为私人商品交易继续发生的反映。帕舒卡尼斯建立在商品交换理论之上的法律消亡论，从特定的历史经济条件中理解法律及其消亡过程，坚持了法律由经济基础决定的基本原理。但不足之处是他把马克思所说的经济基础仅仅局限于商品交换关系，导致其对法律的认识沉溺于简化论当中。但"许多法律不能被轻易地概括为生产过程中所发现的社会实践的意识形态的表现"①，帕舒卡尼斯忽视了经济法、商法以外的，诸如关于人身攻击的刑法等法律。

三是以自然法理论为哲学基础的法律消亡论。美国学者欧鲁菲米·太渥在其《法律自然主义：一种马克思主义法律理论》著作中，实现了马克思主义与自然法的相融，从全新角度为马克思法律消亡论提供了辩护，追问了"法律应该会怎样"的实际问题。在太渥看来，马克思的法律思想经历了"从法律理性主义到法律自然主义的转变"②，即承认法律并不是每个社会形态的必需，其本质是社会分化的结果，是建立在个体基础上的，对社会不可调和的矛盾和不可避免的冲突的确认。只有当个体与他人、群体以及群体与群体之间产生分化和冲突时，法律才会发挥作用。法律在现实社会中存在需要的领域和前提，人们既然制定了人类需要和消除法律的领域，那么在未来的社会发展中法律必然会因为自身的多余而走向消亡。③法律并不是维护社会秩序的唯一规范，宗教和道德也是安排社会秩序的工具，这就为我们设想一个没有法律的未来社会提供了可能性。在这一意义上，太渥表示可以构想一个比法治社会更加理想的文明社会，也就是马克思主义所设想的共产主义社会。在这一社会体系中，个人与共同体之间的分化和对立关系将得到解决，私人冲突也不再需要国家和法律来解决，只依靠仲裁或调节即可，如此法律也将毫无用武之地，从而走向消亡。太

① ［英］休·柯林斯.马克思主义与法律［M］.邱绍继，译.北京：法律出版社，2011：109.
② 任岳鹏.西方马克思主义法学［M］.北京：法律出版社，2007：166-167.
③ ［美］欧鲁菲米·太渥.法律自然主义：一种马克思主义法律理论［M］.杨静哲，译.北京：法律出版社，2013：211.

渥从法律自然主义维度为我们理解法律的消亡问题提供了全新的研究视角和哲学基础，但是其理论体系也存在不足之处。太渥错误地将他的法律消亡论建立在霍菲尔德的权利观基础之上，忽视了权利概念的本质属性，具有一定的泛化思维倾向。此外他的思想还存在法律自然主义和法律消亡论的"二律背反"，他一方面主张法律与生产方式的相伴相随，另一方面却强调在共产主义生产方式的法律消亡性，这两者是相互矛盾的，不可能同时成立。

四是以疏远理论为合理内核的法律消亡论。柯林斯在其《马克思主义与法律》一书中提出了法律消亡论的"疏远"论证模式，在他看来，对于这一问题的分析马克思"做了重要贡献"。"疏远"就其概念而言，是马克思主义者对劳动原子化的指称，强调在资产阶级社会生产关系中，雇佣工人在社会生产的流水线中只是孤立地完成具体的任务，被结构性地"疏远"。这种生产方式严重抑制了阶级意识的发展，工人阶级被看作单个的个体，并没有意识到自己是一个阶级，从而进一步阻隔社会革命性变革的产生。建立在疏远理论基础上的学者认为，在关系疏远的社会环境中，社会冲突日益增加和扩大化，导致法律的产生以及向复杂化、理性化和组织化发展。[①] 在马克思主义者那里，共产主义社会中将不再存在工具劳动，社会生产日趋社会化，人与人之间摆脱了个体属性，团结在一起开展生产和从事事业，疏远关系也将自行消失，从而导致法律在共产主义社会的消亡。这一建立在疏远理论之上的法律消亡论，看似是一种合理的证明，但在柯林斯看来是一种片面化的论述，只能预测法律制度的实质性减少，而不能明确消亡的历史走向，因为"即使在一个严密的社会中也存在冲突和越轨行为"[②]。

无论是阶级工具论、商品交换论、自然法理论还是疏远理论，国外马克思主义者都试图坚守马克思唯物史观的路径，秉持经济基础决定上层建筑的基本原理，将法律消亡论置于政治学、经济学、社会学乃至哲学的学科背景下，实现了马克思主义、法律、社会学科的交叉融合，为我们多维度、多学科、多视角探究法律消亡的历史必然性提供了全新思维。然而在理论的继承和创新发展

---

① ［英］休·柯林斯. 马克思主义与法律［M］. 邱绍继，译. 北京：法律出版社，2011：114.

② ［英］休·柯林斯. 马克思主义与法律［M］. 邱绍继，译. 北京：法律出版社，2011：115.

过程中，他们对马克思主义基本原理的解读和运用仍然存在一定的偏差。诸如帕舒卡尼斯将经济基础对法律的决定性作用仅仅局限于商品交换；太渥对权利概念逻辑结构的任意设定导致对法律以个人而非共同体为基础的曲解认知；疏远理论以社会关系的亲疏决定法律的有无；等等，都具有一定的狭隘性，无法真正合理地证明法律走向消亡的历史必然性，有待我们进一步挖掘和分析。

二、马克思"法律消亡论"的批判性视域

以奥地利政治学家卡尔·伦纳、英国法学家休·柯林斯以及加拿大哲学学者克里斯蒂·希普诺维奇等为代表的学者否定马克思的"法律消亡论"。他们认为，法律是政治体制中不可或缺的组成部分，是解决社会冲突、维系社会秩序的关键因素。在共产主义社会冲突的解决和秩序的维护仍然依赖于法律，但这里的法律同资产阶级法律却存在根本区别，阶级利益维护和压迫性特征将逐渐消除，法律回归社会管理职能。因此在他们看来，马克思主义者关于未来理想社会将不需要法律的论点令人怀疑。

伦纳注重以社会变迁和法的关系为切入点否认法律的消亡。从这一层面出发，伦纳认为随着经济结构的变化和发展，法律作为其固有词汇本身不会发生改变，但其规则和功能却随之产生转变。正如他所说的："一项法律制度丧失其功能，它就会在社会上黯然消失。社会成员甚至对此毫无察觉，以致根本没有必要再官方宣布一下废止。"① 法律在经济变革基础上的消亡，归根结底是其原有社会功能的消失，而非法律本身的消亡。伦纳的这一观点继承了马克思主义的批判性和实践性，立足于人们所赖以生存的物质生活条件探究法律的消亡问题。然而他并没有始终如一地坚守马克思主义的唯物史观立场，只承认经济基础与上层建筑有关联，但并不认同经济基础决定上层建筑，反而过度强调法律的能动作用，导致对马克思法律的消亡问题产生立场、方法和观点上的偏离。

柯林斯和希普诺维奇侧重以法律概念为切入点否认法律的消亡，论证社会主义法的必然性。在他们看来，法律消亡论以法律概念论为理论基础和支撑，同时也是概念论的逻辑结果。

---

① ［奥］卡尔·伦纳. 私法的制度及其社会功能［M］. 王家国，译. 北京：法律出版社，2013：52.

正如柯林斯所言，无论是工具理论基础上的法律消亡论还是商品交换论基础上的法律消亡论，其论证模式都过于狭隘，"都没有成功证明法律的消亡论题"①，最多只是说明了特定法律的消亡或共产主义法律数量的减少。柯林斯认为，建立在工具理论基础上的法律消亡论将法律仅仅解释为阶级工具的认识过于狭隘，没有意识到法律"服务于这些阶级统治结构赖以产生的生产关系的建构"② 作用，并指出列宁提出的共产主义社会以"公共生活规则"维系社会秩序，其实质上承认了法律的连续性，只是将"法律"置换了一个代名词而已。此外，柯林斯还表示，马克思主义者不应该抵制法律拜物教，法律在任何社会秩序中都有存在的必要性。法律内容的形成和法律上层建筑的构建从来没有脱离物质基础的引力，但作为上层建筑法律也具有独立自主性，对工人阶级革命、政治自由乃至整个社会的自由都产生巨大的推动作用，同时对社会主义的生产方式也具有能动的反作用，因此任何文明秩序都离不开法律。柯林斯在解读马克思关于法律的观点时，试图跳出马克思主义研究的固有范式，但是却歪曲和割裂了经济基础和上层建筑的辩证关系，弱化了法律的阶级压迫性，使得一些不属于马克思主义法律思想的东西混入其中，同马克思主义的原有思想在一定程度上具有差异性。

与柯林斯不同，希普诺维奇从法律利己主义和法律意识形态视角反向否定了法律消亡论。从利己主义视角看，希普诺维奇表示，马克思将法律的根本目的定位为调整人与人之间的冲突，而共产主义社会生产力的极大发展实现了物质财富的极大丰富，在这样的社会环境中人与人的冲突将完全消失，也就不再需要法律。希普诺维奇的这种说法是存在问题的。一方面，马克思所描述的物质财富的极大丰富是一个未知数，无法从数量上得到确切的衡量；另一方面，即使达到物质财富这一条件，阶级冲突消失，但是不以利己主义和阶级分化为前提的社会冲突和分歧也不会就此消失。作为意识形态的法律揭示了其积极要素和作用，不仅宣称追求自由、平等、正义等价值目标，而且还反映和调节现

---

① ［英］休·柯林斯. 马克思主义与法律［M］. 邱绍继，译. 北京：法律出版社，2011：115.
② ［英］休·柯林斯. 马克思主义与法律［M］. 邱绍继，译. 北京：法律出版社，2011：107.

实关系，因此在社会主义社会可以存在一套理性的程序调节人和人之间的关系。① 在他看来，无论是从利己主义还是从意识形态视角来论证，马克思都无法论证社会主义法律的不可能性，而列宁作为马克思主义的正统发展者，过于强调法律的阶级性而忽视其公共职能和自由民主价值，因此他们主张的法律消亡论并不能成立。希普诺维奇试图将道德和政治融入法律实践中，重构社会主义的法律理念。

在法律消亡论问题上，伦纳、柯林斯和希普诺维奇等人同马克思一样，关注现实社会的需要，秉持着物质第一性的思想，坚信"思想、观念、意识的生产最初是直接与人们的物质活动，与人们的物质交往，与现实生活的语言交织在一起的"②，创新性地解读了马克思的"法律消亡论"，为我们进一步解读马克思法治思想提供了一定借鉴意义。尤其以柯林斯为典型，他试图走出实证分析的陷阱，坚持以"经济决定论"和"阶级工具论"为基础解读马克思的法律思想，在一定程度上具有科学性。但是不可否认的是，对"法律消亡论"持批判态度的这批国外马克思主义学者并没有始终如一坚持马克思主义的唯物史观和辩证法，导致对马克思法律思想认识产生偏差和误解。首先，就研究立场而言，他们并没有一以贯之地坚守在唯物史观的立场和阵地上，对物质第一性和经济基础决定上层建筑的辩证关系产生怀疑，并在此基础上批判和修正了马克思主义原有的立场和方向。其次，就研究方法而言，他们对马克思主义辩证法的质疑，在很大程度上割裂或歪曲了经济基础和上层建筑之间的辩证关系，伦纳将这种辩证关系称为一种"假说"或"比喻"，柯林斯甚至抛弃了马克思辩证分析的模式，从而在思想上也否定了马克思"法律消亡论"的学说。最后，就研究内容而言，伦纳等人过度强调法律的能动作用，削弱经济基础的决定作用和法律的阶级压迫特性，尤其以柯林斯和希普诺维奇为典型跳出了马克思主义研究的特定模式，将法律看作维护社会秩序的固有模式和特定因素，从而脱离了其特有的物质生产方式，从根本上否定了未来理想社会法律走向消亡的论点。由此，对待国外马克思主义者对法律消亡论的认识，我们应该采取辩证的态度。

① SYPNOWICH C. The Concept of Socialist Law［M］. Oxford：Clarendon Press，1990：15.
② 中共中央马克思恩格斯列宁斯大林著作编译局. 马克思恩格斯文集：第1卷［M］. 北京：人民出版社，2009：524.

三、马克思论"法律消亡"的历史必然性

就上述学者对"法律消亡论"或肯定或批判的态度来看，法律在共产主义社会是否会真正走向消亡的问题在社会发展的今天仍然有着巨大的争议。想要切实回答"共产主义社会法律会否消亡"的根本问题，我们还是需要"回到马克思"，以马克思法律思想产生的物质生活条件和唯物史观基本原理为根本出发点，透析法律消亡的历史必然性。马克思虽然没有明确提出"法律消亡"的论点，但在字里行间表达了这一思想。在他看来，共产主义第一阶段不可避免地残留着旧社会的痕迹，无产阶级执政仍然需要国家和法律来维系社会秩序。然而，当共产主义发展到高级阶段，国家和阶级彻底消亡，人在长期的社会规范过程中形成遵循基本规则和社会秩序的习惯，此种状态下社会将不再需要法律而使其自然消亡。

从社会发展形态来看，法律范畴的历史性特征决定了其消亡的历史必然性。法律不是一早就有的，原始社会不存在法律。按照社会形态的发展历程来说，马克思将社会历史发展脉络依据所有制形式的不同分别概括为：部落所有制、古代公社所有制和国家所有制、封建的或等级的所有制、纯粹的私有制和共产主义所有制。这一思想经历了多方的检验和完善，晚年恩格斯第一次系统地将其概括为原始社会、奴隶社会、封建社会、资本主义社会和共产主义社会五种形态。在马克思看来，法律并非在人类社会产生之初就存在的。原始社会生产力极为低下，"这种原始类型的合作生产或集体生产显然是单个人的力量太小的结果，而不是生产资料社会化的结果"①。面对自然界的强大力量，原始人类劳动方式匮乏，获取的劳动产品基本满足于人类基本生活，不存在剩余产品的剥削。而氏族或公社内部成员相互平等，形成代代相传的习惯对自身行为进行约束，维持社会的基本秩序。因此，原始社会即使"没有今日这样臃肿复杂的管理机关"②，没有阶级、国家和法律的暴力压迫，却依靠公认的习惯形成了一个相对自由、平等、和谐的社会。

---

① 中共中央马克思恩格斯列宁斯大林著作编译局．马克思恩格斯全集：第25卷［M］．北京：人民出版社，2001：460.
② 中共中央马克思恩格斯列宁斯大林著作编译局．马克思恩格斯全集：第28卷［M］．北京：人民出版社，2018：116.

　　法律起源于阶级社会，是且只是统治阶级意志的表现。法律产生，源自原始社会后期。这一时期，金属工具的使用推动劳动生产力的提高，人们在满足基本生活的基础上产生了剩余产品，使得商品交换成为可能。同时，生产力的发展一方面推动畜牧业、手工业和农业的分离，引起社会的分工；另一方面对劳动的数量要求越来越多，进一步推动奴隶的产生。如此一来，"从第一次社会大分工，也就产生了第一次社会大分裂，分裂为两个阶级：主人和奴隶、剥削者和被剥削者"①。伴随着阶级的产生，剥削者和被剥削者之间产生了尖锐的矛盾，即前者剥削和压迫后者，而后者奋力反抗。原始社会所有人自愿遵循的习惯在这里已经无法发挥作用。为了进一步镇压被剥削者，国家和法应运而生。剥削阶级作为统治阶级一方面利用警察、监狱、军队等暴力机器镇压被剥削者的反抗行为；另一方面借助于法律的外衣将剥削者的私人利益上升为普遍利益，以麻痹被统治者，维护社会的基本秩序。因此，法律就是由统治阶级的"共同利益所决定的这种意志的表现"②，是阶级社会的产物，是缓解阶级之间、阶级内部矛盾关系的政治工具。按照阶级社会的形态划分，法律也呈现不同的类型，即奴隶制法律、封建制法律、资本主义法律和共产主义第一阶段法律。奴隶制法律体现奴隶主的普遍利益，封建制法律保障地主阶级对土地的占有，资本主义法律突出资本家对剩余价值剥削的合法权益，共产主义第一阶段法律确保无产阶级及广大人民的利益。简而言之，无论哪一种形态的法律都体现着统治阶级的意志，这里要强调一点，共产主义第一阶段虽然在经济上已经走向公有制体制、政治上消灭了阶级和阶级剥削，但是社会内部仍然留有"那个旧社会的痕迹"③，民主程度与资本主义社会相比有很大的提升，仍未实现全民民主，共产主义第一阶段依然需要法律予以保障人民基本权利，抵制少数不法分子和资产阶级残余的越轨行为。

　　在共产主义社会高级阶段，生产力的高度发达及其国家和阶级的消亡决定了法律必然走向灭亡。从经济上来看，共产主义社会的高级阶段，法律会随着

　　① 中共中央马克思恩格斯列宁斯大林著作编译局 . 马克思恩格斯全集：第28卷［M］. 北京：人民出版社，2018：189.

　　② 中共中央马克思恩格斯列宁斯大林著作编译局 . 马克思恩格斯全集：第3卷［M］. 北京：人民出版社，1960：378.

　　③ 中共中央马克思恩格斯列宁斯大林著作编译局 . 马克思恩格斯全集：第25卷［M］. 北京：人民出版社，2001：18.

其赖以生存的经济基础的消失而消失。"工人对反抗他们的旧世界的各个阶层实行的阶级统治只能持续到阶级存在的经济基础被消灭的时候为止"①。无产阶级开展暴力革命的根本目标就是消除阶级存在的经济基础，建设理想的未来社会。按照马克思的设想，在共产主义高级阶段，生产力将得到极大发展，社会财富极为丰富，阶级和旧社会的分工也将不复存在，脑力劳动和体力劳动、工农之间和城乡之间的"三大差别"消除，劳动日益成为人们生活的第一需要，这时，人们将"完全超出资产阶级权利的狭隘眼界"②，从自发走向自觉，不再需要国家和法律这样的特殊的镇压力量来维持社会的秩序。人们会将国家和法律等"全部国家机器放到它应该去的地方，即放到古物陈列馆去，同纺车和青铜斧陈列在一起"③。由此，法律赖以存在的私有制将在共产主义高级阶段彻底被消灭，为法律的消亡奠定了经济根源。从政治上来看，共产主义高级阶段阶级和国家的消亡是法律消亡的政治动力和条件。"工人革命的第一步就是使无产阶级上升为统治阶级，争得民主"④，随后在民主制度不断完善的道路中逐步消灭阶级，一步步推动民主范围的扩大。当社会达到人人学会管理国家、全民享有民主的程度，国家作为"和人民大众分离的公共权力"⑤，就会随着阶级的消失而消亡。而法律作为维护阶级统治和国家管理的政治工具也会随着民主发展程度的完备而日渐成为多余的东西，从而更加趋于消亡。简言之，无论是经济还是政治层面，共产主义高级阶段法律消亡是一种历史的必然。

从人的自由全面发展来看，法律对共产主义社会人的自由全面发展的压制性和约束性要求法律消亡的历史必然。马克思曾向世界公开声明，他一生追求

---

① 中共中央马克思恩格斯列宁斯大林著作编译局．马克思恩格斯文集：第 3 卷 ［M］．北京：人民出版社，2009：408.

② 中共中央马克思恩格斯列宁斯大林著作编译局．马克思恩格斯全集：第 25 卷 ［M］．北京：人民出版社，2001：20.

③ 中共中央马克思恩格斯列宁斯大林著作编译局．马克思恩格斯全集：第 28 卷 ［M］．北京：人民出版社，2018：202.

④ 中共中央马克思恩格斯列宁斯大林著作编译局．马克思恩格斯文集：第 2 卷 ［M］．北京：人民出版社，2009：52.

⑤ 中共中央马克思恩格斯列宁斯大林著作编译局．马克思恩格斯全集：第 28 卷 ［M］．北京：人民出版社，2018：140.

的社会是一个"更高级的、以每一个个人的全面而自由的发展为基本原则的社会"①。人的全面而自由发展是马克思基于唯物史观对人类社会发展的历史考察，也是对未来社会美好蓝图的基本构想。但未来社会想要真正达到人的自由全面发展状态，需要把握双重维度。一方面是"人的全面发展"。对"全面"的理解，目前理论界提出了诸如素质说、能力说、品质说、关系说、需要说、人格说等论点。但在马克思那里，"全面"并非只是静态意义上关于人的发展状态的系统归纳，而是"历史的产物"。对"人的全面发展"的理解，我们需要从社会历史的实际发展形态中理解和观察人的"全面性"，并结合不同时期静态意义上的"全面"内涵，系统掌握特定历史环境中的人的"全面"特点。另一方面是"人的自由发展"，也就是个性解放的实现。真正意义上的个性解放不是人的欲望、追求、思想观念乃至情感的无限制的恣意妄为，也不是行为和性格的放纵不羁，而是人类真正从旧社会的宗教压迫、政治束缚、异化劳动和阶级剥削之中解放出来，在社会生产力发展和公共生活规则的基础上最大限度发挥自己的主体价值、个性自由和本质力量。在马克思看来，人的自由的基础是人的劳动实践，"自由的劳动"是人的"类特性"，只有在共产主义社会劳动真正成为人们生活的第一需要时，人在劳动特性上的自由即"真正劳动"才会实现。"全面"和"自由"在人类发展的历程中相辅相成，密不可分。共产主义社会，人的自由和个性解放的实质意义为"人的全面发展"，正如马克思所设想的："社会调节着整个生产，因而使我有可能随自己的兴趣今天干这事，明天干那事，上午打猎，下午捕鱼，傍晚从事畜牧，晚饭后从事批判，这样就不会使我老是一个猎人、渔夫、牧人或批判者。"②

以国家和法律等形式表现出来的"虚假共同体"无法实现人的自由全面发展目标。马克思强调，人的自由全面发展必须在一个共同体中才有可能实现，而这个共同体并不是如同国家这样的"虚假共同体"。建立在阶级基础上的国家和法律是维护阶级统治和剥削阶级利益的工具，表达的是少数统治阶级的个人自由。此外"法律"中的"律"的功能和表现形式带有一定的强制性和约束

---

① 中共中央马克思恩格斯列宁斯大林著作编译局 . 马克思恩格斯全集：第44卷［M］. 北京：人民出版社，2001：683.

② 中共中央马克思恩格斯列宁斯大林著作编译局 . 马克思恩格斯文集：第1卷［M］. 北京：人民出版社，2009：537.

性，对人的自由、全面发展带来思想上和行为上的制约。无论是剥削阶级的法律还是共产主义第一阶段的法律，都是对人的自由的规定，因此，只要国家和法律存在，人的自由和全面发展就无法真正实现。正如列宁所言："无产阶级需要国家不是为了自由，而是为了镇压自己的敌人。"① 当人的高度自由和全面发展成为现实的时候，国家和法治对自由的约束势必被人类所消除。即使是共产主义第一阶段的法律也发挥着专政职能，以约束少数不法分子和资本残余势力，未实现每个人的自由全面发展。共产主义第一阶段法律"不再是为保护私有制控制阶级压迫秩序，而是为了消灭私有制，消灭阶级，消灭阶级存在和再生的条件，最后也使法同国家一道走向消亡"②。共产主义第一阶段法律实施的核心追求就是打碎这种"虚假的"共同体对人的思想和行为的"桎梏"，创建"自由人的联合体"以推动"各个人在自己的联合中并通过这种联合获得自己的自由"③，才能为"人的自由全面发展"的价值目标的实现奠定优质的社会环境。

四、共产主义社会的秩序维系形态之争

很多学者会产生这样的疑问：法律如果走向消亡，共产主义社会秩序如何维系？从马克思的学术伦理来看，他始终秉持着"一切从实际出发""具体问题具体分析"的唯物论，对未来社会的研究投入很少的经历，即使有零星的论述也只注重社会现实，很少论及社会意识问题，即侧重以社会发展规律为基础对共产主义社会的经济基础展开合理的设想，关于未来社会政治制度及其社会秩序的政治维系等意识形态问题闭口不谈。然而，当代学界论及马克思的"法律消亡论"，不可避免地需要回应共产主义社会秩序如何维系的问题。其中，以列宁、休·柯林斯和汉斯·凯尔森等为代表的学者以马克思经典文本中的只言片语为依据对上述问题展开了不同路径的解读和思考。

列宁对未来社会"公共生活规则"的构想。在《国家与革命》中，列宁不仅为马克思、恩格斯的"法律消亡论"展开辩护，还强调了维持共产主义社会

---

① 中共中央马克思恩格斯列宁斯大林著作编译局. 列宁全集：第 31 卷［M］. 北京：人民出版，2017：85.

② 张光博. 马克思主义法律观［M］. 长春：吉林人民出版社，2005：10.

③ 中共中央马克思恩格斯列宁斯大林著作编译局. 马克思恩格斯文集：第 1 卷［M］. 北京：人民出版社，2009：571.

秩序平稳运行的是"习惯于遵守多少世纪以来人们就知道的、千百年来在一切行为守则上反复谈到的、起码的公共生活规则"①，在列宁看来，只有到了共产主义社会，奴隶制和资本主义剥削彻底消失，阶级也被消除，人们在社会生产资料的关系上已经没有差别的时候，也就是在我们有可能谈自由的时候，国家连带着法律和民主等强制性的特殊机构也将随之消亡。社会"产生违反公共生活规则的极端行动的根本社会原因是群众受剥削和群众贫困"②，在未来社会这两个层面的因素都将得到解决，因此，人们不再需要所谓的强制、服从和暴力也会习惯于遵循长期以来形成的、人们普遍认同的公共生活规则。即使社会仍然存在人与人之间的冲突和越轨行为，仅仅依赖于公民干预即可解决，不再需要法律的强制性措施。列宁提出"公共生活原则"，还是基于对恩格斯关于原始社会秩序维系问题的继承。在恩格斯看来，原始社会不存在法律"而一切都是有条有理的"③，其根本原因就在于人们在血缘基础上形成了共同遵循的、代代相传的习惯。列宁在这一理论基础上强调，共产主义社会秩序的维系终将实现习惯遵循的"复归"，如果没有剥削和镇压，"人们是多么容易习惯于遵守他们所必需的公共生活规则"④。

柯林斯等人主张"法律"的连续性。驳斥马克思"法律消亡论"的国外马克思主义者认为共产主义社会仍然需要法律，法律作为社会秩序的必要因素在社会历史发展进程中具有连续性，尤其以柯林斯为代表。在他看来，马克思主义经典作家将法律看作阶级统治的工具是一种狭隘的说法，忽视了法律的社会功能，"很难把关于堕胎、吸毒、同性恋和强奸的法律与统治阶级对他们利益的工具性追逐联系在一起"⑤。柯林斯指出，法律作为上层建筑的重要组成部分，对不同社会形态的生产力和生产关系的发展来说都必不可少。共产主义社会虽

① 中共中央马克思恩格斯列宁斯大林著作编译局. 列宁全集：第31卷［M］. 北京：人民出版社，2017：85.
② 中共中央马克思恩格斯列宁斯大林著作编译局. 列宁全集：第31卷［M］. 北京：人民出版社，2017：87.
③ 中共中央马克思恩格斯列宁斯大林著作编译局. 马克思恩格斯全集：第28卷［M］. 北京：人民出版社，2018：116.
④ 中共中央马克思恩格斯列宁斯大林著作编译局. 列宁全集：第31卷［M］. 北京：人民出版社，2017：86.
⑤ ［英］休·柯林斯. 马克思主义与法律［M］. 邱绍继，译. 北京：法律出版社，2011：108.

然阶级已经不存在，但社会冲突和越轨行为仍不可避免，因此社会秩序的维系仍然需要依靠法律。只是这一时期的法律同资产阶级的法律产生了根本性的变化，其压迫性能、工具性能逐渐减少甚至消失，而应用于社会管理和经济发展的功能将发挥到极致。而列宁提出的"公共生活规则"在柯林斯看来"只不过用了另外一个名字"①，凸显了法律的连续性。柯林斯的这一看法，不仅没有认清法律和社会秩序的关系，而且还掩盖了凸显社会性的资产阶级法律背后的阶级意志性特征，从而对马克思主义经典作家关于这一问题的解读产生了一定的偏差。

凯尔森脱离经济基础的抽象"规范"及"规范性的秩序"。奥地利法学学者汉斯·凯尔森作为纯粹法学②的创始人，利用纯粹法学和形式逻辑的手法在《布尔什维主义的政治理论》《共产主义的法律理论》等文中公然抨击马克思主义理论和社会主义国家及法律实践。其中，凯尔森对共产主义社会法律前景问题的预设就是其滥用形式逻辑推理的典型案例。针对马克思所提出的共产主义社会将"完全超出资产阶级权利（法律）③的狭隘眼界"④，凯尔森展开了所谓形式逻辑的推理。在他看来，这句话的意思模棱两可：一种解释是共产主义社会高级阶段将完全不依赖于法律；另一方面也可以理解为共产主义仍然需要法律，它仅仅否定了资产阶级的"不平等的法律"，代之以正义的、被称为"规范性的秩序"的法律。⑤按照凯尔森的观点，"规范"是一个中性意义的词语，其概念本身不带有意识形态的虚伪的意味。资产阶级法律是不正义的、不平等的，因此从其根本意义上不能称之为真正的"规范"。而这种真正的"规范"只能在正义的法律中存在，即正义存在的共产主义社会才能真正实现。简言之，凯

---

① ［英］休·柯林斯. 马克思主义与法律［M］. 邱绍继，译. 北京：法律出版社，2011：108.

② 对法的纯粹形式逻辑的研究，把国家和法编织成一套完全脱离现实的抽象规范体系，称为"纯粹科学"。

③ 《马克思恩格斯全集》最新版翻译为"权利"，在《共产主义的法律理论》1962 年版王名杨译本中翻译为"法律"，《马克思恩格斯全集》第 29 卷 1963 年版翻译为"法权"。这里注解"法律"便于理解凯尔森的解读。

④ 中共中央马克思恩格斯列宁斯大林著作编译局. 马克思恩格斯全集：第 25 卷［M］. 北京：人民出版社，2001：20.

⑤ ［奥］汉斯·凯尔森. 共产主义的法律理论［M］. 王名杨，译. 北京：商务印书馆，1962：43-44.

尔森将国家和法律看作不带有任何道德含义的逻辑概念，强调国家就是一套于经济、政治无涉的规范秩序，而法律就是"抽象规范"。这种观点完全脱离了现实的经济基础和物质生产条件，是对马克思关于共产主义社会的法律前景问题的歪曲、偏离甚至断章取义，完全背离和否定了唯物史观。

　　针对上述不同路径的解读和思考，回归经典文本，我们可以看到马克思在唯物史观的基础上提出了"自由联合起来的个人制定的共同计划"①。在《德意志意识形态》中，马克思、恩格斯借以"共同的规章"、法及法律等形式表达了"史前史"阶段的政治形式，不同的地域、部落、民族和劳动部门以自身为出发点，"不是按照自由联合起来的个人制定的共同计划进行的……各种不同的阶段和利益从来没有被完全克服，而只是屈从于获得胜利的利益"②。"史前史"阶段人与人之间的阶级冲突加剧，尤其是"获得胜利的利益"的实现必然带来他人利益的牺牲或否定，由此也可以深刻揭示出这一时期法律的虚伪性和阶级意志性。在此基础上，共产主义社会想要真正实现自由人的联合体，必然要摒除和扬弃"史前史"阶段的"共同规章"和法律形式的虚假属性，代之以"自由联合起来的个人制定的共同计划"。马克思提出的"自由联合起来的个人制定的共同计划"作为共产主义社会秩序的维系形态，同"法律"等存在根本的差异性。首先，在形式上，共产主义社会，分工消灭于真正的历史，人的劳动和自主活动、社会精神生产和物质生产趋于统一，"自由联合起来的个人制定的共同计划"也将突破资产阶级法律的意识形态虚假模式，实现同社会生活全部过程的紧密相连；在价值取向上，"自由联合起来的个人制定的共同计划"以自由意志的实现为目标，生产力的发展推动人的自由活动和自由意志的扩大，自由联合体中个人的意志将在"共同计划"中得到最大限度的发挥，这一点是马克思反对共产主义继续保留法律的根本原因，共产主义第一阶段法律虽然最大限度追求社会平等、人的自由以及公平正义，但是法律自身的强制性和专政性特点仍然无法避免；最后，在人的社会化问题上，马克思强调共产主义社会中的自由联合起来的自由人同时也是"社会化的个人"，他们生存在公共领域当中，在

①　中共中央马克思恩格斯列宁斯大林著作编译局.马克思恩格斯文集：第1卷［M］.北京：人民出版社，2009：576.
②　中共中央马克思恩格斯列宁斯大林著作编译局.马克思恩格斯文集：第1卷［M］.北京：人民出版社，2009：576.

物质力量极为丰富的社会环境中将不再关注个人的利益，而走向如古代城邦中坚持以公共问题为根本问题的社会形态。因此，"自由联合起来的个人制定的共同计划"从其优越性来看势必会代替法律成为维系未来社会秩序的理想状态。

无论是列宁的"公共生活规则"、马克思的"自由联合起来的个人制定的共同计划"还是柯林斯坚持的"法律"形态，现在都只是一种预测，未来社会的秩序形态到底如何维系还有待将来的实践验证。但是，有一点需要强调，我们对未来社会的合理预测，都要以唯物史观为基础。即使他们所预测的事情还没有在现实社会中发生，但他们始终秉持着生产力决定生产关系、经济基础决定上层建筑的基本原理，科学分析了共产主义社会的物质生产条件，从而在此基础上展开了科学的预测。而凯尔森、柯林斯等人的观点则需要理性地判断和分析，以便更深刻地把握经典作家的理论内涵。

第四节　马克思法治的正义合法性论争及破题

自 20 世纪六七十年代起，西方马克思主义者就围绕"马克思与正义"的关系展开激烈争论，借助"文本解构"深刻解读马克思的正义理论。正义一直是西方传统社会行为准则的最高标准，但是究竟如何理解正义及其形态，至今却无人解释得清楚。正如博登海默所言："正义有着一张普洛透斯的脸，变幻无常，随时可呈不同形状，并且有极不相同的面貌。当我们仔细查看这张脸并试图揭开隐藏其表面之后的秘密时，我们往往会深感迷惑。"① 然而，马克思对正义的运用超越了传统社会的正义标准，而是从历史发展运动、社会生产领域以及社会结构和制度变革等多维度，实现了历史与现实、科学与价值的辩证统一，成为我们关于马克思法治思想与正义关系研究的题中之义。

一、"空场"与"在场"："马克思与正义"关系的核心论争
自 20 世纪 70 年代约翰·罗尔斯的《正义论》问世起，"正义"问题历来是

---

① E. 博登海默. 法理学：法哲学及其方法［M］. 邓正来，姬敬武，译. 北京：华夏出版社，1987：238.

西方哲学关注和讨论的焦点。然而，我们可以看到关于正义的交涉主要集中于自由主义、社会主义和保守主义，马克思主义者却在这一问题上集体失声，为后世留下了一个历史难题。马克思对"正义"究竟持什么样的态度？马克思对资本主义的批判中是否预留了正义的合法位置？针对"马克思与正义"关系的上述难题，国外马克思主义学者形成了马克思正义理论的"空场"说和"在场"说两种观点，为我们深入掌握马克思的正义思想提供了新的理论场域。

其一，马克思正义理论的"空场"说。持这一观点的学者主张正义是一种由生产方式决定的上层建筑，而非道德概念或准则，马克思对制度的评判态度并不是以是否正义为依据，对"马克思认为资本主义不是正义"的观点持否定态度。其中，以艾伦·伍德和罗伯特·塔克为代表的一批学者断定马克思拒斥正义，逐渐演变为世界历史上著名的"塔克–伍德命题"，构成了马克思正义理论的"空场"学说。最早将马克思和正义联系在一起的是罗伯特·塔克。在他的《马克思的革命观念》一书中，塔克否认了传统观念对"马克思批判资本主义不正义"的论断，认为马克思并未从抽象的道德意义上看待正义问题，对资本主义的批判重点是资本主义社会奴役的本质而非"不正义"的问题。随后，艾伦·伍德将这一思想进一步深化和发展，从生产方式角度将正义看作受生产关系局限的法权概念，并不具备评判社会制度的资格。他们的具体主张如下：

第一，马克思的正义概念并不是"人类理性抽象地衡量人类的行为、制度或其他社会事实的标准"①，具有特殊的语境，需要放在特定的生产方式中展开讨论和观察。传统西方社会普遍将正义看作抽象道德意义上的、具有普遍意义的、作为合理性评价的"法权"概念。但"塔克–伍德"命题则认为马克思并没有直接定义正义或者权利概念，他们借助于马克思在《资本论》中的表述，即"这个内容，只要与生产方式相适应，相一致，就是正义的；只要与生产方式相矛盾，就是非正义的"②，主张在马克思那里正义概念属于历史性范畴，是特定生产方式下为其服务的合理性依据，在不同的历史时期呈现出不同的正义特点和要求。正如在奴隶制社会买卖奴隶是正义的，但是在资本主义社会这一

---

① 李惠斌，李义天. 马克思主义与正义理论［M］. 北京：中国人民大学出版社，2010：13.

② 中共中央马克思恩格斯列宁斯大林著作编译局. 马克思恩格斯全集：第46卷［M］. 北京：人民出版社，2003：379.

行为将成为不正义的行为，究其原因还是生产方式的差异性。由此，正义不过是特定时期为生产方式提供合理性的依据，并不能成为评判社会制度的依据。

第二，资本主义生产方式对具有法权意义的正义概念具有决定性，因此剩余价值的剥削对于资本主义生产方式来说是正义的。在塔克和伍德看来，以私有制为基础的资本主义生产关系决定了工人的劳动力必然以商品的形式出售，从而形成所谓的雇佣和被雇佣、剥削和被剥削的关系，而商品交换在资本主义生产关系中也是充分的、合适的。因此，资本家对雇佣劳动者的剩余价值剥削从适应生产方式的层面来看也必然是正义的，如果阻止了这一行为，那将是对资本主义社会的核心法权，即财产权的严重侵犯，是对资本主义"最直接、最明确的不正义"①。但"塔克-伍德命题"并没有借此为资本主义辩护，而认为马克思对资本主义的批判，并不是要证明资本主义的不正义，其核心论据在于揭露资本主义对劳动者的奴役本质。因此，"正义"在马克思的批判态度中只不过是"虚无缥缈"的幻想，并非现实诉求的对象。

第三，共产主义社会是一个超越正义的社会。针对传统哲学家和政治学家，如柏拉图、亚里士多德、康德、洛克等人将正义概念"当作社会原则和所有社会行为的最高标准"，"塔克-伍德"命题认为马克思是十分厌恶这种传统的，因为这种思维脱离了现实的物质资料生产，只是从权利和自由维度预设了未来理想社会。在他们看来，这种传统的关于具体的社会冲突调节性原则是没有价值的，尤其对共产主义社会而言，马克思主义的创始人并"没有把未来的共产主义社会展望成正义的王国"②。持相同观点的布坎南表示："共产主义社会——自主的社会以及社会中完善的个体——在建构社会关系方面，权利或者正义的一般性概念将不再发挥重要或者主要的作用"③，"权利"和"正义"将逐渐消失，个人权利和普遍权利将密切地结合在一起，形成超越资本主义异化和扭曲形态的社会状态。因此，没有所谓的权利和法权，"正义"原则也将失去其存在的意义。

其二，马克思正义理论的"在场"说。以齐雅德·胡萨米、诺曼·杰拉斯、

---

① 李惠斌，李义天．马克思主义与正义理论［M］．北京：中国人民大学出版社，2010：26.

② TUKER R. The Marxian Revolutionary Idea［M］．New York：Norton，1969：37.

③ BUCHANAN A. Marx and Justice［M］．New York：Rowman & Littlefield Pub，1982：162.

凯·尼尔森、G. A. 柯亨、罗杰·汉考克为代表的一批学者批判和否认了"塔克-伍德命题",从不同维度深入论证和解读了马克思关于正义问题的"在场",认为马克思从无产阶级立场揭露了资本主义剥削制度的不自由、不平等性,从而进一步强调马克思关于资本主义是不正义的强烈态度。

首先,胡萨米以"生产方式"和"阶级立场"为基础,以社会分配方式拒斥资本主义的不正义性。胡萨米首先批判了"塔克-伍德命题"。在他看来,塔克和伍德等人对马克思的正义理论进行了错误的解读。其一,错误解读了马克思的阶级立场。他们将正义解读为特定生产方式语境中的法权概念,错误解读了马克思的阶级立场,法权在资本主义社会是由资本主义生产关系决定的、代表资产阶级意识形态的根本表现。伍德对马克思正义思想的解读,侧重于将马克思置身于资本家立场上分析资本主义,这与马克思的无产阶级立场相矛盾。其二,错误分析了马克思关于资本主义正义与否的态度。在胡萨米看来,塔克、伍德等人对马克思的解读犯了断章取义的错误,认为马克思"似乎就是因为资本主义的不正义而谴责它的"①。布坎南也表示,伍德将正义看作同生产关系相关联的产物,却忽视了资本主义奴役与正义的关联,因此存在对马克思原著的错误解读。其三,"塔克-伍德命题"自身存在矛盾之处。伍德等人一方面认为马克思正义思想的"空场",但另一方面从经济关系和上层建筑的关系层面论证了资本主义的正义价值,在思想上是矛盾的。

在批判的基础上,胡萨米表示,"马克思的理论框架内阐述资本主义的不正义问题"②,在马克思上层建筑理论中,生产方式和阶级利益都是其经济基础,因此对待正义概念的解读,马克思亦是从这两个层面来分析的,塔克和伍德之所以得出资本主义的正义性结论,就是没有看到生产方式之外的阶级利益因素。从阶级立场来看,胡萨米认为不同的阶级对正义的理解也会存在差别,马克思在《哥达纲领批判》一文中提出了有别于资本主义分配方式的按劳分配和按需分配的原则,可以证明马克思对正义和平等的态度,深刻揭示了马克思的工人阶级立场。他认识到,资本主义社会的价值都是由工人创造的,而资本家对工

---

① 李惠斌,李义天. 马克思主义与正义理论 [M]. 北京:中国人民大学出版社,2010:41.

② 李惠斌,李义天. 马克思主义与正义理论 [M]. 北京:中国人民大学出版社,2010:43.

人剩余价值的剥削是不自由、不平等的表现，并没有满足劳动者的需求，因此资本主义是不正义的。胡萨米以分配模式论证资本主义的不争议性，是一种策略上的考量，但是他将自身的道德观赋予马克思的做法却是不恰当的，也并未深切认识到马克思本人的意图，对文本的过度解读在一定程度上偏离了唯物史观。

其次，柯亨以"自我所有权"命题为出发点论证资本主义生产关系的非正当性。柯亨从劳动能力的自我所有权和生产资料的自我所有原则的双重意义上批判了资本主义的不正义性。一方面，柯亨批判了资本家侵占工人的劳动时间，强行占据了劳动者支配自身劳动力的权利，其实质是以"交易正义"这种形式上的平等掩盖了劳动能力所有权被剥夺的事实；另一方面，他还揭示了资本家占有生产资料所有权的事实，并以此先天优势形成了资产阶级对工人剩余价值剥削的资本主义生产方式，正如柯亨所言："一个公正的占有者除了占有资源，无须对它做任何努力，就能把私有化所产生的生产提高的一切好处收入囊中。"① 因此，无论从工人自身劳动力的所有权还是从生产资料的所有权来看，资本主义自身都是非正义的。柯亨为马克思主义政治哲学的辩护以及对马克思正义学说的发展都具有积极的意义，但是不可否认的一点是，"自我所有权"原则借鉴了西方自由主义的核心理论，忽视了马克思主义同自由主义之间的差异性解释路径，因此对马克思正义理论的解读产生了一定的偏差。

其三，诺曼·杰拉斯在马克思关于正义问题上的"空场"与"在场"争论的基础上，从"自由观与自我实现"的重构视角提出了争论的解决方案。无论是伍德还是胡萨米，他们都强调自己是以马克思经典著作的"文本解构"为基础的，如此在"空场"与"在场"的争论中就引发了"马克思反对马克思"的形态。对此，杰拉斯企图以一种重构的手段提出争论的解决方案。在他看来，以往的学者对资本主义的不正义性解读存在路径上的错误，如塔克并不认为马克思用"掠夺"一词表达了资本家剥削无产阶级的剩余价值，而是强调工人的健康和时间被掠夺，而布坎南则模糊了马克思对资本主义剥削的本意，将其简单地归为相对于资本主义正义观的理论产物。对此，杰拉斯表示，对马克思主义正义的解读不能离开其对应的生产、分配方式。以马克思主张的自由价值观

---

① ［英］G. A. 柯亨. 自我所有、自由和平等［M］. 李朝晖，译. 北京：东方出版社，2008：96.

为切入点，杰拉斯认为："普遍的自由当然只能来自阶级斗争、无产阶级专政、过渡期的经济结构等；在这一过程中，当然应该存在自由和个人自我实现机会的逐渐拓展。但这需要实践，还需要面对社会和物质的障碍。"① 从自由的自我实现过程来看，判定资本主义是否正义，我们需要将同时代的分配模式和利益结构进行关联。同资本主义以前的社会制度相比，其自由程度将得到很大的提升，但同共产主义相比，资本主义社会形态的强制性和剥夺性特点就凸显出来了。在杰拉斯看来，马克思从资本主义对剩余价值剥削的实质中看到了资本主义制度对工人的奴役，对自由的限制和压榨，是非正义性的现实体现。但同时，他也认识到马克思拒绝对正义做出乌托邦式设想的考量，但其本质并不在于拒绝正义本身。

除上述理论解读之外，罗杰·汉考克从"异化"概念揭示了劳动者被分配的资源同其产生的价值之间的不相称性以及资本奴役对工人自由的限制，论证了资本主义的非争议性；威廉·麦克布莱德以"法权"的解释路径解释私有制生产方式的不合理性；艾伦·布坎南则以"反法权"为解释路径，明确了马克思对资本主义法权和正义概念的批判态度；等等。总的来说，不管是马克思正义理论的"空场"说还是"在场"说，都抓住了马克思的核心理论，诸如异化、分配理论、劳动价值理论等，为我们理解马克思与正义的关系问题提供了新的分析和解读路径，对于某些辩护的观点我们给予充分的肯定。然而，不可否认的是，一些学者如伍德、胡萨米等人在"文本解构"和"时代分析"的过程中将自身的道德原则应用到马克思理论中，过度解读了马克思的思想，从而形成了"马克思反对马克思"的矛盾形态，背离了历史唯物主义基本原理。这就要求我们在探讨正义问题时始终坚持唯物史观，科学把握和判定马克思对正义的态度。

二、历史考察与规范分析：马克思正义学说的双重维度

"马克思与正义"的关系问题之所以在国外马克思主义论域中产生如此大的争议，根本原因在于马克思并没有提出系统的正义理论，偶尔发表"正义"的

---

① 李惠斌，李义天．马克思主义与正义理论［M］．北京：中国人民大学出版社，2010：179.

看法也并非从单一维度展开解读。因此当今学界展开了对"马克思与正义"关系问题的激烈探讨，甚至出现了"马克思反对马克思"的矛盾争论。面对学界的争论，我们回归经典可以看到马克思对正义的认识实现了纵向的历史发展性与横向的内容规范性的辩证统一。为了进一步回应和解决当前马克思主义正义理论面临的诘难，我们需要从多维度系统地把握马克思主义尤其是马克思对正义的态度。

从纵向来看，关于正义的历史考察，马克思强调了正义概念的历史性和时代性特征，彰显了正义的社会经济基础。

传统西方启蒙思想家的"正义"理论构建的现实局限性。在马克思所处的时代，"正义"这一概念作为衡量一切社会现象的标尺，流行于传统的基督教思想和启蒙思想之中，并成为西方文化的重要准则被群众广泛接受。当然，马克思作为长期生长在西方社会环境中的一员，对"正义"并不陌生，但是马克思在其著作和世界观的构架体系中并没有将正义作为基本概念，而是尽量避免使用它。其原因主要有：其一，西方学者普遍构建的正义理论具有极大的主观性，每个人心中所设想的正义图景大相径庭，其实质是将少部分人的正义观念强加给社会，作为衡量一切社会现象的基本原则，容易陷入命定论的漩涡。如罗尔斯的"公平的正义理论"，洛克、卢梭等人建立在社会契约之上的正义理论，康德提出的"公共正义"等，是从不同维度阐释正义概念并构建正义的基本原则，表现出极大的主观性。其二，启蒙思想家和空想社会主义者在批判现实社会正义的基础上构建了正义理论，将正义看作衡量社会现象的、永恒的道德原则，马克思认为这些理论太过于抽象和空洞，无法真正解决现实问题。正如他在《资本论》中对吉尔伯特"天然正义"的抽象性与永恒性的批判，强调空谈"什么天然正义，这是毫无意义的"①，这些正义不过是资产阶级辩护士"关于'正义'的空话"。

"正义"属于历史性范畴，正义观念的产生受到社会经济的决定性影响。马克思反对形式化的、永恒的正义，认为正义作为观念的表达是社会意识的呈现，也表现为一种意识形态。根据"经济基础决定上层建筑"的唯物史观基本原理，正义观念的形成受到社会物质生产力及经济基础的决定性影响，是对一定时期

---

① 中共中央马克思恩格斯列宁斯大林著作编译局. 马克思恩格斯全集：第46卷［M］. 北京：人民出版社，2003：379.

生产方式的意识形态反映。正如在奴隶制社会买卖奴隶是正义的，高利贷行为是不正义的，但在资本主义社会这两种行为恰好相反，正是反映了正义的具体性、历史性特点。在《资本论》中马克思曾表示："生产当事人之间进行的交易的正义性在于：这种交易是从生产关系中作为自然结果产生出来的。这种经济交易作为当事人的意志行为，作为他们的共同意志的表示，作为可以由国家强加给立约双方的契约，表现在法律形式上，这些法律形式作为单纯的形式，是不能决定这个内容本身的。这个内容，只要与生产方式相适应，相一致，就是正义的；只要与生产方式相矛盾，就是非正义的。"① 塔克和伍德等学者曾以此为依据判定马克思主张"与生产方式相一致即为正义""资本主义是正义的"等论断，但马克思的本意并非如此。在这里，马克思对"正义"的解读属于历史维度而非评价或规范维度，重在揭示正义产生的社会经济根源，而不像伍德等人所理解的马克思在回答"什么是正义"的问题。基于这一点，"正义"在不同的历史时期呈现出差异性的正义程度和评判标准，因而对"正义"概念和"正义"理论的考察不能脱离现实的社会形态和生产发展的普遍规律。

当代学者胡萨米等人虽认识到了马克思分析正义的"生产方式"根源，但在具体的资本主义正义争论的解读中，却将焦点放在社会的分配形式上，认为"马克思反对的不是技术基础，不是生产力，而是运用它的社会方式，即生产的社会关系，尤其是占有和分配产品的方式"②。对于这一论点，我们可以从文本解构中获得马克思的真实意图。在马克思看来，历史集中表现为人的实践活动，其中本质地表现为生产活动，以产品的流通和分配、人的贡献与收益以及财富和分配等具体形式凸显出来。然而，"消费资料的任何一种分配，都不过是生产条件本身分配的结果；而生产条件的分配，则表现生产方式本身的性质"③。因此，分配关系是社会生产关系的反映，由生产方式所决定，必须将其置身于生产方式内部进行讨论。胡萨米以社会主义的按劳分配原则和共产主义的按需分配原则为参照，批判资本主义分配方式的不合理性从而进一步揭示资本主义的

---

① 中共中央马克思恩格斯列宁斯大林著作编译局. 马克思恩格斯全集：第46卷［M］. 北京：人民出版社，2003：379.

② 李惠斌，李义天. 马克思主义与正义理论［M］. 北京：中国人民大学出版社，2010：70.

③ 中共中央马克思恩格斯列宁斯大林著作编译局. 马克思恩格斯全集：第25卷［M］. 北京：人民出版社，2001：20.

不正义性，从根本上跳出了不同社会形态下生产方式的框架，是一种完全脱离现有经济根源和生产活动的解读方式，偏离了历史唯物主义方法论。此外，在《哥达纲领批判》中，针对拉萨尔等诉诸正义的庸俗社会主义者企图通过改良分配领域来消除对工人剥削的观点，马克思予以严厉的批判，认为拉萨尔主义并没有厘清生产与分配的辩证关系，强调工人"应当摒弃'做一天公平的工作，得一天公平的工资！'这种保守的格言，要在自己的旗帜上写上革命的口号：'消灭雇佣劳动制度'！"① 这句话的直白语义曾被当代学者看作阐释"马克思拒斥正义"的直接论据。但马克思在这里并非拒斥正义本身，而仅仅是对资本主义特定语境下的抽象的公平正义制度的反对和革命。

从横向来看，关于正义内容的规范分析，马克思对资本主义非正义性的认识和共产主义社会正义原则的构建与设想，表达了无产阶级的政治理想和价值诉求。

首先，对资本主义非正义性的评判。马克思一生大部分时间都致力于对资本主义的批判，在这些批判中夹杂着对正义的判断。从经济上来说，马克思揭露了资本原始积累的不正义性。资本的原始积累打破了政治经济学原有的和平，将社会推向血腥的"掠夺""盗取"，本身就是不正义的体现。随后，在对生产劳动的深入探究中，马克思深入揭示了资本主义私有制下资产阶级对工人剩余价值的掠夺和剥削，强调被剥削的劳动属于"无酬劳动"，"按它的本质来说，总是强制劳动，尽管它看起来非常像是自由协商议定的结果"②。因此，资本家对工人自由和自我决定权的侵犯和奴役，是资本主义在经济领域具有非正义性的根本表现。

从政治上来说，资产阶级法治赋予人以政治上的权利，并以"法律面前人人平等"为武器，凭借民主与法治的政治形态企图冒充社会正义。然而资产阶级法治的实施却形成了应然与实然的二元对立结构，在现实生活中仅仅作为统治阶级的那部分人真正享有政治权利，而占绝大多数的无产阶级却被置身于法律之外。私有财产制度的合法化与永恒化也将资本家对工人剩余价值的剥削行

---

① 中共中央马克思恩格斯列宁斯大林著作编译局．马克思恩格斯全集：第21卷［M］．北京：人民出版社，2003：211.

② 中共中央马克思恩格斯列宁斯大林著作编译局．马克思恩格斯全集：第46卷［M］．北京：人民出版社，2003：927.

为认定为合法行为，从根本上剥夺了工人的人身和劳动自由。由此，资产阶级所倡导的自由、平等、民主、法治等都具有伪善性、形式性，在现实生活中缺乏实质性意义，不过是资产阶级辩护士"关于'正义'的空话"。

总的来说，资本主义社会对正义追求的虚伪性和狭隘性，在马克思的政治经济学批判中显现得淋漓尽致。马克思反对资本家关于权利、法治以及正义的抽象说教，但并非拒斥正义本身，主要聚焦于因私有制及其相应的社会结构和制度所引发的社会不平等、不自由的社会关系。

其次，实质正义的实现需要具备现实的经济条件。在马克思看来，正义在人的实践活动中应具体表现为人的权利的广泛性和社会正义制度的合理性。通过对资本主义的批判，我们可以看到，虽然资产阶级极力宣扬"在阶级社会中一切阶级都可以享有这些权利"，但是资本主义私有财产制度从经济根源层面限制了这一普遍权利的实现。正如马克思所说的，"在雇佣劳动制度的基础上要求平等的或仅仅是公平的报酬，就犹如在奴隶制的基础上要求自由一样。你们认为公道和公平的东西，与问题毫无关系。问题就在于：一定的生产制度所必需的和不可避免的东西是什么"①？资本主义社会根本没有达到正义实现的经济条件，因此在这个时期空谈正义毫无意义。只有消灭一切阶级特权，废除少数人代言的资本主义的私有财产制度，代之以生产资料公有制，换句话说只有进入共产主义社会，无产阶级对于平等的、自由的要求才会尽可能地得到满足，他们所建立的社会制度和权利归属才能更接近实质的公平正义。也是基于这一点，马克思在其论著中更多地强调阶级斗争而不是"正义"问题，但伍德却以此为依据判定马克思的政治哲学理论存在正义的缺席，实质上是对马克思真实意图的歪曲和偏离。

最后，对共产主义社会正义原则的构想。马克思对未来社会的正义原则构想，主要涉及正义的立场和经济原则。一方面，马克思坚持以人的自由全面发展作为正义的根本立场。与传统西方启蒙思想的抽象、永恒正义不同，马克思在批判资本主义生产关系的基础上，从"人的发展"角度强调无产阶级消灭雇佣劳动制度和旧式社会分工的历史使命，保障劳动成为生活的第一需要，并消

---

① 中共中央马克思恩格斯列宁斯大林著作编译局. 马克思恩格斯全集：第21卷［M］. 北京：人民出版社，2003：189.

除"现代社会不平等的最重要的根源之一"①，即脑力劳动和体力劳动之间的差别，以保障人在未来社会中尽可能自由地支配自己的劳动时间，平等地享有社会的权利。在这一经济基础上，正义将面向人的自由全面发展的价值取向，实现"人的发展"在客观趋势和价值规范上的辩证统一。

另一方面，按劳分配和按需分配原则是实现社会正义的重要经济保障。在马克思看来，以生产方式为决定性因素的分配形式对社会物质生产资料和产品归属具有举足轻重的作用，因此也内含着社会资源分配是否正义和平等的基本意蕴。早期马克思在《德意志意识形态》中，批判"真正的社会主义者"的分配主张时曾指出"按能力计报酬"向"按需分配"的发展过程；随后在《哥达纲领批判》一文中"按能力计报酬"发展为共产主义第一阶段的分配方式，即"按劳分配"。从上述马克思的观点来看，共产主义社会随着生产力的发展必然从低级阶段发展为高级阶段，其相应的分配方式也必然要经历从"按劳分配"向"按需分配"的逐步过渡，这也昭示着正义的历史性过程。马克思晚年进一步揭示了这两种分配模式的差异性。在马克思看来，"按劳分配"原则作为共产主义第一阶段的分配模式，虽然在一定程度上消灭了阶级差别，相比资本主义社会，"在社会主义制度下，生产者受到公正的对待，因为他所获得的报酬与他所做的贡献成比例"②。但是这一分配制度默认"劳动者的不同等的个人天赋，从而不同等的工作能力"③，因此仍然表现为一种形式上的平等。"按需分配"则消除了自然禀赋差别，提倡劳动者在劳动活动中"各尽所能"，但在分配模式上秉持"按需分配"的原则，以保障人们的消费资料上的平等。在共产主义分配原则论述中马克思对"平等""权利"的规范性思考，深刻揭示了其内在的正义观念。

三、联系与区别：马克思关于法与正义的辩证关系

自古希腊时代起，法与正义的关系问题就一直作为难以攻克的理论难

---

① 中共中央马克思恩格斯列宁斯大林著作编译局.列宁全集：第31卷［M］.北京：人民出版社，2017：92.

② 李惠斌，李义天.马克思主义与正义理论［M］.北京：中国人民大学出版社，2010：57.

③ 中共中央马克思恩格斯列宁斯大林著作编译局.马克思恩格斯全集：第25卷［M］.北京：人民出版社，2001：19.

题，引领着法学界的发展。其中有不少学者将法与正义看作对等的关系，或者将正义理解为法律范畴。然而站在历史唯物主义立场上，无论是正义还是法都是上层建筑的组成部分。马克思并不否认这两者之间存在一定的关系，但两者并非所谓的包含与被包含的关系，而是既相互联系又相互区别的辩证关系。

古希腊以来法与正义关系对等的传统解读。自 16 世纪到 17 世纪，从朴素自然法到古典自然法的发展，平等正义观念一直以来都被看作自然法活的灵魂。"正义"作为法律范畴不可或缺的因素，与法、法庭、惩罚等密切关联。在他们看来，立法提供了正义，法官执行正义的目的就在于保障人们的法定权利，黑格尔曾表达了"能给予个人最大限度的自由的法律即合乎正义"① 的说法。在惩罚正义问题上，亚里士多德还提出了"矫正正义"②，与此类似，约翰·洛克亦强调"惩罚正义"③ 等。随着社会主义国家的建立和发展，苏联学者也对法与正义关系问题产生了浓厚的兴趣，主要形成三种观点：一是将正义看作伦理的范畴；二是将正义看作既是伦理的范畴也是法学的范畴；三是将正义看作法的特殊方面。④ 其中最后一种观点试图将正义看作特殊的法律范畴，不仅作为法律内部的法律规则，还看作法律外部的道德标准。在我国也不例外，有学者将法理解为"国家政权认可并保护的正义"⑤，以正义界定法的核心、本位问题。这些观点实际上有一个共同的特点，按照马克思的说法就是："法的发展就只不过是使获得法的表现的人类生活状态一再接近于公平理想，即接近于永恒公平。"⑥ 在马克思看来，这种将法诉诸公平正义的看法是不科学的。法同正义理念一样是经济基础发展的产物，呈现出阶级性和历史性的特点，但是公平正义

---

① ［德］黑格尔.哲学史演讲录［M］.贺麟，王太庆，译.北京：商务印书馆，1983：243-244.

② ［古希腊］亚里士多德.尼各马可伦理学［M］.廖申白，译.北京：商务印书馆，2003：136-140.

③ ［英］约翰·洛克.政府论：下篇［M］.叶启芳，瞿菊农，译.北京：商务印书馆，1964：9-10.

④ 郭华成.苏联法学理论中法与正义问题研究概述［J］.法律科学（西北政法学院学报），1989（06）：74-77.

⑤ 孙国华.法的正义逻辑［J］.江淮论坛，2012（05）：5-7，195.

⑥ 中共中央马克思恩格斯列宁斯大林著作编译局.马克思恩格斯文集：第3卷［M］.北京：人民出版社，2009：322-323.

的多样化无法真正为法的制定和形成提供相对稳定的参照物。但是，作为生产力和经济基础发展的产物，正义和法之间仍存在辩证关系。

从法和正义的特点来看，法和正义同属于上层建筑的一部分，受到社会经济基础的决定性影响，同时呈现出历史性和阶级性的特点。正如马克思所言："希腊人和罗马人认为奴隶制度是公平的，1789 年资产者的公平要求废除封建制度，因为据说它不公平……所以，关于永恒公平的观念不仅因时因地而变，甚至也因人而异。"① 正义理念是由特定的生产关系来决定的，不同历史时期、不同阶级阶层之间都存在不同的、利于自己的正义标准。这一点同法相同，法作为上层建筑的组成部分，亦是由经济基础决定的，以维护利益主体集团为根本要求。因此，在同一社会形态下，占主导地位的法和正义都是特定历史条件下的产物，彰显了历史性的特点。

此外，法和正义在阶级社会都具有阶级性特征。在马克思看来，法起源于阶级社会，是阶级和国家发展的产物，法的制定和实施表达了占统治地位的阶级意志。正如封建社会的法律确立了君主位于法律之上的权威地位；资本主义法治承认了私有财产的合法性地位，从根本上维护了资产阶级的经济利益，可见法的阶级性特征是极为明显的。同样，在阶级社会中，正义的阶级性表现得也异常突出。正义作为一种观念，虽然在每个人、每个阶级、每个社会都存在不同的形式，但是特定时期占统治地位的正义理念必然是统治阶级的正义。因此处于统治地位的阶级，往往将自己阶级的利益看作整个社会的普遍利益，将对自己有利的正义理念说成是衡量社会行为的、普遍的正义标准。正如在资产阶级社会，马克思表示："资产阶级生存和统治的根本条件，是财富在私人手里的积累，是资本的形成和增殖。"② 而资本主义的正义必然也是以维护资产阶级利益和社会财富为基础的正义理念，对于无产阶级来说则是"虚无缥缈的幻想"和"虚伪的空话"。

由此来看，法和正义之间有着共同的经济根源和阶级根源，在具体的历史形态中存在着千丝万缕的联系。但是，从上述关系中并不能论证法与正义的包

① 中共中央马克思恩格斯列宁斯大林著作编译局. 马克思恩格斯文集：第 3 卷［M］. 北京：人民出版社，2009：323.
② 中共中央马克思恩格斯列宁斯大林著作编译局. 马克思恩格斯文集：第 2 卷［M］. 北京：人民出版社，2009：43.

含和被包含关系。从唯物史观来看，法和正义同属于上层建筑，但是法隶属于政治上层建筑，而正义作为观念和道德评价标准则属于观念上层建筑。法在一定程度上以正义为衡量价值，正义亦通过法的形式表现出来。但是，法与正义不是包含或被包含的关系，都有着不同的外延和内涵，不能理解为对等关系。

以共产主义为社会形态背景明确法与正义的相互作用及根本差别。在马克思看来，阶级社会占统治地位的正义理念不过是为了维护自己阶级的根本利益而存在的，从阶级差别和阶级压迫、奴役的社会本质来看，所谓的"正义"不过是形式上的正义，是欺骗其对立阶级的虚伪的空话，是一种非正义的表现。只有当生产资料实现公有制，无产阶级消灭"阶级差别本身"①，人与人之间不再有经济、政治以及脑力、体力劳动的差别时，才能够更接近实质的公平与正义。资本主义以前的阶级社会的正义理念都是虚幻的、非正义的体现，在这样的社会背景中探究法与正义，毫无意义，想要明确两者的关系，必然以共产主义社会为背景。马克思虽然对共产主义社会的论述很少，但是也涉及了共产主义第一阶段法和正义的相互作用以及共产主义高级阶段法的灭亡和正义的实现，揭示了法与正义既相互作用又相互区别的辩证关系。

一方面，共产主义第一阶段法与正义之间相辅相成、相互作用。这一时期作为从资本主义向共产主义高级阶段的过渡时期，社会仍然存在阶级和国家，人的私利性趋向使得社会还不能完全脱离资产阶级法权来实现社会的有序运行。由此，具有资产阶级形式的法治模式就被保留下来。这一时期正义的价值则通过法治的"五位一体"表现出来，同时法治也以实质的公平正义为准则不断修改和完善。在立法问题上，"正义之法的形成过程，包含着立法者关于正义与非正义、合理与不合理、善与恶等方面的价值判断"②。马克思强调，立法应该是"人民意志的自觉表现"③，不仅要遵从事物的法理本质，客观评价现实的伦理关系是否符合事物本质的条件；同时也要保障人民的普遍权利和对自由、平等的价值追求。在司法上，马克思借助于巴黎公社的基本经验，极力推崇"人人

---

① 中共中央马克思恩格斯列宁斯大林著作编译局. 马克思恩格斯全集：第25卷［M］. 北京：人民出版社，2001：373.

② 盖玉彪，王德侠. 论正义之法的立法基准［J］. 社会科学辑刊，2009（01）：60-62.

③ 中共中央马克思恩格斯列宁斯大林著作编译局. 马克思恩格斯全集：第1卷［M］. 北京：人民出版社，1995：349.

平等的法庭、法官的选举制、辩护自由"三项原则，以确保在法律实施过程中保障每个人的公平正义。在执法、守法以及监督问题上，马克思始终强调对人民合法权利的保障，尤其是人民的监督职能，更是法治走向公平正义的核心环节。因此，共产主义第一阶段，法治和实质正义相辅相成、相互作用，为社会走向共产主义奠定了重要的政治基础和道德基础。

另一方面，共产主义高级阶段，法的灭亡和正义的实现彰显了两者在未来发展状态上的根本区别。前文已经提到，马克思认为法是阶级和国家发展的产物，随着阶级和国家的消亡，以及人们对自由和平等的追求，法必然走向消亡呢？那么，正义作为同法有着密切联系的上层建筑概念，是否同法一样也会走向消亡呢？这一问题在当代社会引起了激烈的争论，主要形成了两种观点：一是以塔克、布坎南为代表的一批学者主张在共产主义社会中正义变得多余；二是以伍德为首的一部分学者认为正义在共产主义社会将走向消亡。在他们看来，正义无论是多余还是走向消亡，共产主义社会必然是一个超越正义的环境。以文本为依据，正如卢克斯所说的，马克思"没能对我们必须生活在其中的世界里的正义、权利和手段—目的问题给以足够的解释"①，但是在其对未来社会图景的描绘中我们还是体会到了正义的"在场"。按照马克思的观点，他所拒绝的正义是抽象的、永恒的正义，但作为特定经济关系的价值表现，"建立共产主义实质上具有经济的性质"，这种经济性质决定了正义将以一种全新的正义规范来调节社会关系。正如怀特所言："共产主义对马克思来说是正义的，是因为它实现了需要规则。"② 在高级阶段，共产主义将完全超越"资产阶级权利的狭隘眼界"③，摒弃过去以权利为尺度的"得其应得"的正义理念，代之以能力和需要为尺度的"得其想得"的正义观念，真正满足人们的现实需要。此外，在正义原则的实现上，马克思提出了以人的自由全面发展为根本立场的正义原则以及"按需分配"的正义分配原则，为实质正义的实现提供了指标和方向。所以，共产主义不是正义的中介，而是通往实质正义的未来道路。从未来发展形态来看，

---

① 史蒂文·卢克斯. 马克思主义与道德 [M]. 袁聚录，译. 北京：高等教育出版社，2009：175.
② 李惠斌，李义天. 马克思与正义理论 [M]. 北京：中国人民大学出版社，2010：427.
③ 中共中央马克思恩格斯列宁斯大林著作编译局. 马克思恩格斯全集：第25卷 [M]. 北京：人民出版社，2001：20.

法作为政治上层建筑最终随着阶级和国家的消亡而消失，而正义作为观念上层建筑，在经济基础的决定性作用下将发展为共产主义社会普遍的道德标准和重要表征，用以衡量共产主义的发展和实现程度。

参考文献

（一）经典著作

[1] 中共中央马克思恩格斯列宁斯大林著作编译局．马克思恩格斯文集：第 1 卷［M］．北京：人民出版社，2009.

[2] 中共中央马克思恩格斯列宁斯大林著作编译局．马克思恩格斯全集：第 1 卷［M］．北京：人民出版社，1995.

[3] 中共中央马克思恩格斯列宁斯大林著作编译局．列宁全集：第 1 卷［M］．北京：人民出版社，2013.

[4] 中共中央马克思恩格斯列宁斯大林著作编译局．列宁全集：第 12 卷［M］．北京：人民出版社，2017.

[5] 中共中央马克思恩格斯列宁斯大林著作编译局．列宁全集：第 25 卷［M］．北京：人民出版社，1958.

[6] 中共中央马克思恩格斯列宁斯大林著作编译局．列宁全集：第 31 卷［M］．北京：人民出版社，1985.

[7] 中共中央马克思恩格斯列宁斯大林著作编译局．列宁全集：第 55 卷［M］．北京：人民出版社，2017.

[8] 中共中央马克思恩格斯列宁斯大林著作编译局．列宁专题文集·论辩证唯物主义和历史唯物主义［M］．北京：人民出版社，2009.

[9] 毛泽东．毛泽东选集：第 4 卷［M］．北京：人民出版社，1991.

[10] 毛泽东．毛泽东文集：第 7 卷［M］．北京：人民出版社，1999.

[11] 中共中央马克思恩格斯列宁斯大林著作编译局．斯大林全集：第 1 卷［M］．北京：人民出版社，1953.

（二）中文著作

［1］张友渔．中国法学四十年1949—1989［M］．上海：上海人民出版社，1989．

［2］王作富．刑法［M］．北京：中国人民大学出版社，1999．

［3］迟方旭．马克思恩格斯私法思想研究：兼论"列宁否认私法论"［M］．北京：中国社会科学出版社，2014．

［4］苏力．也许正在发生：转型中国的法学［M］．北京：法律出版社，2004．

［5］张国安．列宁法治思想研究［M］．北京：知识产权出版社，2010．

［6］于向阳．法治论［M］．济南：山东人民出版社，2003．

［7］李光灿，吕世伦．马克思恩格斯法律思想史［M］．北京：法律出版社，1991．

［8］蔡宝刚．经济现象的法律逻辑——马克思法律反作用思想研究［M］．哈尔滨：黑龙江人民出版社，2004．

［9］王耀海．马克思主义法学的逻辑脉向［M］．北京：中国社会科学出版社，2016．

［10］李颖．马克思恩格斯法治思想及其当代价值研究［M］．北京：中国社会科学出版社，2017．

［11］杨亚佳．社会主义法治理念研究［M］．石家庄：河北人民出版社，2011．

［12］魏胜强，张玫瑰．社会主义法治理念解读［M］．郑州：河南人民大学出版社，2008．

［13］冯玉军．中国法治的道路与特色［M］．北京：中国社会科学出版社，2017．

［14］夏征农，陈至立．大辞海：法学卷［M］．上海：上海辞书出版社，2015．

［15］吕世伦．黑格尔法律思想研究［M］．北京：中国人民公安大学出版社，1989．

［16］张文显．二十世纪西方法哲学思潮研究［M］．北京：法律出版

社，1996.

[17] 孟子 [M] . 万丽华，蓝旭，译注 . 北京：中华书局，2010.

[18] 鲍建竹 . 论语 [M] . 北京：当代世界出版社，2007.

[19] 荀子 [M] . 安继民，注译 . 郑州：中州古籍出版社，2006.

[20] 邓晓芒 . 黑格尔《精神现象学》句读：第 5 卷 [M] . 北京：人民出版社，2016.

[21] 吕世伦 . 西方法律思想史论 [M] . 西安：西安交通大学出版社，2016.

[22] 李凤鸣 . 空想社会主义思想史 [M] . 上海：上海人民出版社，1980.

[23] 何勤华 . 西方法律思想史 [M] . 上海：复旦大学出版社，2009.

[24] 公丕祥 . 东方法律文化的历史逻辑 [M] . 北京：法律出版社，2002.

[25] 张一兵 . 回到马克思：经济学语境中的哲学话语 [M] . 南京：江苏人民出版社，2014.

[26] 夏莹 . 拜物教的幽灵：当代西方马克思主义社会批判的隐形逻辑 [M] . 南京：江苏人民出版社，2014.

[27] 肖前 . 马克思主义哲学原理：下册 [M] . 北京：中国人民大学出版社，1994.

[28] 许光伟 . 保卫资本论：经济形态社会理论大纲 [M] . 北京：社会科学文献出版社，2014.

[29] 顾海良 . 马克思"不惑之年"的思考 [M] . 北京：中国人民大学出版社，1993.

[30] 梁治平 . 法律解释问题 [M] . 北京：法律出版社，1998.

[31] 孙正聿 . 马克思主义哲学智慧 [M] . 北京：现代出版社，2016.

[32] 李惠斌，李义天 . 马克思主义与正义理论 [M] . 北京：中国人民大学出版社，2010.

[33] 张光博 . 马克思主义法律观 [M] . 长春：吉林人民出版社，2005.

[34] 任岳鹏 . 西方马克思主义法学 [M] . 北京：法律出版社，2007.

[35] 曹建国，张玖青，注说 . 国语 [M] . 开封：河南大学出版社，2008.

[36] 梁治平 . 寻求自然秩序中的和谐：中国传统法律文化研究 [M] . 北京：商务印书馆，2013.

［37］瞿同祖. 中国法律与中国社会［M］. 北京：中华书局，1996.

［38］夏勇. 公法：第 2 卷［M］. 北京：法律出版社，2000.

［39］秦立海. 从《共同纲领》到"五四宪法"：1949—1954 年的中国政治［M］. 北京：人民出版社，2017.

［40］罗昌平. 高官反腐录［M］. 广州：南方日报出版社，2013.

［41］程波. 西方法律思想史　法治源流［M］. 北京：中国传媒大学出版社，2005.

（三）译文/外文

［1］［意］安东尼奥·葛兰西. 狱中札记［M］. 曹雷雨，姜丽，等译. 郑州：河南大学出版社，2014.

［2］［意］安东尼奥·葛兰西. 狱中书简［M］. 田国良，译. 北京：求实出版社，1990.

［3］邱昭继，王进，等. 马克思主义与西方法理学［M］. 北京：中国人民大学出版社，2018.

［4］雅克·德里达.《友爱的政治学》及其他［M］. 夏可君，编. 胡继华，译. 长春：吉林人民出版社，2011.

［5］［英］爱德华·汤普森. 共有的习惯［M］. 沈汉，王加丰，译. 上海：上海人民出版社，2002.

［6］凯瑟琳·A. 麦金农. 迈向女性主义的国家理论［M］. 曲广娣，译. 北京：中国政法大学出版社，2007.

［7］［匈］卡尔·波兰尼. 巨变：当代政治与经济的起源［M］. 黄树民，译. 北京：社会科学文献出版社，2013.

［8］［法］路易·阿尔都塞. 保卫马克思［M］. 顾良，译. 北京：商务印书馆，1984.

［9］［英］休·柯林斯. 马克思主义与法律［M］. 邱绍继，译. 北京：法律出版社，2011.

［10］尼斯科·普兰查斯. 当代资本主义中的阶级［M］. 伦敦英文版，1975.

［11］P. 贝尔尼. 经验主义和马克思主义对法与犯罪的批评［M］. 社会问

题（卷 26），1979.

[12] 詹姆斯·奥康纳. 国家的财政危机 [M]. 纽约版，1973.

[13] [古希腊] 亚里士多德. 政治学 [M]. 吴寿彭，译. 北京：商务印书馆，2002.

[14] [英] 约瑟夫·拉兹. 法治及其德性 [M] //夏勇. 公法：第 2 卷 [M]. 北京：法律出版社，2000.

[15] [美] 弗里德里希·沃特金斯. 西方政治传统 现代自由主义发展研究 [M]. 黄辉，杨健，译. 长春：吉林人民出版社，2011.

[16] [古希腊] 柏拉图. 法律篇 [M]. 张智仁，何勤华，译. 上海：上海人民出版社，2001.

[17] [古希腊] 亚里士多德. 政治学 [M]. 吴寿彭，译. 北京：商务印书馆，1981.

[18] [古希腊] 柏拉图. 理想国 [M]. 郭斌和，张竹明，译. 北京：商务印书馆，1986.

[19] [苏] 涅尔谢湘茨. 古希腊政治学说 [M]. 蔡拓，译. 北京：商务印书馆，1991.

[20] 奥古斯丁. 忏悔录 [M]. 周士良，译. 北京：商务印书馆，1963.

[21] [英] 韦恩·莫里斯. 法理学 [M]. 李桂林，等译. 武汉：武汉大学出版社，2003.

[22] [意] 托马斯·阿奎那. 阿奎那政治著作选 [M]. 马清槐，译. 北京：商务印书馆，1963.

[23] [英] 霍布斯. 利维坦 [M]. 黎思复，黎廷弼，译. 北京：商务印书馆，1985.

[24] [法] 卢梭. 社会契约论 [M]. 何兆武，译. 北京：商务印书馆，1980.

[25] [法] 让-雅克·卢梭. 论人民不平等的起源和基础 [M]. 李常山，译. 北京：商务印书馆，1997.

[26] [德] 康德. 法的形而上学原理 [M]. 沈叔平，译. 北京：商务印书馆，1997.

[27] [德] 卡西尔. 卢梭·康德·歌德 [M]. 刘东，译. 北京：生活·

读书·新知三联书店，2002.

[28]［美］阿兰·S. 罗森鲍姆. 宪政的哲学之维［M］. 郑戈，刘茂林，译. 生活·读书·新知三联书店，2001.

[29]［德］黑格尔. 法哲学原理：或自然法和国家学纲要［M］. 范扬，张企泰，译. 北京：商务印书馆，1961.

[30]［美］博登海默. 法理学：法哲学及其方法［M］. 邓正来，姬敬武，译. 北京：华夏出版社，1987.

[31]［德］考茨基. 莫尔及其乌托邦［M］. 关其侗，译. 北京：生活·读书·新知三联出版社，1963.

[32] 温斯坦来. 温斯坦来文选［M］. 任国栋，译. 北京：商务印书馆，2010.

[33]［法］马布利. 马布利选集［M］. 何清新，译. 北京：商务印书馆，1960.

[34]［法］埃蒂耶纳·卡贝. 伊加利亚旅行记：第二卷［M］. 李雄飞，译. 北京：商务印书馆，1978.

[35]［美］德尼·古莱. 发展伦理学［M］. 高铦，译. 北京：社会科学文献出版社，2003.

[36]［英］戴维·麦克莱伦. 马克思传［M］. 王珍，译. 北京：中国人民大学出版社，2016.

[37]［俄］巴枯宁. 国家制度和无政府状态［M］. 马骧聪，等译. 北京：商务印书馆，1982.

[38]［英］李嘉图，［英］斯拉法. 李嘉图著作和通信集：第4卷［M］. 蔡受百，译. 北京：商务印书馆，1980.

[39]［德］格姆科夫. 马克思传［M］. 易廷镇，侯焕良，译. 北京：人民出版社，2000.

[40]［苏］莫洛克. 巴黎公社会议记录：第1卷［M］. 何清新，译. 北京：商务印书馆，1961.

[41]［德］黑格尔. 历史哲学［M］. 王造时，译. 北京：生活·读书·新知三联书店，1957.

[42] 威尔·金里卡. 当代政治哲学：上［M］. 刘莘，译. 上海：上海三

联书店，2004.

[43][英] 约翰·洛克. 政府论 [M]. 叶启芳，瞿菊农，译. 北京：商务印书馆，1982.

[44][德] 马克斯·舍勒. 人在宇宙中的地位 [M]. 李伯杰，译. 贵阳：贵阳人民出版社，2000.

[45][德] 奥特弗利德·赫费. 政治的正义性 [M]. 庞学铨，李张林，译. 上海：上海译文出版社，2005.

[46][英] 哈耶克. 法律、立法与自由：第1卷 [M]. 邓正来，译. 北京：中国大百科权属出版社，2000.

[47][德] 阿图尔·考夫曼，温弗里德·哈斯默尔. 当代哲学和法律理论导论 [M]. 郑永流，译. 北京：法律出版社，2002.

[48][美] 艾伦·布坎南. 马克思与正义 [M]. 林进平，译. 北京：人民出版社，2013.

[49] 丹尼尔·布鲁德尼. 罗尔斯与马克思：分配正义与人的观念 [M]. 张祖辽，译. 上海：上海人民出版社，2017.

[50] 帕舒卡尼斯. 法的一般理论与马克思主义 [M]. 杨昂，张玲玉，译. 北京：中国法制出版社，2008.

[51][美] 欧鲁菲米·太渥. 法律自然主义：一种马克思主义法律理论 [M]. 杨静哲，译. 北京：法律出版社，2013.

[52][奥] 卡尔·伦纳. 私法的制度及其社会功能 [M]. 王家国，译. 北京：法律出版社，2013.

[53] 史蒂文·卢克斯. 马克思主义与道德 [M]. 袁聚录，译. 北京：高等教育出版社，2009.

[54][德] 黑格尔. 哲学史演讲录 [M]. 贺麟，王太庆，译. 北京：商务印书馆，1983.

[55][古希腊] 亚里士多德. 尼各马可伦理学 [M]. 廖申白，译. 北京：商务印书馆，2003.

[56][奥] 汉斯·凯尔森. 共产主义的法律理论 [M]. 王名杨，译. 北京：商务印书馆，1962.

[57] E. 博登海默. 法理学：法哲学及其方法 [M]. 邓正来，姬敬武，

译. 北京: 华夏出版社, 1987.

[58] [英] G. A. 柯亨. 自我所有、自由和平等 [M]. 李朝晖, 译. 北京: 东方出版社, 2008.

[59] [美] 昂格尔. 现代社会中的法律 [M]. 吴玉章, 周汉华, 译. 北京: 中国政法大学出版社, 1994.

[60] [法] 福柯. 权利的眼睛——福柯访谈录 [M]. 严锋, 译. 上海: 上海人民出版社, 1997.

[61] 托马斯·戴伊, 哈蒙·齐格勒. 美国民主的嘲讽 [M]. 北京: 世界知识出版社, 1991.

[62] [英] 弗里德利希·哈耶克. 通往奴役之路 [M]. 北京: 中国社会科学出版社, 1997.

[63] SCHATTSCHNEIDER E E. Party Government: American Government in Action [M]. New York: Rinehart & Company, 1942.

[64] TUKER R. The Marxian Revolutionary Idea [M]. New York: Norton, 1969.

[65] BUCHANAN A. Marx and Justice [M]. New York: Rowman & Littlefield Pub, 1982.

[66] CAMPBELL T. The Left and Rights: A Conceptual Analysis of the Idea of Socialist Rights [M]. London: Routledge and Kegan Paul, 1983.

[67] SYPNOWICH C. The Concept of Socialist Law [M]. Oxford: Clarendon Press, 1990.

[68] THOMPSON E P. Whigs and Hunters: The Origin of the Black Act [M]. London: Penguin Books, 1975.

[69] LEFEBVRE H. The Sociology of Marx [M]. Columbia: Columbia University Press, 1975.

[70] FULLER L L. The Morality of Law [M]. New Haven: Yale University Press, 1964.

[71] RAZ J. The Authority of Law [M]. Oxford: Clarendon Press, 1979.

[72] HABERMAS. Theory and Practice [M]. London: Heinemann, 1974.

[73] HABERMAS. Towards a Rational Society [M]. London: Heinemann, 1970.

［74］GENOVESE M A. Encyclopedia of the American Presidency ［M］. New York：Infobase Publishing，2010.

［75］AUSTIN J. The Province of Jurisprudence Determined ［M］. London：Cambridge University Press，1995.

［76］HART H L A. The Concept of Law ［M］. Oxford：Oxford University Press，1994.

［77］HOLMES O W. The Common Law ［M］. Boston：Little，Brown and Company，1923.

［78］BENJAMIN N. Cardozo，The Nature of the Judicial Process ［M］. New Haven：Yale University Press，1921.

［79］THOMPSON E P. Whigs and Hunters：The Origin of the Black Act ［M］. London：Penguin Books，1975.

［80］FRANK. Courts on Trial：Math and Reality in American Justice ［M］. Princeton：Princeton University Press，1949.

［81］HOLMES. The Common Law ［M］. Cambridge：Harvard University Press，1963.

［82］VINOGRADOFF P. Outlines of Historical Jurisprudence ［M］. Oxford：Oxford University Press，1920.

［83］NOZICK. Anarchy，State and Utopia ［M］. Cambridge：Harvard University Press，1974.

［84］LITOWIZ D. Postmodern Philosophy and Law ［M］. Kansas：University Press of Kansas，1997.

［85］GERAS N. The Controversy about Marx and Justice ［J］. New Left Review，1985（150）.

（四）中文期刊/学位论文

［1］郑成良. 权利本位说：兼与封日贤同志的商榷 ［J］. 中国法学，1991（01）.

［2］郑成良. 论法律形式合理性的十个问题 ［J］. 法制与社会发展，2005（06）.

［3］杨建军．中国法治发展：一般性与特殊性之兼容［J］．比较法研究，2017（04）．

［4］郭忠．自由型法治抑或效能型法治？——中国变法时代的法治选择［J］．浙江大学学报（人文社会科学版），2017，47（01）．

［5］邓剑光．对我国法治进路中法律规则效能的检讨与反思［J］．求索，2009（01）．

［6］李步云．为"司法独立"正名［J］．环球法律评论，2013，35（02）．

［7］汪亭友．认清在我国宣扬"宪政民主""司法独立"的实质［J］．思想教育研究，2017（02）．

［8］常秀鹏．法律移植与本土法治之路［J］．学习与探索，2014（01）．

［9］杨贻泽．马克思主义法学的客观存在不容否定［J］．法学，1989（10）．

［10］许海东．马克思恩格斯法治观要旨及其时代价值［J］．理论导刊，2016（02）．

［11］王会军，李婧．社会主义法治理念的理论溯源——对马克思主义经典作家法治思想的认识与思考［J］．思想理论教育，2013（21）．

［12］杜耀富．马克思、恩格斯与社会主义法治［J］．西南民族学院学报（哲学社会科学版），2001，22（01）．

［13］季钢．论马克思的自由法治观［J］．西南民族大学学报（人文社会科学版），2004（01）．

［14］史巍．女性问题与法制、政治与社会的内在关联——马克思"亨利·萨姆纳·梅恩《古代法制史》讲演录"摘要研究［J］．兰州学刊，2013（07）．

［15］公玉祥．马克思晚年《人类学笔记》中的法律思想初探［J］．法学研究，1992（01）．

［16］炎冰，熊一．利益魔咒下法律正义的虚假本体——重读马克思的《关于林木盗窃法的辩论》［J］．河海大学学报（哲学社会科学版），2015，17（04）．

［17］吕世伦．《资本论》中的历史唯物主义法律观——纪念马克思诞辰

200 周年［J］．法律科学（西北政法大学学报），2018，36（06）.

　　［18］于沛霖，顾瑞．法治悖论的哲学反思——以马克思早期悖论观为视角［J］．辽宁大学学报（哲学社会科学版），2014，42（02）.

　　［19］丁以升．自由、理性、利益与法律——马克思早期立法思想探析［J］．法学，1998（06）.

　　［20］公丕祥．传统东方社会法律文化的固有逻辑——马克思晚年的理论探索［J］．法律科学（西北政法学院学报），1994（01）.

　　［21］公丕祥．传统东方法律文化的价值取向——马克思的理论分析［J］．法律科学（西北政法学院学报），2002（01）.

　　［22］公丕祥．传统东方法律文化的政治型态——马克思、恩格斯关于东方法文化理论的述评［J］．南京大学法律评论，2002（01）.

　　［23］李淑梅．从社会物质关系透视"权利、法律和犯罪"——马克思对施蒂纳的批判［J］．学习与探索，2013（09）.

　　［24］舒智勇，黄晓渝．当前我国人权法律保障的完善——基于对马克思历史唯物主义人权观的审读［J］．人民论坛，2014（05）.

　　［25］王耀海．经济决定法律的一般逻辑——马克思主义法学探索之一［J］．学习与探索，2013（05）.

　　［26］蔡宝刚．法律与经济：马克思论财产关系及其经济意义［J］．南京社会科学，2003（07）.

　　［27］于新．马克思的市民社会理论及其法治意蕴［J］．理论月刊，2010（03）.

　　［28］吕途，杨贺男．马克思、恩格斯生态经济思想及其对生态环境法治观的启示［J］．企业经济，2011，30（09）.

　　［29］唐世中．浅论马克思恩格斯生态环境法治思想［J］．西南民族学院学报（哲学社会科学版），2002（02）.

　　［30］孔欢．马克思的森林立法观探微［J］．林业经济，2018，40（08）.

　　［31］陈林林，兰婷婷．法治与法律拜物教——马克思主义对自由主义法治观的批判［J］．浙江社会科学，2015（01）.

　　［32］苗贵山，李小红．马克思人权批判的三重论域［J］．中国高等教育，2016（21）.

[33] 周尚君，陈志勇．马克思"政治经济学批判"的法哲学分析［J］．学术探索，2010（05）．

[34] 解保军．马克思恩格斯对资本主义的生态批判及其意义［J］．马克思主义研究，2006（08）．

[35] 龙钰，冯颜利．马克思恩格斯对资本主义法制的批判［J］．理论月刊，2014（06）．

[36] 徐红新，薛灵芝．马克思主义法学的理论品格［J］．河北科技大学学报（社会科学版），2015，15（04）．

[37] 严存生．马克思恩格斯法律思想的历史地位和现代意义［J］．马克思主义与现实，2015（02）．

[38] 王呈琛．民族地区马克思法治思想及其当代价值研究［J］．贵州民族研究，2019，40（02）．

[39] 汪振军．马克思新闻法治与新闻伦理思想初探［J］．现代传播（中国传媒大学学报），2018，40（02）．

[40] 田志明，周建超．马克思法本质观的双重视角及其对法治中国建设的启示［J］．江海学刊，2014（01）．

[41] 李慧．马克思和恩格斯关于社会管理法治化建设思想的探索［J］．新疆大学学报（哲学·人文社会科学版），2013，41（06）．

[42] 解保军．马克思恩格斯对资本主义的生态批判及其意义［J］．马克思主义研究，2006（08）．

[43] 朱志峰．中国特色社会主义法治理念发展论纲［J］．社会科学战线，2012（12）．

[44] 陈永胜．中国特色社会主义法治发展新阶段［J］．科学社会主义，2017（5）．

[45] 张文显．中国法治40年：历程、轨迹和经验［J］．吉林大学社会科学学报，2018，58（5）．

[46] 李光宇，牛保忠．论我国社会主义法治理念发展的时代特征［J］．社会科学研究，2011（4）．

[47] 梁清海，王林平．论依法治国与以德治国相结合的政府推进型法治建设［J］．中过司法，2015（9）．

[48] 程竹汝. 中国法治模式建构中的政治逻辑 [J]. 中共中央党校学报，2016, 20 (4).

[49] 崔浩，孙祥生. 社会管理创新与法治发展模式变革 [J]. 学术月刊，2013, 45 (10).

[50] 邱家胜. 改革开放以来我国法治建设的历史回顾与启示 [J]. 中共乐山市委党校学报（新论），2018, 20 (4).

[51] 公丕祥. 习近平法治思想述要 [J]. 法律科学（西北政法大学学报），2015, 33 (05).

[52] 戴艳军，段中卫. 习近平全面依法治国思想研究 [J]. 社会主义研究，2018 (01).

[53] 张文显. 习近平法治思想研究：上 [J]. 法制与社会发展，2016 (2).

[54] 姜明安. 习近平总书记法治理论的重要创新 [J]. 人民论坛，2017 (26).

[55] 胡建淼. 习近平新时代中国特色社会主义思想对依法治国基本方略的全面深化 [J]. 国家行政学院学报，2018 (01).

[56] 陈勇. 论习近平关于全面依法治国论述的灵魂和主线 [J]. 学校党建与思想教育，2018 (19).

[57] 江必新. 深化依法治国实践刍论 [J]. 法学杂志，2017, 38 (12):.

[58] 周叶中，汤景业. 关于深化依法治国实践的思考 [J]. 法学杂志，2017, 38 (12).

[59] 蒋立山. 中国法制（法治）改革的基本框架与实施步骤——邓小平民主法制思想的启示 [J]. 中外法学，1995 (6).

[60] 张浩. 简论法制与法治 [J]. 中国法学，1993 (3).

[61] 依法治国建设社会主义法治国家学术研讨会纪要 [J]. 法学研究，1996 (03).

[62] 刘惊海. 界定"法治"与"法制"——一个实践的要求 [J]. 吉林大学社会科学学报，1993 (3).

[63] 孔庆茵. 中华优秀传统德治思想对构建世界新秩序的价值与启示

[J]．理论探讨，2019（05）．

[64]徐崇温．关于西方马克思主义研究中若干问题的辨析[J]．江汉论坛，1999（01）．

[65]王雨辰．再论我们应当如何对待当代西方马克思主义——敬答徐崇温先生[J]．江汉论坛，1999（09）．

[66]谢鹏程．马克思主义法学经济分析方法的形成和发展[J]．烟台大学学报（哲学社会科学版），1993（04）．

[67]韩喜平．系统阐释马克思、恩格斯法治思想的佳作[J]．四川理工学院学报（社会科学版），2018，33（04）．

[68]王呈琛．民族地区马克思法治思想及其当代价值研究[J]．贵州民族研究，2019，40（02）．

[69]梁梁．试论马克思的法治思想[J]．科学社会主义，2017（06）．

[70]郭华成．苏联法学理论中法与正义问题研究概述[J]．法律科学（西北政法学院学报），1989（06）．

[71]孙国华．法的正义逻辑[J]．江淮论坛，2012（05）．

[72]盖玉彪，王德侠．论正义之法的立法基准[J]．社会科学辑刊，2009（01）．

[73]覃正爱．关于历史唯物主义方法及其体系研究若干问题的思考[J]．广东社会科学，2001（01）．

[74]董德刚．历史唯物主义方法论研究[J]．理论学习，2000（12）．

[75]王炳林，徐春生．改革开放进程中的辩证思维[J]．中国高校社会科学，2018（05）．

[76]史为磊．全面深化改革方法论的思维底蕴[J]．红旗文稿，2018（12）．

[77]顾培东．当代中国法治话语体系的构建[J]．法学研究，2012，34（03）．

[78]喻中．社会主义法治理念：中国百年法治文化的第三波[J]．法学论坛，2012，27（01）．

[79]刘诚，杜晓成．为国家主义法制观正名——以新中国1949年至1957年的法律实践为例[J]．武汉大学学报（哲学社会科学版），2005（05）．

[80] 黎明琳. 改革开放 40 年中国法治现代化：历程·经验·展望 [J].吉首大学学报（社会科学版），2019，40（S1）.

[81] 董成美. 制定我国 1954 年宪法若干历史情况的回忆——建国以来法学界重大事件研究（三十）[J]. 法学：2000（5）.

[82] 杜运泉. 建设严密的法治监督体系 [J]. 探索与争鸣，2015（02）.

[83] 陈全福. 略论依法治党 [J]. 理论学习月刊，1997（11）.

[84] 尹德慈. 试论"依法治党"的提出 [J]. 社会科学，1998（7）.

[85] 刘益飞. 亦论"依法治党" [J]. 中共成都市委党校学报，1999（2）.

[86] 王建国. "三统一"理论的逻辑证成与实践面向 [J]. 法学，2017（5）.

[87] 汪亭友. 全面推进依法治国必须坚持党的领导，拒斥西方"宪政"思潮 [J]. 思想理论教育导刊，2016，（06）.

[88] 郑雁雄. 发展中国特色社会主义必须坚持人民主体地位 [J]. 学术研究，2013（2）.

[89] 吴建雄. 中国司法制度人民性研究 [J]. 新疆师范大学学报（哲学社会科学版），2015，36（03）.

[90] 孙佳敏. 魏玛宪法的实证主义批判 [J]. 理论与改革，2016（05）.

[91] 马宝成："坚持党的领导"要走出两种误区 [J]. 求是，2015（01）.

[92] 王锴. 合宪性、合法性、适当性审查的区别与联系 [J]. 中国法学，2019（01）.

[93] 陈全福. 略论依法治党 [J]. 理论学习月刊，1997（11）.

[94] 罗洪洋，殷祎哲. 社会主义法治监督体系的逻辑构成及其定位 [J]. 政法论丛，2017（01）.

[95] 陈根强. 江泽民法治思想研究 [D]. 上海：华东师范大学，2008.

[96] 王峰. 江泽民对马克思主义法治思想的继承和发展研究 [D]. 太原：山西财经大学，2011.

（五）中央文献

［1］建国以来刘少奇文稿：第 6 册［M］．北京：中央文献出版社，2008.

［2］习近平关于全面建成小康社会论述摘编［M］．北京：中央文献出版社，2016.

［3］习近平．在纪念马克思诞辰 200 周年大会上的讲话［M］．北京：人民出版社，2018.

［4］三中全会以来重要文献选编：上［M］．北京：人民出版社，1982.

［5］《社会主义法治理念学习读本》编写组．社会主义法治理念学习读本［M］．北京：中国方正出版社，2009.

［6］习近平关于协调推进"四个全面"战略布局论述摘编［M］．北京：中央文献出版社，2015.

［7］十八大以来重要文献选编：上［M］．北京：中央文献出版社，2014.

［8］十八大以来重要文献选编：中［M］．北京：中央文献出版社，2016.

［9］习近平．习近平谈治国理政［M］．北京：外文出版社，2014.

［10］习近平：习近平谈治国理政：第 2 卷［M］．北京：外文出版社，2017.

［11］《法治与人治问题讨论集》编写组．法治与人治问题讨论集［M］．北京：社会科学文献出版社，2003.

［12］十二大以来重要文献选编：下［M］．北京：人民出版社，1988.

［13］建党以来重要文献选编（1921~1949）：第二十五册［M］．北京：中央文献出版社，2011.

［14］改革开放三十年重要文献选编：上［M］．北京：人民出版社，2008.

［15］中宣部、司法部《邓小平论民主法制建设》编写组．邓小平论民主法制建设［M］．北京：法律出版社，1994.

［16］十六大以来重要文献选编：上［M］．北京：中央文献出版社，2005.

［17］邓小平．邓小平文选：第一卷［M］．北京：人民出版社，1994.

［18］习近平．中共中央关于全面推进依法治国若干重大问题的决定［M］．北京：人民出版社，2014.

［19］习近平．在庆祝全国人民代表大会成立 60 周年大会上的讲话［M］．北京：人民出版社，2014.

［20］习近平. 决胜全面建成小康社会　夺取新时代中国特色社会主义伟大胜利——在中国共产党第十九次全国代表大会上的报告［M］. 北京：人民出版社，2017.

［21］习近平. 在中央统战工作会议上的讲话［N］. 人民日报，2015-05-18（01）.

［22］习近平. 中共中央关于全面推进依法治国若干重大问题的决定［N］. 人民日报，2014-10-29（01）.

［23］习近平. 依法治国依法执政依法行政共同推进　法治国家法治政府法治社会一体建设［N］. 人民日报，2013-02-25（01）.

［24］习近平. 更加科学有效地防治腐败，坚定不移把反腐倡廉建设引向深入——在十八届中央纪委二次全会上发表重要讲话［N］. 人民日报，2013-01-23（1）.

［25］建国六十年重大法治事件（1949—2009）［J］. 法学杂志，2009，30（07）.

［26］中共中央马克思恩格斯列宁斯大林著作编译局. 马克思恩格斯论巴枯宁主义［C］. 北京：人民出版社，1980.

后　记

　　2021年，笔者立项主持天津市哲学社会科学规划研究项目青年项目（项目负责人：赵慧玲，项目编号：TJKS21-019）。感谢这次机会，让我有更多维的视角、更宽广的平台来研究法治问题。此书还由天津科技大学社科专项资金的支持、国社科思政专项资金的支持，感谢学校提供的帮助。

　　《批判与建构：马克思法治思想研究》是从历史逻辑、理论逻辑、辩论逻辑、实践逻辑的视角，阐释马克思法治思想的系列问题。马克思法治思想是批判和构建的有机统一，对当代世界社会主义国家，尤其是最大的发展中国家——中国来说具有深刻的指导意义。其中马克思关于共产主义第一阶段法治的基本设想为建构马克思主义法治思想中国化的当代具体形态奠定了坚实的理论基石。在马克思法治思想的指导下，中国法治形成了根本区别于西方法治的理念和模式，凸显了党的领导、人民当家作主以及实现实质法治等中国元素和中国特色。这一思想为中国特色社会主义法治的形成和发展提供了方法导向、道路选择、核心要义和制度模式，实现了中国特色社会主义法治的理论范式的完整性、创新性、科学性。

　　掩卷而思，伴随着理想与现实的落差、初衷和结论的距离，为期多年的写作历程即将结束。尽管笔者秉持认真和积极的态度对待这一研究，但囿于学识和能力，从最终成果来看，与本书目标的设定还存在一定具体，尤其在习近平法治思想的马克思主义方法论提炼上尚存缺憾。正所谓，路漫漫其修远兮，吾将上下而求索。虽然此阶段的写作经历已经结束，但是科学研究将永不止步，对习近平法治思想的学术探讨将永不止步。

　　特别感谢南开大学杨谦教授。作为我博士期间的导师，杨老师无论在日常的学习、期刊论文的写作、学位论文的撰写以及生活上，都给予我太多的关心和帮助。在平时的小论文写作中，杨老师不厌其烦地为我的论文提出修改意见，反反复复二三十次，从来没有放弃过愚笨的我。在本书的写作过程中，杨老师无论在选题还是在理论框架和方法上都提出了建设性的意见，可以说没有杨老师的悉心指导，就没有本书如今的样子。杨老师严谨的治学精神和浓厚的治学情怀深深的影响着我们，使我们受益匪浅。正所谓，师恩难忘，愿以余生的努力和成就回报老师的教导。

感谢天津科技大学社科处和马克思主义学院给予我们如此优质的科研平台。感谢社科处李明琪老师在项目申报、学术研究和成果完成的过程中对我们的支持和指导。感谢马克思主义学院各位领导对于我们科研工作的支持。天津科技大学马克思主义学院先后获批天津市中国特色社会主义理论体系研究中心天津科技大学基地、天津市重点马克思主义建设单位，马克思主义理论一级学科硕士点下设马克思主义基本原理、马克思主义中国化研究和思想政治教育三个研究方向。在长期的教学实践和科研工作中，学院积累了雄厚的研究力量、搭建良好的研究平台，无论使学校图书馆还是学院资料室，都能够为本书研究提供详实丰富的中外文献资料。

感谢我身边的朋友和同事。感谢天津科技大学刘玉霞老师、张婷婷老师、王锡森老师以及河北工业大学竟辉老师。在焦虑、迷茫和困惑的读书阶段，是你们给予我精神上的支持和学术上的建议，尤其很多独到的见解开阔了我的思路、启发了我的思维。

最后我要特别感谢我的丈夫和家人。在我写作期间，我的父母曾给予我精神上的支持，他们为了方便我的研究默默付出很多，亲情难忘，一生为报。工作三年我始终面临着教育教学、申报课题、撰写论文、职称申报等多方压力，在此期间，我的丈夫十分支持我的学术研究，为了让我一心一意做科研几乎承担了所有家务，不让我被各种家庭琐事所累。此外，他即使成年累月地加班工作，也时常关注着我的情绪，为我疏导压力、陪我放松心情、默默伴我左右。有他的陪伴，我的生活除了工作、科研之外，有了更丰富的色彩，在劳逸结合的氛围中反而更提升了工作成效。何幸得遇，良人如斯，夫复何求。